心の専門家養成講座⑪

窪田由紀 編
Yuki Kubota

●シリーズ監修
森田美弥子
松本真理子
金井篤子

# 危機への心理的支援

Professional Psychologist Training Series 11
Psychological Support for Crisis

ナカニシヤ出版

# まえがき

　本書「危機への心理的支援」は，森田美弥子・松本真理子・金井篤子監修『心の専門家養成講座』の第 11 巻にあたり，突然の危機的な出来事に遭遇して機能不全に陥った個人やコミュニティへの心理的支援について，理論的背景，技法，支援の実際や担い手について包括的に述べたものであり，将来，「心の専門家」としてさまざまな領域での心理支援を目指す学生への入門書として企画された。

　災害大国である日本は，毎年，各地が地震や台風，豪雨災害等に襲われる。犯罪被害や事故，重篤な病への遭遇やいじめ，虐待，DV，ハラスメントといった暴力も後を絶たない。世界に目を向ければ，今なお，戦争や紛争，テロや銃撃事件で多くの人が命の危機に瀕する事態も稀ではない。紛争地域や途上国の多くの子どもたちは最貧の状況に置かれ，教育を受ける権利はもとより，生存の権利すら脅かされている。そして，2020 年の初めからは新型コロナウイルス感染拡大という危機に世界中が見舞われている。

　このような危機に遭遇した人々への心理支援の必要性は，今更疑う余地がなく，心理職は医療保健，福祉，教育，産業・労働，司法・犯罪の各分野で，本来業務の中で役割を果たしている。そもそも，人々が心理支援を求めて心理職の元を訪れるのは，自身が抱えた問題がそれまでの対処方法のみでは解決や改善が困難な危機に陥った場合である。

　そういう意味では，危機への心理支援は早くから心理職の業務の中核であるはずだが，わが国で大規模自然災害や犯罪の被害，大切な人の自死などの危機を経験した方々への心理支援が注目されるようになったのは，阪神・淡路大震災を契機としてであり，心のケアという言葉とともに広くその必要性が知られるようになった。今日はそれぞれの現場で，多くの心理職がそれまでに蓄積されていた経験知に基づいて支援に携わっているが，今なお，このような突発的で外傷的な出来事に遭遇した人々への心理支援は心理職の中でも特別な専門家が担うものであるとの認識があるのも否めない。

　そのような事情もあって，心理臨床家の養成課程においては，学校心理臨床実践における学校危機対応，福祉臨床実践における DV 被害者支援というように，各領域における心理支援の中のトピックスとして取り扱われることがあっても，危機への心理的支援を包括的に学ぶ機会が十分に提供されてきたとはいえなかった。

　本書は，第 I 部で危機への心理的支援の発展過程や理論的背景，法と倫理など危機への心理的支援の基礎について，第 II 部で個人や集団・コミュニティの危機への支援の際に用いられる各種技法の概要について，第 III 部でさまざまな領域における危機への心理的支援の実際について，そして第 IV 部で危機への心理的支援の担い手について，といった形で，危機への心理的支援について体系的に学べる構成となっている。心理臨床家を目指す皆さんはもとより，既に現場で実践を重ねておられる中堅以上の方々にとっても改めてご自身の経験を意味づける一助となることを願っている。

　本書が世に出るに際しては，ナカニシヤ出版編集部の山本あかね氏と由浅啓吾氏に大変お世話になった。末筆ながら改めてお礼申し上げたい。

2021 年 8 月　編者　窪田由紀

# 本書で用いる用語について

　本書の執筆にあたっては，心理学を基盤とした「心の専門家」のためのものであることから，心理臨床学研究論文執筆ガイド（日本心理臨床学会学会誌編集委員会編，2012）を参考にしながら，原則として以下のように用語を統一することを心掛けた。

　○医学用語である「診断」「治療（者）」「患者」「症例」などは可能な限り避け，「アセスメント／心理査定／見立て」「面接／援助／支援」「セラピスト／面接者」「クライエント／来談者」「事例」などとした。

　○心の専門家の仕事を包括的には「心理臨床（実践）」とし，技法として「心理療法」，個別の事例場面では「（心理）面接」という言葉を用いた。

　○「養育者」「保護者」「親」については，対象が成人である場合と子どもの場合，さらには学校，福祉，医療といった領域によって異なると考えられたため，それぞれの章の中で統一を図ることとした。

　○なお，文献の引用部分や，面接における発言については，この限りではない。文脈によって異なる場合があることをご了解いただきたい。

# 目　　次

## Ⅲ　危機への心理的支援の実際

## Ⅳ　危機への心理的支援の担い手

# Ⅰ　危機への心理的支援の基礎

　　危機への心理的支援とはどのような活動なのであろうか？
　　第Ⅰ部では，危機への心理的支援の発展過程やその理論的背景，関連法規や
　倫理的な配慮など，心理職として，危機への心理的支援に携わる上で備えてお
　くべき基礎的な知識や理念について述べる。

# 1

## 危機への心理的支援とは何か

### ●はじめに

　災害，事件・事故や大切な人の死といった危機に遭遇した人々への心理学的な支援の必要性は疑う余地がなく，広く社会的にも認知されてきた。本章では，改めて危機概念，今日に至る危機への心理的支援の発展過程，危機への心理的支援に必要な知識・スキルの概要など，危機への心理的支援について包括的に述べることとする。

### ●危機とは

#### （1）危機とは

　**1）個人の危機**　　危機（Crisis）の代表的な定義は，キャプラン（Caplan, 1964）によるもので「個人がそれまでの習慣的な問題解決方法で特定の状況に対処できなくなったこと，及び良い結果にも悪い結果にもつながる可能性によって特徴づけられる一時的な混乱状態」とされている。キャヴァイオラとコルフォード（Cavaiola & Colford, 2018）はキャプランの定義に含まれる暗黙の仮定として以下を抽出した。

> ①危機は突然の望ましくない出来事をきっかけとして始まる
> ②危機状態は，出来事の性質や強さにもよるが，長くは続かない
> ③危機によって人々は心理的な不均衡状態と混乱状態に陥る
> ④いったん危機的な出来事が生じると人々は出来事について認知的な解釈や評価を行う
> ⑤危機的な出来事は人々の対処能力を破綻させる

　ところで，もともと Crisis という語は，「転機」を意味するギリシア語を語源とするものであり，日本語訳としても危機に続いて（運命の）分かれ目と記載されているように，良い方向にも進む可能性を含んだ概念である。危機という日本語が「危険」の危と「機会」の機から構成されているのも興味深い。Cris の漢字表記（危機）については，ジェイムズとギリランド（James & Gilliland, 2017）の著書において，表紙に赤字で大きく表示されているほか，目次や前書きページなどの背景に印刷されている。Crisis が「危険」と「機会」をあわせもつものであることは，キャプラン（Caplan, 1964）も「良い結果にも悪い結果にも繋がる可能性」と当初から言及していたものの，ジェイムズとギリランド（James & Gilliland, 2017）が「危険」と「機会」を Crisis の本質と表現しているように，近年，より強調されるようになってきている。危機は，身体的にも心理的にも危険な時であるだけではなく，危機を経験し自身の内的な強み

を認識することによって個人的な成長を果たす機会でもある。

**2）システムの危機**　　ジェイムズとギリランド（James & Gilliland, 2017）は，システムの危機を「外傷的な出来事が生じ，人々，組織，コミュニティがその出来事に圧倒されて，その出来事による身体的，心理的反応について効果的にコントロールできなくなった場合」と定義している。システムのサイズは，家族，職場，学校から，地域社会，市全体，国レベルにも及ぶが，「システムが不均衡状態となり，それまでの対応方法や対処機能が最早働かなくなること」が，システムの危機の要件である。

### （2）危機の分類

**1）発達的危機**　　発達的危機は，エリクソン（Erikson, 1959）が示した八つの発達段階において，各段階で克服すべき心理社会的な発達課題との関連で体験されるものである。人は出生後，主たる養育者との二者関係の形成に始まり，集団参加，就学・学業への取組み，仲間関係の形成，進路選択・アイデンティティの形成，恋愛や結婚，子どもの誕生，子育て・子離れ，職業上の立場の変遷，第一線からの引退，老いや心身の衰えの受容など，ライフサイクルを通してさまざまな課題に直面し，その都度対処を求められる。これまでの対処方法を駆使してもうまくいかない場合には，心理的な不均衡に陥る一方で，うまく対処できた場合には，新しい対処様式を身に付けることができ，成長が促進される可能性をもっている。

**2）状況的危機**　　アギュララ（Aguilera, 1994）は，状況に伴う危機として，未熟児の誕生，児童虐待，妊娠中絶，強かん，アルツハイマー病や慢性精神疾患への罹患，老人虐待，DV，離婚，薬物依存，自殺や身近な対象の死をあげている。比較的多くの人々がライフサイクルのさまざまな段階で遭遇する可能性のある偶発的，状況的危機が列挙されている。キャプラン（Caplan, 1964）も，未熟児や障害児，双子の出生や家族の結核への罹患の四つを主たる家族のストレッサーとし，それらに遭遇した家族の反応の研究から危機理論を発展させてきた。

**3）外傷的出来事による危機**　　キャヴァイオラとコルフォード（Cavaiola & Colford, 2018）は，状況的危機の中で，種々の外傷的な出来事による危機を別途分類した。その背景には，ベトナム戦争からの帰還兵の後遺症や性暴力被害者の反応の研究から PTSD（心的外傷後ストレス障害）についての検討が重ねられ，1980 年に診断の専門用語として用いられるようになったことがある。具体的には，地震，火事，洪水，竜巻などの大規模自然災害，暴力，盗難，殺人，レイプ，児童虐待などの犯罪被害，列車・飛行機事故を含む交通事故，産業事故，核廃棄物や毒物事故などの大きな事故，戦争やテロ，銃撃事件，自殺などがあげられている。

　これらは，突然始まる異常な出来事であり，予測不能でコントロールできないものである。この中には，大規模自然災害，戦争，テロなどのように，多くの人，地域，国を巻き込むものと，犯罪被害のように特定個人に生じるものがあるが，後者であっても深刻度からは，家族，地域，国レベルにまで波及するものがある。

　このような危機のうち，化学物質，生物兵器，放射線物質，核物質，爆発物などによってもたらされる危機は，Chemical（化学），Biological（生物），Radiological（放射線），Nuclear（核），Explosion（爆発物）の頭文字から CBRNE 災害と整理されており（重村ら，2020），そ

の脅威が目視できないため他の自然災害に比して大きな社会的混乱を引き起こすことが知られている。わが国がこれまで経験したものとしては，松本サリン事件や地下鉄サリン事件（化学物質），福島第一原発事故（核物質）があり，2020年に世界中を混乱に陥れている新型コロナウイルスの大流行（生物）もCBRNE災害に該当する。尚，世界的な感染症拡大危機への支援については，第Ⅲ部第7章で取り扱われている。

**4）実存的な危機**　キャヴァイオラとコルフォード（Cavaiola & Colford, 2018）は，人が自身の人生や自己の存在の無意味さや他者とのつながりの欠如を意識したり，自分の仕事・職業の無駄・無益さを感じたりし始めた時に生じる危機を実存的危機とした。このような実存的な危機は，ある特定の出来事をきっかけにしばしば生じる。友人の自殺をきっかけに生きる意味を問い始めるといったことや，大規模自然災害に直面して，日々の積み重ねの無意味さを痛感するといったように，人生が突然，理不尽に変えられることの認識は，多くの人に実存的危機を引き起こす。

状況的危機，外傷的な危機が，人々に直接危機状態をもたらす一次的危機とすれば，実存的危機はそのような一次的危機に付随して生じうる二次的危機ということができよう。

**5）精神医学的な危機**　精神疾患をもっている人が，発達的危機，状況的危機や外傷的な出来事などを経験すると，より大きな混乱に陥る。大規模自然災害発生時などには，精神医療システムが崩壊して服薬中断が起きることで，精神疾患をもちながらも安定して生活していた人が再発し，激しい精神医学的な危機状態を呈しうる。このように危機反応の個人差に影響する要因の一つとして精神疾患の存在があげられるが，精神疾患の憎悪としての精神医学的危機は，場合によってはさしたる理由なく生じる可能性があること（Cavaiola & Colford, 2018）も指摘されている。

一方，健康な人であっても複数の複雑な危機的な出来事を同時に経験すれば，精神医学的な危機状態に陥る可能性がある。この場合は，精神医学的な危機も実存的な危機と同様に一次的危機に伴って生じうる二次的危機ということができる。

## ◉危機に遭遇した個人やコミュニティの反応

### （1）危機に遭遇した個人の反応

**1）過度のストレスに伴って個人に生じる一般的な兆候や症状**　ミッチェルとエヴァリー（Mitchell & Everly, 2001）は，過度のストレスに伴って心身に生じる一般的な兆候や症状として以下をあげている。

①認知面：思考の混乱，決断を下すのが難しい，集中力の低下，記憶力の低下，高度の認知機能の低下
②感情面：感情のショック，怒り，悲しみ，抑うつ，圧倒された感じ
③身体面：過度の発汗，めまい，動悸，高血圧，過呼吸
④行動面：通常の行動パターンの変化，食行動の変化，衛生に構わなくなる，引きこもり，口数が減る

**2）強い恐怖体験に伴って個人に生じる症状**　　PTSD（心的外傷後ストレス障害）は，人々が死にかける，重傷を負う，性暴力を受けるなどの出来事に直接的・間接的に遭遇することなどによる強い恐怖体験によって，以下の症状が1ヵ月以上続き，強い苦痛や日常生活に支障をきたしている場合に診断される（American Psychiatric Association, 2013）。

①再体験：悪夢，フラッシュバックなど，その外傷的な出来事に関連した記憶が本人の意図に反して突然蘇るような侵入的な症状。
②回避：その外傷的な出来事に関連した刺激を避けたり避けようとしたりする
③感情と認知の否定的変化：外傷的な出来事の重要な部分の想起不能や事故や他者に対する否定的な認知や感情状態
④過覚醒：人や物への攻撃的行動，過度な警戒や集中困難，睡眠障害などといった過度な覚醒状態

　これらの症状は，外傷的な出来事に遭遇した直後から生じうるものであり，出来事から4週間以内の場合は「急性ストレス障害（Acute Stress Disorder：ASD）」としてPTSDと区別されている。また，診断に至らないものの外傷的な出来事に遭遇してこれらの症状の一部を体験することは，珍しいことではない。

**3）喪失体験に伴って個人に生じる反応**　　喪失体験とは，近親者の死や失恋をはじめとする愛情・依存の対象の死や別離，住み慣れた環境や地位，役割，故郷などからの別れ，自分の誇りや理想，所有物の意味をもつような対象を喪失すること（小此木，1979）である。喪失体験に伴う個人の反応については，以前は，火事で大切な人を亡くした人々の心理過程から理論化したリンデマン（Lindemann, 1944）のモデルやキューブラー・ロス（Kübler-Ross, 1969）の癌患者の病と死の受容過程について提出したモデルなど，概ね，ショック，否認，怒り，悲嘆と抑うつ，受容といった経過を辿るとする段階モデルが主流であった。近年，大切な人の死の現実を受け止めるという喪失そのものへの適応と喪失に伴って余儀なくされる新しい環境への適応という二つの過程への適応を行きつ戻りつしながら進んでいくというストローブとシュット（Stroebe & Schut, 1999）による二重過程モデルが普及してきた。

## （2）危機に遭遇したシステムの反応

　ジェイムズとギリランド（James & Gilliland, 2017）は危機に遭遇したシステムの特徴として，緊張と恐怖に満ちた雰囲気，噂の急速な蔓延，学校，経済活動などの停止や医療，救急システムの縮小などを挙げ，その結果，システムは財政的にも大きなダメージを受け，個人のウエルビーイングが脅かされるとしている。

　また，危機に遭遇した集団・組織においては，危機への個々人の反応の違いやもともと潜在していた対立の顕在化による人間関係の対立，個人の思考や記憶の障害による誤った情報の伝達・情報伝達ルートの障害などによる情報の混乱が生じる（窪田，2005）。このように，危機に遭遇した個人の反応が集団・組織の反応につながり，集団・組織の混乱によってさらに個人の混乱が助長されるといった悪循環が生じる。

# ●危機への心理的支援

## (1) 危機介入とは

**1) 基本的な考え方**　　これまでみてきたように，危機とはそれまで個人やコミュニティが用いてきた対処方法でも解決できない事態に直面した際に，一時的に陥る不均衡状態である。換言すれば，そのような脅威的な出来事に遭遇するまでは，当該個人やコミュニティは自身や身近な資源を活用しながら機能していた訳である。危機介入とは，一時的に不均衡状態に陥っている個人やコミュニティが以前の均衡状態を取り戻すための短期的な援助を行うことである。

その前提として，個人やコミュニティが本来もっている力や家族，友人・知人，地域の世話人など非専門家である身近な支援機能への信頼があり，専門家はそのような身近な非専門家とも関わり，黒子として直接的な関与は最小限に留めることが望ましいとするコミュニティ・アプローチの基本的な考え方がある（山本，1986）。逆にいえば，必要な場合に迅速かつ適切な危機介入が提供されることで，個人やコミュニティは本来の力を発揮し，自律的な生活を維持することが可能になる。

**2) 危機介入の目標**　　危機介入の目標は，できるだけ早く以前の均衡状態に戻すことである。山本（1986）は，その結果，危機に陥った自己や環境の見直し，より柔軟な物の見方や新しい対処方法の獲得がなされ，結果として自己成長につながるとしている。危機に成長促進的側面があるというのは，このことである。

危機介入は，危機が4週間から6週間といった期間で長くは続かない（Caplan, 1961）ことからも，タイムリーになされることが重要である。また，仮に危機の背景に個人のパーソナリティの問題や組織風土の問題などが窺われたとしても，危機介入の段階では扱うことをせず，状況に応じて次の段階で行うことになる（山本，2004）。

アギュララは，精神分析と危機介入の相違についていくつかの視点から整理している。表 I-1-1 にその一部を示した。

## (2) 危機介入の歴史的発展過程

アギュララ（Aguilera, 1994），山本（1986, 2000）をもとに危機介入の発展過程を概観する。

**1) 戦争神経症の発見**　　第一次世界大戦後から帰還兵の後遺症に関心が寄せられるように

表 I-1-1　**精神分析，危機介入の主な違い**（Aguilera, 1994, 小松・荒川訳 1997, p.17 の一部を抽出して改変）

|  | 精神分析 | 危機介入 |
|---|---|---|
| 目標 | パーソナリティの再構成 | 当面する危機の解消 |
| 治療の焦点 | 発生論的過去 | 発生論的過去 |
|  | 無意識の開放 | 危機以前の機能遂行レベルへの回復 |
| 治療者の活動 | 探索的 | 支持的 |
|  | 非指示的 | 指示的 |
| 対象者 | 神経症型パーソナリティ | 生活状況への対処能力の急激な喪失 |
| 治療の長さ | 不定 | 1～6回 |

なった。ここで重要なことは，彼らが呈する症状の起源が個人の脆弱性ではなく戦争というきわめてストレスフルな状況によるものと捉えられていることである。このような理解は，健康な人が遭遇する危機状態とそれに働きかける意味を明らかにする危機理論の基礎となる。

### 2）自我心理学の発展

アギュララ（Aguilera, 1994）はフロイトの心的決定論が，原因と行為の因果関係を明確に示している点で，危機介入概念の基本的土台となっているとしている。その後ハルトマンが，フロイトの理論を正常な行動にも妥当なものとし，さらにラドーの適応的精神療法では，現在に焦点を当てて介入していく危機介入の基本姿勢を明確に示している。

エリクソン（Erikson, 1959）は，ライフサイクルの各段階で克服されるべき固有の心理社会的発達課題との関連で発達的危機という概念を提起した。心理社会的課題として，社会関係に焦点を当てたこと，正常な発達を対象としたことが危機介入の発展に寄与したとされる。

### 3）悲哀反応に関する研究から地域精神保健サービスへの展開

リンデマン（Lindemann, 1944）は，1942 年にナイトクラブで起こった大火災で愛する人を失った人々や生き残った人々の支援を行った。これが危機介入の起源とされている。彼はこの経験を通して，大切な人を亡くした人の反応と回復過程（悲嘆過程）の理論化を行い，支援の過程で牧師やコミュニティの世話人が果たした役割の重要性の認識のもとに，後にキャプランと共にアメリカ初の地域保健サービス機関の設立に関わった。

キャプラン（Caplan, 1961, 1964）が，ライフサイクル上の危機が家族に及ぼす影響の研究やリンデマンと共に関わった地域精神保健プロジェクト等の経験を通して，危機の発達促進的な特性も踏まえた上で危機介入のモデルを構築したことは既に述べた通りである。危機介入法は，精神疾患の発症や再発を予防し精神障害者の地域生活を維持していく上で，向精神薬の発見・使用とともに当時の地域精神医学において重要な役割を果たすようになった。

### 4）電話相談による自殺予防活動

危機介入のもう一つの流れが，電話相談による自殺予防運動である。1953 年のイギリスのサマリタン（よき隣人）運動に始まり，1958 年にはロサンゼルスで自殺予防を目的とした電話相談が開始された。日本でも，1971 年に東京いのちの電話が設置された。

この運動の特性は，自殺につながりかねない生活上の危機に遭遇した地域住民が，いつでもどこからでもアクセスできるように 24 時間サービス体制をとったこと，非専門家を訓練することによってよき隣人としてのボランティアをその担い手としたことにある。

### 5）フリークリニック運動

山本（1986）は，危機介入の展開に影響を与えたもう一つの流れとしてアメリカにおけるフリークリニック運動を紹介している。1960 年代終盤に社会不安が高まるなか，精神的苦悩を抱く傷ついた若者が気軽に立ち寄り，居場所とできるような店先，アパートの一室や壊れかけたビルなどに，フリークリニックが設けられた。そこでは，ボランティアの学生や若者が相談相手となり，また勤務後の専門家も立ち寄るなどの新しい形やボランティアの積極的な活用などが，危機介入の起源の一つとして高く評価されている。

### 6）大規模・重篤な危機への関心の高まりと国際的なガイドラインの策定

これまで述べ

てきたように，当初，発達的危機やライフサイクル上で多くの人が遭遇する個人的危機が注目され，危機介入はそのような危機に遭遇した個人（や家族）に必要な支援を提供し，精神障害の発症（や再発）を予防する活動として始まった。2000 年以降，戦争，無差別銃撃事件やテロ，大規模自然災害といった，突然生じて一度に多くの死傷者を出し，国家規模，世界規模で社会基盤そのものに壊滅的な影響を与える危機への関心が高まってきている。世界中を震撼させた 9・11 を経て，このような大規模・重篤な危機の発生に際して，迅速で体系的な支援体制の構築が国家レベル，国際レベルで進んで来ている。

その一つの動きが，世界保健機関（WHO）やユニセフ，大規模国際 NGO による IASC（Inter-Agency Standing Committee）による国際的なガイドライン「災害・紛争等緊急時における精神保健・心理社会的支援に関する IASC ガイドライン」（以下 IASC ガイドライン）の策定である（鈴木，2011）。安全の確保と衣食住の保障に始まる包括的支援を必要とする重篤で大規模な危機状況において，関係者間の連携不足が更なる混乱を招く事態を防ぐために策定されたガイドラインである。

このほか，大規模災害への根拠のある支援を行うために設立されたヨーロッパ・トラウマティック・ストレス・ネットワークの活動や，人々を受け身的な犠牲者から活動的な生存者に変えていくことをミッションとする国際赤十字連盟の活動などの展開も進んでいる（James & Gilliland, 2017）。

### (3) わが国における危機への心理的支援の発展過程

**1) 危機介入モデルの紹介とそれに基づく実践の蓄積**　わが国における危機への心理的支援の始まりは，キャプラン（Caplan, 1961, 1964）の下で訓練を受けてきた山本（1986）によるものである。

山本によって紹介されたのは，個人の危機を契機に当該個人や家族が相談機関につながった後，内外の資源を活用して精神疾患の発症・重篤化の危機を脱した事例である。その後 1990 年代の後半から学生相談の領域においても危機介入の事例が蓄積されてきたが，これらは大学コミュニティ内での主として精神病圏の学生の発症あるいは症状増悪の事態に際して行われた，担当者間の連携や関係者に対するコンサルテーション，外部機関へのリファーなどの支援について述べたものである（渡邉・窪田，2014）。

**2) 災害後の心理支援の始まりと発展**　わが国における災害後の心理的支援は，1993 年の北海道南西沖地震後の被災者の心理的反応の調査と支援が端緒（冨永，2014）とされるが，1995 年の阪神淡路大震災以降，わが国において災害後の心理的支援の必要性がこころのケアということばとともに広く社会に認知されるようになった。当時被災県の臨床心理士会会長として中心的な役割を果たした杉村（2000）によれば，ホットラインの開設に始まり，3 年間に亘って，避難所や学校，仮設住宅の巡回相談や相談センターの開設，行政職員や教職員のための研修などが展開された。杉村（2000）はこのような活動について，「座して待つカウンセリング」からプログレッシブに「活動するカウンセリング」へのパラダイム・シフトであったと述べている。

その後も，有珠山噴火，台風 23 号被害，中越沖地震など，大規模な自然災害が生じるたびに，事後の心理支援がなされるようになり，2011 年の東日本大震災後には直後から組織的に支

援する体制の整備が進んできた。災害後の心理支援については，第Ⅲ部第1章で取り扱われている。

**3）学校危機への支援**　阪神淡路大震災と同年の1995年4月にスクールカウンセラー（以後SC）活用調査研究委託事業が開始され，被災県兵庫県には他都道府県の3倍近い16校にSCが配置されるなど，当初からSCの役割の一つに災害による学校危機への心理支援が位置づけられた。

その後，神戸連続児童殺傷事件，京都市小学生殺害事件など，学校を現場として児童生徒が犠牲になる悲惨な事件が続き，その都度SCの追加配置や地元の臨床心理士会からの臨床心理士の派遣がなされた。2001年に生じた大阪教育大学付属池田小学校事件の際は，大学の付属学校での事件であったことから，直後から大学関係者を中心とした多職種のチームがご遺族や児童，教員のケアの体制を整え，支援が開始された（元村ら，2003）。

これほどではなくても，児童生徒の自殺，学校の管理内外の事故による児童生徒の死傷や，教師の不祥事の発覚，教師の突然死など，突発的で衝撃的な事件・事故へ遭遇による学校危機に際して，都道府県臨床心理士会が学校・教育行政の要請を受けて支援に入る体制（福岡県臨床心理士会，2001他）や，自治体が多職種チームを派遣する体制（河野，2009）が各地で徐々に整備され，今日，各地で地域の実情に応じた形で支援がなされている。学校危機への心理支援については，第Ⅲ部第2章で取り扱われている。

**4）犯罪被害者への心理的な支援**　犯罪による生命や財産の甚大な被害は，外傷的危機の一つであり，犯罪被害者への支援は危機介入の重要な領域であるが，わが国において犯罪被害者への心理的な支援が着目され始めたのは欧米から20年以上遅れた1990年代である。2004（平成16）年に犯罪被害者等基本法，2005（平成17）年には犯罪被害者等基本計画が制定され，ようやく支援の体制が整ってきた。

現在では，都道府県単位にある法人格をもつ犯罪被害者支援センターが都道府県の公安委員会から犯罪被害者等早期援助団体に指定され，電話相談・面接相談，病院や裁判所等への同行，支援員の養成および研修，犯罪被害者支援に関する広報啓発等を行っている。

一方，警察は被害者への情報提供，相談・カウンセリング体制の整備，犯罪被害者給付制度，捜査段階における被害者の負担軽減，被害者の安全の確保などを行っている。心理臨床の専門家は都道府県警の犯罪被害者支援専門員として，被害者への直接的な心理的支援，警察官への研修やコンサルテーションなどの間接的支援に関わっているほか，民間犯罪被害者支援センターの専門家ボランティアとして直接相談やボランティア相談員養成等に重要な役割を果たしている。犯罪被害者への心理的支援については第Ⅲ部第4章で，警察における心理的支援については第Ⅳ部第1章で取り扱われている。

**5）難病と心理的支援**　個人が遭遇する危機の一つが結核（Caplan, 1961）やHIV（Roberts, 2005）など難治性の疾病への罹患である。わが国におけるこの領域の実践は，1996年に厚生省（当時）が「拠点病院カウンセラー設置事業」を開始したことに始まる。感染告知からパートナーへの告知，抗HIV薬の服薬開始，AIDS発症から末期に至るさまざまな心理社会的危機に際し，心理臨床家は感染者・家族への直接的な支援，医療関係者やボランティア等身近な支援者

へのコンサルテーションなどの間接的な支援等を行っている。

　今日では，HIV/AIDS に限らず，がんなどの生命を脅かす疾患に直面した患者や家族に対して，早期より身体的問題・心理社会的問題・スピリチュアルな問題に関して，適切な支援を行い QOL の改善を目指す「緩和ケア」の重要性が指摘されている（小池，2010）。心理臨床家は担当医，看護師，精神科医，薬剤師，栄養士，理学療法士，宗教家，ボランティアなどさまざまな職種・立場の人からなる緩和ケアチームの一員として，患者・家族に寄り添うと共に，スタッフのバーンアウト防止のためのケアの役割も期待されている。

　**6）自死遺族への心理学的支援**　　1998 年以降年間の自殺者数が 3 万人を超える事態に対して，2006（平成 18）年に自殺対策基本法が制定され，国をあげての自殺対策が講じられてきた。徐々に減少してきているものの，今なお，一日約 60 名近い方々が自ら命を絶つという深刻な状況にある。2016（平成 28）年に自殺対策基本法の一部を改正する法律が制定・施行され，それを受けて自殺対策大綱も再度見直された。当面の重点対策 12 の中には，遺された人への支援の充実があげられている。

　自死で大切な人を亡くした方への支援は，2007（平成 19）年の最初の自殺対策大綱の段階から当面の重点施策として取り上げられており，その一助となるわかちあいの会が全国各地で開催されている。孤立しがちな遺族が同じ体験をした人々の中で自身の体験を語り他者の体験に耳を傾けることで，孤独感を和らげる，今の自分のままでよいと思える，同じような体験を少し前にした「先輩」から学ぶ，自分を客観視できるようになり視野が広がるといったことが期待されている（NPO 法人　全国自死遺族総合支援センター，2015）。心理の専門家は，遺族から語られるありのままの感情を傾聴・受容するとともに悲嘆のプロセス，記念日反応やさまざまな受け止め方があることなどについて伝えることで，遺族が見通しをもって自らの体験を整理する過程に寄り添い支えることが重要である。自死遺族への支援については，第Ⅲ部第 5 章で取り扱われている。

　**7）支援者支援**　　消防隊員，警察官，海上保安官，自衛官，医師，看護師，カウンセラーなど，災害，事件・事故など危機に遭遇した人々に対して業務として支援に携わる人は，自身も直接脅威を感じたり悲惨な光景を目撃したりすることも多いほか，トラウマを負った被害者に共感的に関わる中で彼らのトラウマ体験に繰り返し曝されることによる二次受傷として PTSD と同様の反応を経験することがある（大澤・加藤，2011）。また，大規模自然災害時に自身も被災しながらも業務として地域住民の支援を担う自治体職員や避難所運営の中心となる地域の自治会役員などが，被災による生活上の不便や復興の遅れなどに苛立つ地域住民の怒りの捌け口にされて，心身の不調を来すことも少なくない。

　このような支援者の反応を防ぎ，緩和するためには，危機への心理的反応や対処についての基礎知識をもつこと，支援者相互のサポート体制を構築すること，適切に休養を取れるような支援のローテーションを大切にすることが重要であり，心理の専門職は事前研修，支援の分かち合い・振り返りなどの場の設定やファシリテーションなどを通して支援者支援に貢献することができる。支援者への支援については，第Ⅲ部第 6 章で取り扱われている。

# ●危機への心理的支援に必要な技法と担い手

## (1) 危機への心理的支援に必要な技法

　成澤は心理臨床学会支援活動委員会の活動をまとめて，災害支援に携わる際に身に着けておきたい技法を初期・中期・長期に分けて提示している（成澤，2018）。それをもとに災害以外の危機にも通じるものを表Ⅰ-1-2に示す。

　これらを含む危機への心理的支援に関する技法については，第Ⅱ部第1章，第2章で取り扱われている。

## (2) 危機への心理的支援の担い手

　先述したように，人々は発達的危機，状況的危機，外傷的危機，実存的危機，精神医学的危機など，さまざまな危機に遭遇する。危機の重篤度と広がりが一定レベルにとどまっている限りは，人々は，家族や友人・知人，同僚など，コミュニティにおける身近な対象の支援を得ることで本来の力を取り戻すことが可能である。しかしながら，危機遭遇によるダメージが大きい場合には，日常的に人々の心理支援にあたっている機関や人の他，危機への心理的支援を専門的に担う機関や人が関わることになる。テロや紛争，大規模自然災害など，地域全体が深刻

表Ⅰ-1-2　危機への心理的支援に必要な技法例（成澤，2018をもとに作成）

| 時　　期 | 主な技法 | 概　　要 | URL |
|---|---|---|---|
| 初期支援 | サイコロジカル・ファーストエイド（Psychological First Aid: PFA） | 危機的な出来事に見舞われて，苦しんだり，助けが必要かもしれない人に，同じ人間として行う，人道的，支持的，かつ実際的な支援。 | https://saigai-kokoro.ncnp.go.jp/pdf/who_pfa_guide.pdf http://www.j-hits.org/psychological/pdf/pfa_complete.pdf#zoom=100 |
| | PFA for Children | 上記PFAで，子どもや養育者を対象に行う。 | https://www.savechildren.or.jp/lp/pfa/ |
| | 子どもにやさしい空間（Child Friendly Space） | 緊急時にいち早く，子どもたちにとって安全で安心できる空間づくりを行う。 | https://www.unicef.or.jp/cfs/ |
| 中　　期 | サイコロジカル・リカバリー・スキル（SPR） | PFAを提供した後の復興回復期や，より集中的な介入が必要とされる場合に用いることのできる心理的支援法。 | http://www.j-hits.org/spr/ |
| 長期支援 | 長時間（持続）暴露療法（PE） | PTSDに対する認知行動療法。トラウマの恐怖に慣れ，記憶をコントロールする力をつけていく治療法。 | |
| | 認知処理療法（CPT） | PTSDに対する認知行動療法。症状は自然回復が妨げられたために生じると理解し，特に考え方に注目して認知を見直していく治療法。 | |
| | 眼球運動による脱感作及び再処理法（EMDR） | PTSDに対する治療法。治療過程で用いられる眼球運動によって，外傷的な記憶の再処理を引き起こす。 | |
| | トラウマフォーカスト認知行動療法（子ども）（TF-CBT） | 子どものトラウマに焦点化した認知行動療法。 | |
| | 複雑性悲嘆のための認知行動療法（CGT） | 急性悲嘆反応（故人への強度の思慕や悲しみや混乱）が遷延した状態にたいして開発された認知行動療法。 | |

な影響を受けている場合には，海外を含む地域外からの支援者の関与が欠かせない。危機への心理的支援を専門的に担う公的機関，民間団体・NPO や人道支援団体については，第Ⅳ部第1章～第3章で取り扱われている。

## ◉むすびに代えて──包括的な危機予防・準備・対応・回復モデルの中で

　本章では，危機発生後の支援に焦点を絞って論じてきたが，当然のことながら事前に十分な予防と準備がなされていれば，危機の発生自体が回避される可能性もあり，また自然災害のように発生は防げなかったとしても，被害を最少化し，より効果的な対処を行うことが可能になる。このように，実際は危機への支援の成否は，発生前の予防と準備により大きく左右される。カー（Keer, 2009）は，Prevention（予防），Preparation（準備），Response（対応），Recovery（回復）の4段階からなる学校危機介入・予防モデルを提示しているが，わが国では，予防・準備と事後対応を一連のものとして捉える視点は十分とはいえない。

　今後の危機への心理的支援は，先に述べた他領域との協働に加え，予防段階・準備段階との有機的なつながりの中で組み立てられ，実施されること，そこでの知見を次なる予防・準備に活かす視点が必須となる。

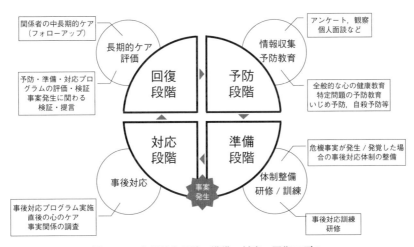

**図Ⅰ-1-1　包括的な予防・準備・対応・回復モデル**

**引用文献**

Aguilera, D. C. (1994). *Crisis intervention theory and methodology* (7th edition). Saint Louis: Mosby.（小松源助・荒川義子（訳）(1997). 危機介入の理論と実際─医療・看護・福祉のために　川島書店）

American Psychiatric Association (2013). *Diagnostic and statistical manual of mental disorders* (5th ed.). Washington, DC: American Psychiatric Publishing.（日本精神神経学会（日本語版用語監修）高橋三郎・大野裕（監訳）(2014). DSM-5─精神疾患の診断・統計マニュアル　医学書院）

Caplan, G. (1961). *An approach to community mental health.* New York: Grunne & Stretton.（加藤正明（監修）山本和郎（訳）(1968). 地域精神衛生の理論と実際　医学書院）

Caplan, G. (1964). *Principles of preventive psychiatry.* New York: Basic Books.（新福尚武（監訳）(1970). 予防精神医学　朝倉書店）

Cavaiola, A. A., & Colford, J. E. (2018). *Crisis intervention. A practical guide.* Los Angeles, CA: SAGE.

Erikson, E. H.（1959）. *Identity and the life cycle. Psychological Issues*1（1）, Monograph1., New York: International Universities Press.（小此木啓吾（訳編）（1973）. 自我同一性―アイデンティティとライフサイクル　誠信書房）

福岡県臨床心理士会（2001）. 学校における緊急支援の手引き

James, R. K., & Gilliland, B. E.（2017）. *Crisis intervention strategies*（Eighth Edition）. Boston, MA:CENGAGE Learning.

河野通英（2009）. 子どもを守るために専門職の情熱を技を結集しよう―CRT（クライシス・レスポンス・チーム）の活動紹介　児童青年精神医学とその近接領域, **50**, 378–382.

Kerr, M. M.（2009）. *School crisis prevention and intervention.* New Jersey: Person Education.

小池眞規子（2010）. 緩和ケア　日本心理臨床学会（監修）支援活動プロジェクト委員会（編）危機への心理支援学　遠見書房　pp.119-120.

Kübler-Ross, E.（1969）. *On death and dying.*（川口正吉（訳）（1971）. 死ぬ瞬間―死にゆく人々との対話　読売新聞社）

窪田由紀（2005）. 学校コミュニティの危機　福岡県臨床心理士会（編）窪田由紀・向笠章子・林　幹男・浦田英範（著）学校コミュニティへの緊急支援の手引き　金剛出版　pp.22-44.

Lindemann, E.（1944）. Symptomatology and management of acute grief. *American Journal of Psychiatry,* **101,** 141-148.

Mitchell, J. T., & Everly, G. S.（2001）. *Critical Incident Stress Debriefing: An Operations Manual for CISD,Defusing and Other Group Crisis Intervention Services*（3rd Edition）. Ellicott City, Maryland: Chevron.（高橋祥友（訳）（2002）. 緊急事態ストレス・PTSD対応マニュアル―危機介入技法としてのディブリーフィング　金剛出版）

元村直靖・岩切昌弘・瀧野揚三・下村陽一・石橋正浩・上本末夏・坂口守男・天冨美禰子・林　龍平・高橋　登・小松孝司・山下　光・山本　晃・大日方重利・安福純子・藤田裕司（2003）. 大阪教育大学附属池田小学校事件における精神的支援の一年　大阪教育大学紀要第III部門 自然科学・応用科学, **51**（2）, 137-143.

成澤知美（2018）. 支援活動委員会における研修体系の構築　心理臨床学会第27回大会支援活動委員会企画シンポジウム提出資料

NPO法人全国自死遺族総合支援センター（2015）. 大切な人を亡くした子どもとその家族のつどい開催のしおり〈http://www.izoku-center.or.jp/doc/booklet_unei_kodomonotsudoi.pdf〉（2021年8月10日確認）

小此木啓吾（1979）. 対象喪失　中央公論社

大澤智子・加藤　寛（2011）. 被災地派遣職員が被る惨事ストレスの影響　兵庫県こころのケアセンター研究紀要, **7**, 25-32.

Roberts, A. R.（2005）. *Crisis Intervention Handbook Third Edition.* New York: Oxford University Press.

重村　淳・高橋　晶・大江美佐里・黒澤美枝（2020）. COVID-19が及ぼす心理社会的影響の理解に向けて　トラウマティック・ストレス, **18**, 71-79.

Stroebe, M. S., & Schut, H.（1999）. The dual process model of coping with bereavement: rationale and depression. *Death Studies,* **23**, 197-224.

杉村省吾（2000）. 災害時ケア―阪神大震災をめぐって　氏原　寛・成田善弘（編）臨床心理学3巻　コミュニティ心理学とコンサルテーション・リエゾン―地域臨床・教育・研修　培風館　pp.216-232.

鈴木有理子（2011）. 災害支援のチーム医療　臨床心理学, **11**（4）, 513-518.

冨永良喜（2014）. 災害・事件後の子どもの心理支援―システムの構築と実践の指針　創元社

渡邉素子・窪田由紀（2014）. 心理危機状況の分類と支援のあり方について　名古屋大学大学院教育発達科学研究科紀要（心理発達科学）, **61**, 47-54.

山本和郎（1986）. コミュニティ心理学　東京大学出版会

山本和郎（2000）. 危機介入とコンサルテーション　ミネルヴァ書房

山本和郎（2004）. 危機介入　氏原　寛・亀口憲治・成田善弘・東山紘久・山中康裕（編）心理臨床大事典 改訂版　培風館　pp.216-219.

# 2

## 危機への心理的支援の理論的背景

### ◉危機をめぐるさまざまな理論

あらゆる心理的支援は人の危機状況と関わっている。

何らかの身体疾患および精神疾患の罹患にせよ，職場や学校での不適応にせよ，リストラや貧困等の経済的困難にせよ，虐待，犯罪被害，事故，戦争，自然災害によるトラウマ体験にせよ，すべてはその個人もしくは集団を危機に追いやり，その生を強力に脅かす。心理的支援の中核には常にこうした危機との対峙があり，その意味ですべての支援は危機介入の要素をそなえている。

とはいえ，危機理論の発展にはそれ独自の歴史的経緯がある。その経緯は，①第一次世界大戦による戦争神経症に対する精神医学的接近，② 1942 年ボストンでのナイトクラブ火災事故による被災者遺族の急性悲嘆反応に関する研究（Lindemann, 1943, 1944），③キャプラン（Caplan, 1961）による地域精神衛生活動を軸とした予防精神医学，④ 1950 年代の欧米における電話相談分野にて推進されてきた自殺予防運動，といった四種の道筋にまとめられるが（山勢，2008），なかでも危機に関するもっとも有名な定義を提示したのがキャプランである。

キャプランは危機状態を「人生の重要な目標に向かううえで障害となる場面に直面した際に，これまで用いてきた問題解決法では乗り越えられなかったときに生じる事態」であり，「その結果，混乱と動揺の期間が生じ，その間にさまざまな解決を試みてもうまくいかない状態」と定義づけた（Caplan, 1961）。

この定義は彼の情動的平衡状態理論に基づいている。キャプランいわく，人の自我は外的・内的刺激に対して常に均衡状態を維持しながら種々の問題に対処しようとするが，危機はこの心理的ホメオスタシスの強度を凌駕する事態であり，結果として人はその困難への対処法のレパートリーを失い，精神のバランスを著しく欠いた事態へと陥ることになる（Caplan, 1964）。

このように，危機状態は主に「危機をもたらした出来事そのものの影響」と「その個人および集団の問題対処能力の機能不全」という二種の要素によって構成されているが，コナー（Koner, 1973）はこの両要素を検討することで，危機を「突発的で急激な衝撃により機能不全に陥る危機（shock crisis）」と「ストレス状況が長期化することによって生じる消耗性の危機（exhaustive crisis）」に分類している。

また，危機状態の重要な特性として注目されているのが，その時間的側面である。

キャプラン（Caplan, 1964）は危機状態には必ず終焉がある（時間的限定性がある）と述べ，多くの場合（その結末の良し悪しは別にして）4 ～ 6 週のあいだに事態は何らかの結末を迎えるとした。その後，ミラー（Miller, 1968）はこの期間を「短くて 1 週間，長くて 6 ～ 8 週間」

と修正したが，近年では重度ストレス状況下での急性状態のタイムラインは概ね3ヵ月が基準とされており，より時間的な幅をもたせた支援の必要性が主張されている。

　そして，この時間的側面と関連して重視されているのが，人が危機に見舞われた際の専門家による最初の介入，すなわち「サイコロジカル・ファーストエイド（心理的応急処置）」である。

　スライク（Slaikeu, 1990）は危機介入の包括的モデルを策定し，一次介入となるサイコロジカル・ファーストエイドと二次介入となるクライシス・セラピーとを区分してそれぞれの役割を明確化した。

　サイコロジカル・ファーストエイドは通常最初の介入セッションを意味し，そのもっとも重要な機能は「心理的なサポート」「死のリスクの低減」および「他の介入リソースへのリンク」である。一方，クライシス・セラピーは応急処置という機能を超えて，危機状態に対する具体的な解決法，対処法の確立に努める支援プロセスを意味している。

　そのなかでスライクはサイコロジカル・ファーストエイドの特性を以下のようにまとめている[1]。すなわち，①心理的接触（当人の危機的状況に関する語りを傾聴し，支援者とのつながりを模索しようとする姿を共感的に受けとめる段階），②問題状況の把握（危機状況に至るまでの経緯と危機の内実について支援者が関心をもち，「誰が，何を，いつ，どこで，どのように」という点を把握していく段階），③仮説的な解決策の検討（状況改善のために当人が行ってきたことを尋ね，そのやり方を活かしつつ，ひとまずの対処法を構築する段階），④具体的な行動（支援者が当事者に目前の危機に対処するための具体的な行動を示唆する段階。翌日に再度会うという簡易な行動から，入院治療やより専門的な支援の導入という対応までさまざま。同時にクライエントの判断機能をアセスメントする），⑤フォローアップ（支援の進捗状況を確認し，今回のファーストエイドがうまく機能したかどうかを確認する段階）の五段階となる。

　以上，危機をめぐる理論について概観してきたが，ここからはさらに，心的外傷論，ストレス理論，喪失モデルという三つの視点から危機状態を検討し，危機に対する心理的支援の理論的背景について検討していきたい。

## ●心的外傷論

　現在の危機理論の多くは，その基底に心的外傷論（トラウマ論）を敷いている。

　心的外傷論の歴史は1866年のエリクセン（J. Erichsen）による鉄道事故の後遺症研究を源流としている。その後，1883年にペイジ（H. Page）が事故に対する心理的体験（主に死の恐怖）に注目し，1889年にオッペンハイム（H. Oppenheim）によって「外傷神経症」の概念が

---

1）このサイコロジカル・ファーストエイドは，しばしばミッチェルとエヴァリー（Mitchell & Everly, 2001）の緊急事態ストレス・ディブリーフィング（Critical Incident Stress Debriefing）との差異において語られ（サイコロジカル・ファーストエイドが支援者側の基本的ニーズへの応答や心理的な傷つきへのケアを軸としているのに対し，ディブリーフィングは危機を被ったことによる認知，思考，感情，症状の変化の詳細を聴取することに比重を置いているという違い），初期介入としては前者が推奨されている印象があるが，いずれもが危機による心理的混乱を分節化し，整理し，自己のまとまりの感覚を修復する機能をもつ介入となっているように思われる。
ディブリーフィングはその侵襲性の問題が指摘されているが，その起源が過酷な戦地から帰還した兵士による「（馴染みある）上官」への状況報告にあることをふまえると，「誰が最初に対応するのか」という「人」の問題が大きな要素になっているのではなかろうか。

提起された（Young, 1995；森，2005）。その流れのなかでトラウマをより心理力動的な面から検討したのがジャネ（Janet, 1889）である。

　その理解によると，人は外傷体験を被り，激越な感情が体験されると，既存の認知的枠組みにその体験を組みこめずに意識から切り離してしまう。その体験は心的な時間軸に沿った物語記憶を構成しえず，意識の外（ジャネは下意識と呼んだ）に固着し，結果として外傷記憶は夢中遊行のごとく反復されることになるという。こうした解離モデルやトラウマ記憶の無時間性という理解は現在のトラウマ論の礎石となっているように思われる。

　同時期に心的外傷に関する考察を深めたのがフロイト（Freud & Breuer, 1895）である。当初の彼はヒステリー患者の性被害体験に着目し，発達早期に被った外傷体験が抑圧され，その後類似した体験に見舞われることで抑圧されたものが回帰し，種々の症状を顕現させるという理論モデルを構築した。だが，戦争神経症に注目した『快原理の彼岸』（Freud, 1920）においては，外傷体験を「刺激障壁を打ち破り，その生体の内部を過剰な刺激（驚愕と脅威）によって溢れ返させる」ものと捉え，欲動の守旧性（反復強迫として顕在化）がこの混乱を拘束して収めようとすると考えた（この欲動の守旧性という理解から死の欲動論が展開された）[2]。

　その後，1970年代のベトナム帰還兵の苦難に取り組み，「サバイバー（survivor）」という用語を提唱したリフトン（R. J. Lifton）らの尽力により，DSM-Ⅲに初めて「PTSD」が診断名として盛り込まれることになった。

　PTSDの概念はその個人がもともと有していた精神的な機能不全や心理的脆弱性以上に，「外的なショック」をその要因として重視しており，その個人を取り巻く環境や社会情勢といった外的要素を発生機序に据えている点で，数多の精神医学的診断概念のなかでも一際異彩を放っている。必然的にこの概念は虐待問題，犯罪被害，被災体験等の危機を被った人々を理解する際の鍵概念となり，社会に広く啓蒙されることになった。その潮流の中心にいたのがジュディス・ハーマン（J. Herman）である。

　ハーマンが注目したのは，長期的な虐待やDV等の暴力被害を受けることによる累積外傷の影響であった。彼女の問題意識はその個人の病理的な性向や心理的脆弱性ではなく，あくまで「危機状態が人のこころをいかに変質させるか」という問いに向けられていた。2019年にICD-11へと収載された「複雑性PTSD（Complex post-traumatic stress disorder）」（Herman, 1992）はそのような志向のなかで生まれた概念であり，危機を被った人の体験世界を理解するうえできわめて有用な考えとなっている。

　複雑性PTSDは，その個人の生活全般が何らかの力関係の支配下にあったことを前提として生じ，その様態は，①「感情コントロールの問題」（抑うつ感，希死念慮，易怒性等），②「意識状態の変質」（健忘や解離），③「自己感覚の変化」（孤立無援感，絶望，主体性の麻痺・損傷，スティグマ，自分が他者とは決定的に異なっているという感覚），④「加害者への感覚」（加害者こそが絶対的存在として感じられ，加害者に没頭し，加害者にこそ自身の想いをわかってもらうことを願い続けること），⑤「人間関係の変化」（孤立感によって通常の人間関係が妨害され，その妨害により孤立感が増すという悪循環），⑥「意味体系の変質」（世界や人生に対

---

2）このジャネとフロイトの見解の差異はしばしば「解離モデル」と「抑圧モデル」の差として語られ，抑圧がその承認を拒まれた何らかの心的体験が無意識下にまとまった形で保存される事態であるのに対し，解離はその体験そのものが切り離され，断片化される事態として検討されている。だが，少なくとも『快原理の彼岸』におけるフロイトの外傷論はジャネの解離論と同じくその主体の存続を脅かす根本的なダメージとして描かれている。

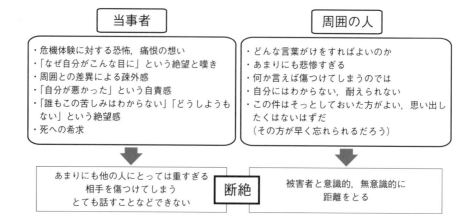

図Ⅰ-2-1　気遣いに基づく断絶への負の連鎖

する基本的信頼感や希望の喪失）の六項目から捉えられる。そのなかでもハーマンが特に重視したのが「主体性の損傷」と「孤立無援感」である。

　犯罪被害や虐待等の重篤な危機に直面した人々の支援に携わると，しばしば私たちはその当人と彼らを取り巻く周囲の人々とのあいだにある決定的な断絶を目の当たりにする。その断絶は図Ⅰ-2-1のような関係性の悪循環に基づいている（上田，2020）。

　こうした重篤な危機を体験すると，ときにPTSDの四症状（侵入症状，回避症状，認知と気分の陰性の変化，覚醒亢進状態）を主としたさまざまな症状に見舞われるが，ここには「言いようのない恐怖」と「死の感覚」という通常の自我機能の許容範囲を超えた体験がある。そして，被害者はフラッシュバックを介してその危機の渦中へと投げこまれるような感覚を幾度も味わい，ときに激しい怒りや絶望やパニックといった強烈な情緒体験に襲われる。そのため，当人はこの体験に蓋をして，極力想起しないように努めるが，その姿を見た周囲の人たちは「早く決着をつけてしまいたいのだろう」という気配りから，その体験にはなるべくふれずにそっと見守ろうとする。

　さらには，「周囲の人は私を支えようとしてくれているが，でも，この人は私と同じ体験を味わったわけではなく，平穏な生活を送っている」という当人の「疎外感」や「せっかく支えようとしてくれているのに，そのように考えてしまう自分は駄目だ」という「自責感」，あるいは「この体験は他の人にとってはあまりにも重く，話すことで相手を傷つけてしまう」という「気遣い」や「自分が悪かったから，このような目に遭ったのだ」という「罪責感」（実際に「あなたにも問題があった」と明に暗に周囲から責められる場合もある），さらには「この苦しみを理解できる人などおらず，どうしようもない」という「絶望感」によって，当人はますます自身の体験に感じ入ることやその表出を抑制させていく。

　一方，周囲の人も「案外平気なのかもしれない」「何か言えば，傷つけてしまうかもしれない」「そっとしておいたほうが早く忘れられて，本人のためになる」と考えることで，危機をめぐる体験はさらにふれがたくなり，当人と周囲のあいだの溝は広がっていく。結果として，当人は他者の助力を通じて自身の体験に向き合う機会を失い，主体性の損傷は修復されず，孤立無援感が増強していくことになる。

　このような苦境に対してハーマンが支援の目標に掲げたのは「被害体験の十分な認識」と「エンパワメントの確立」であり，その際に彼女が重視するのは「支援の安全性」と「ピアグル

ープによる共世界の構築」である。特に安全性が強調されたのは，批判されることのない安心感をもてなければ危機の内実は語りえないという事情だけでなく，支援を行うことそれ自体が当人の無力感を助長させる可能性を危惧してのことである。

　支援関係にはややもすると権力の不均衡が生じる。それは「支援する人とされる人」「健康とみなされる人と異常な状態にあるとみなされる人」といった関係の非対称性によって喚起されるものだが，ハーマンはこの種の不均衡が結局は（外傷状況と類似する）支配関係の再演になってしまうことを危惧し，あくまで当人の主体性の発揮を尊重し，そのために安全な支援状況を準備することの重要性を強調した。

　このような理解をもとに，近年では外傷体験が支援者によって適切に抱えられないことによる再受傷について注目され，同時に支援者が当人の過酷な事態に取り組むなかで「二次的トラウマティックストレス（二次受傷，代理受傷）」（Figley, 1995）に陥る可能性についても考察が深められてきている。

## ◉ストレス理論

　1930 年代にキャノン（Canon, W. B.）やセリエ（Selye, H.）らによって提唱されたストレス理論は，その後，ストレスの要因以上にそのコーピングのありかたへと関心が向けられることになった。すなわち，同じストレッサーであっても，その出来事がどの程度の強度をもつのかは，その体験が当人にとっていかなる意味をもち，その人がどの程度の対処能力とリソースを有しているかによって決定されると考えられるようになった（Lazarus & Folkman, 1984）。そして，アギュララはこのようなストレスコーピングモデルと危機理論とを結びつけ，危機問題解決決定因子モデルを提唱した（Aguilera, 1994）。

　本モデルが前提としているのは心理ホメオスタシス論，すなわち，その均衡保持のための要素が欠けることで深刻な危機状態に陥るという理解であり，その要素として「出来事の現実的な認知」「ソーシャルサポート」「適切な対処機制」の三種があげられている。

　「出来事の現実的な認知」とは，その危機状況が本人にとっていかなる意味を有し，現在の生活や将来に及ぼす影響をどのように捉え，この問題をどの程度現実的に認識しているのかを示しており，対処行動を選択するうえでの重要な指標となっている。特に出来事に対する情緒反応が認知の歪みに大きく作用するため，情緒面に対するサポートが重視されている。

　次の「ソーシャルサポート」とは，危機状況について共に考え，支えようとしてくれる存在や社会資源に関する情報の有無を示している。アギュララはそのようなサポーターの「人数」と「早急性（即座にサポートが供給されるか否か）」を特に重視し，この要素が当人の傷ついた自尊心を修復し，自ら問題解決に向かう力を賦活するための鍵となることを明示している。

　最後の「対処機制」は再適応を目指す認知的，行動的，心理的努力を意味し，ここでは危機によって喚起された不安や緊迫をどれだけ適切に防衛し，問題解決に向けた対処法を構築できるかどうかが問われている。

　アギュララはこれらの要素のどれかひとつでも欠ければ危機状態の解決は妨げられ，こころの不均衡が増大し，ダメージが深刻化することを明らかにした。それゆえに支援者は，①当人のこころの不均衡と危機状況との関連を（心理教育等を通じて）明らかにし，②情緒的反応のラベリングを手伝いながら，ときに情動の発散（カタルシス）を促し，③これまでの生活状況

において活用してきたコーピングスキルをヒントにして，いますぐに取り組むことのできる対処法をこしらえ，④次第に当人自らが社会的なリソースを活用していけるようにサポートすることが重要な役割となる（Morley et al., 1967）。

## ●喪失モデル

　危機状態は喪失体験とも結びついている。

　坂口（2010）は喪失体験を，①「人物」の喪失（近親者との死別や離別，失恋，親友との不和，友人・同僚・先生・隣人との離別等），②「所有物」の喪失（大切な物の紛失や損壊，ペットの死，財産・能力・地位等の喪失），③「環境」の喪失（故郷や住み慣れた家の喪失，通い慣れた学舎や職場や行きつけの場所の喪失，役割や生活様式の喪失等），④「身体の一部分」の喪失（四肢の切断，失明，失聴，脱毛，身体機能の低下等），⑤「目標や自己イメージ」の喪失（目標や自身が思い描く自己イメージ，アイデンティティ，誇りや理想の喪失等）に分類しているが，これらはすべて何らかの事柄や存在との「つながりの喪失」として理解できるものである。

　一方，ボス（Boss, 1999）は「曖昧な喪失（ambiguous loss）」という概念を提起し，その様態を，①震災や事故による近親者の行方不明や子どもの誘拐，あるいは離婚，転勤，離別のような「身体的には不在であるが，心理的には存在しているように経験される喪失」と，②認知症や精神病への罹患，仕事への没頭による家庭での心理的不在状態のような「身体的には存在しているが，心理的には不在であるように経験される喪失」といった二種に分類している。このタイプの喪失からは先の「つながりの喪失」を経験する基盤それ自体が失われており，当事者はその不確実な状況に困惑し続け，喪の過程（morning work）に入りがたくなる。結果，出来事を意味づけ，適切な対処行動を獲得していくプロセスが長期的に凍結されることになる。

　こうした喪失をめぐる危機的状況への取り組みは，グリーフケア（悲嘆のケア）として近年日本でも注目を集めはじめている。

　グリーフケアの歴史は古く，フロイトの『喪とメランコリー』（Freud, 1917）はその先駆けとなる知見である。そこには，失われた対象を断念（脱備給）しえず，喪失対象を自身の内的世界に取り込み，本来対象に向けられるはずの怒りや憎しみを喪失対象と同一化した自己部分に向け変えることで喪の過程が滞る様子が示されている[3]。

　さらに人の急性悲嘆反応をより実証的に捉えたのがリンデマン（Lindemann, 1944；1979）である。冒頭にも紹介したように，彼は火災事故の被災者遺族に対するインタビューを通じて，悲嘆反応のさまざまな特徴を明らかにした。その特徴をまとめると，①喪失の悲しみと絶望が波状的に去来し，息苦しさ，食欲不振，強烈な疲弊感を体験する。②世界の現実感が失われ，終日喪失対象のイメージにこころを奪われる。③喪失対象に十分に関われなかったことや何もできなかった自分を悔やんだり，サバイバーズギルドに苛まれたりする。④他者の関わり

---

[3] 山本（2014）によれば，フロイトが『喪とメランコリー』内で使用とした「Trauerarbeit」というドイツ語が「mourning work」と「grief work」という二種の英訳を生みだしたという。
　そのなかで山本はモーニングワークを「葬送儀礼や悲しみへの対処行動，さらには喪のプロセス関連が深い用語」と定義し，グリーフワークを「喪失後の認知的・感情的・身体的な反応の総称」と定義づけ，悲嘆を「悲しみ」のみに限定すべきでないと主張している。

を侵入的に体験し，苛立ちや怒りを周囲にぶつけ，さらなる自責感に沈みこむ。⑤あたかも
「迷子になった子どもが親を探し回る」かのように焦燥感に駆られ，まとまった行動パターンや
思考の整合性を失う（山本，2014 のまとめを参照）となる。

　他にもグリーフワークの有名な研究としては，キューブラー・ロス（Kübler-Ross, 1969）の
「死の受容過程」（否認，怒り，取引，抑うつ，受容），リンデマンの悲嘆研究とマズローの動機
付け理論（ニード論）に基づくフィンク（Fink, 1973）の「危機プロセスモデル」，そして，ボ
ウルビィ（Bowlby, 1980）の「愛着対象との分離不安モデル」[4]があげられるが，近年では正常
な悲嘆反応と病的な悲嘆反応とを区分するうえで「複雑性悲嘆（complicated grief）」（Worden,
1991；Prigerson & Jacobs, 2001）なる概念が注目されてきている。

　その特徴は，①「慢性悲嘆」（悲嘆の持続期間が極端に長く，いつまでも解消されない），②
「遅延悲嘆」（喪失体験直後には悲嘆反応が表出されず，表面上は適応的にみえるが，何らかの
きっかけをもとに強い悲嘆反応を示す），③「悲嘆の悪化」（悲嘆がうつ病やパニック障害，ア
ルコール依存やアディクションを引き起こす），④「仮面性悲嘆」（抑圧された悲嘆が身体化や
行動化へと置換される）（坂口，2010 および山本，2014 のまとめを参照）にまとめられ，悲嘆
反応に関する心理教育，情緒のモニタリング，喪失体験の影響についての検討や喪失対象に関
する振り返り，今後の人生上の目標の確認を積極的に行っていく支援が推奨されている。

　なお，悲嘆反応のアセスメントに関しては，山本（2014）による六つの視点[5]がきわめて有
用な視座となっているので，是非とも参照してもらいたい。

## ●おわりに──支援に向けて

　通常，私たちは明日も明後日も，1ヵ月後も1年後も，これまでと同じような日がくるだろ
うと信じている。それは自身の未来や世界に対する基本的信頼感の現れといえるものである。
　だが，危機はその未来を粉砕し，想定されていた未来とは異なる道筋への進行を余儀なくさ
せる。それは人生の断絶もしくは分断を意味している（図Ⅰ-2-2）。この事態がもたらす苦痛の
様相はこれまでに紹介してきたとおりである。
　私たちはこの分断された「危機以降の未来」を歩む個人もしくは集団を支援する。私の経験
では，このときもっとも肝要なことは「共に居ること」（Casement, 2018）である。彼らの苦難
と共に，苦難を生きる彼らと共に，私たちがその傍に「居続ける」ことである。それは私たち
もまた同様の苦難を生きることを意味している。
　もちろん，それは一筋縄ではいかない。私たちは危機の当事者ではなく，どれだけこころを

---

4) ボウルビィは（永別と離別を区分しつつも）悲嘆の本質を愛着対象との分離不安に据え，その反応プロセスを，①
　無感覚と不信の段階（喪失体験直後の期間に生じる，何も感じられない麻痺を体験する段階。だが，ときに強烈な
　苦悩や憤りを体験することもある），②思慕と探索の段階（怒りや非難や苦しみを抱きながら喪失対象を探し求め，
　彷徨う段階），③混乱と絶望の段階（喪失対象がもはや不在であることを実感し，その苦痛に襲われ，混乱し，絶
　望する段階），④再建の段階（失われた要因や経過を繰り返し検討しながら，対象喪失の事実とその悲しみを受け
　とめ，自分自身の人生を再建しようとする段階）の四段階に分けて示した。この最後の「再建の段階」はボウルビ
　ィとパークス（Bowlby & Parkes, 1970）の共同研究から導き出された見解である（坂口，2010）。
5) 山本（2014）は悲嘆反応のアセスメント時に留意しておきたいこととして，①喪失状況の概要（喪失のアウトライ
　ンの把握），②悲嘆反応の鑑別（専門的支援の必要性の有無），③個々の阻害要因（喪の過程を阻害する要因の把
　握），④リソースの発見（回復の萌芽を見いだすこと），⑤悲しむ人の理解（どのように危機を生き抜こうとしてい
　るか），⑥節目の反復評価（変化の確認）の六つの視点を提起している。

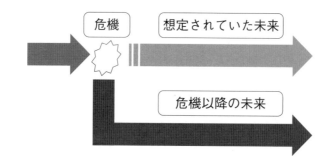

図Ⅰ-2-2　危機の発生と未来

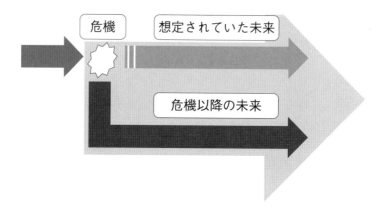

図Ⅰ-2-3　二つの道筋の統合

砕こうと，想いを馳せようと，彼らが被った痛みをそう簡単には理解できない。そこには決定的な断絶がある。危機以降，彼らが噛みしめることになる周囲の人々との断絶の感覚から支援者のみが免除されるわけはない。「共に居ること」はこうした断絶もふまえたうえで，それでもなお彼らの苦難に寄り添おうとする姿勢を示している。

　そして，この共苦的なプロセスのなかでいつしか生じることは，当人のなかの「想定されていた未来」と「危機以降の未来」というふたつの道筋の統合である（図Ⅰ-2-3）。

　危機をめぐる支援は単に「想定されていた未来」を断念し，「危機以降の未来」という過酷な事実を受け入れることに留まるわけではない。危機を被った人たちが「本当は自分はどのように生きようとしていたのか」を改めて問い直し，危機以降の自分のありようとの対話を繰り返し，そのなかで自身が被った危機に関するパーソナルな意味を見出すことで，よりオルタナティヴな生の創造プロセスを共にすることが私たちの使命であると思われる。

**引用文献**

Aguilera, D. C.（1994）. *Crisis intervention: Theory and methodology.* Saint Louis: Mosby Company.（小松源助・荒川義子（訳）（1997）. 危機介入の理論と実際　川島書店）

Bowlby, J., & Parkes, C. M.（1970）. Separation and loss within the family. In E. J. Anthony（ed.）. *The child in his family.* New York: Wiley. pp.197–216.

Boss, P.（1999）. *Ambiguous loss: Learning to live with unresolved grief.* Cambridge: Harvard University Press.（南

山浩二（訳）（2005）．「さよなら」のない別れ 別れのない「さよなら」——あいまいな喪失　学文社）

Bowlby, J. (1980). *Attachment and ]oss, vol.3, Loss: Sadness and depression*. New York: Basic Books.（黒田実郎・吉田恒子・横浜恵三子（訳）（1981）．母子関係の理論—Ⅲ 対象喪失　岩崎学術出版社）

Caplan, G. (1961). *An approach to community mental health*. New York: Grune & Stratton.

Caplan, G. (1964). *Principles of preventive psychiatry*. New York: Basic Books.

Casement, P. (2018). *Learning along the way: Further reflections on psychoanalysis and psychotherapy*. London: Routledge.

Figley, C. R. (1995). *Compassion fatigue: Coping with secondary traumatic stress disorder in those who treat traumatized*. New York: Brunner/Mazel.

Fink, S. L. (1973). *Crisis and motivation: A theoretical model*. Cleveland: Case Western Reserve University.

Freud, S., & Breuer, J. (1895). *Studien über Hysterie*. Leipzig: F. Deuticke.（金関　猛（訳）（2004）．ヒステリー研究 上下　筑摩書房）

Freud, S. (1917). Trauer und Melancholie. *Internationale Zeidschrift fur arzriche Psychoanalyse* **4**, 288-301.（伊藤正博（訳）（2010）．喪とメランコリー　フロイト全集 14　岩波書店　pp.273-293.）

Freud, S. (1920). Jenseits des Lustprinzips. Wien: Internationaler Psychoanalytischer Verlag.（須藤訓任（訳）（2006）．快原理の彼岸　フロイト全集 17　岩波書店　pp.53-125.）

Harman, J. (1992). *Trauma and recovery*. New York: Basic Books.（中井久夫（訳）（1999）．心的外傷と回復　みすず書房）

Janet, P. (1889). *L'automatisme psychologique: Essai de psychologie expérimentale sur les formes inférieures de l'activité humaine*. Paris: Éditions L'Harmattan.（松本雅彦（訳）（2013）．心理学的自動症—人間行動の低次の諸形式に関する実験心理学試論　みすず書房）

Koner, I. N. (1973). Crisis reduction and psychological constant. In G. A. Specter, & W. L. Claiborn. *Crisis Intervention*. New York: Behavioral Publication. pp.30-45.

Kübler-Ross, E. (1969). *On death and dying*. New York: Macmillan.（鈴木　晶（訳）（1998）．死ぬ瞬間—死とその過程について　読売新聞社）

Lazarus, R. S., & Folkman, S. (1984). *Stress, appraisal, and coping*. New York: Springer.（本明　寛・春木　豊・織田正美（監訳）（1991）．ストレスの心理学—認知的評価と対処の研究　実務教育出版）

Lindemann, E. (1943). Neuropsychiatric observations after the Coconut Grove fire. *Annuals of Surgery*, **117**, 814-828.

Lindemann, E. (1944). Symptomatology and management of acute grief. *American Journal of Psychiatry*, **101**, 141-148.

Lindemann, E. (1979). *Beyond grief: Studies in crisis intervention*. New York: Jason Aronson.

Miller, K. (1968). The concept of crisis: Current status and mental health implications. *Human Organization*, **27**, 195-201.

Mitchell, J. T., & Everly, G. S. (2001). *Critical incident stress debriefing: An operations manual for CISD, Defusing and other group crisis intervention services (third edition)*. Columbia: Chevron.（高橋祥友（訳）（2002）．緊急事態ストレス・PTSD 対応マニュアル—危機介入技法としてのデブリーフィング　金剛出版）

森　茂起（2005）．トラウマの発見　講談社

Morley, W. E., Messick, J. M., & Aguilera, D. C. (1967). Crisis: paradigms of intervention. *Journal of Psychiatric Nurs*, **5**, 538.

Prigerson, H. G., & Jacobs, S. C. (2001). Traumatic grief as a distinct disorder: A rationale, consensus criteria, and a preliminary empirical test. In M. S. Stroebe, R. O. Hansson, W. Storoebe, & H. Schut (Eds.). *Handbook of bereavement research consequences, coping, and care*. Washington, DC.: American Psychological Association.

坂口幸弘（2010）．悲嘆学入門—死別の悲しみを学ぶ　昭和堂

Slaikeu, K. A. (1990). *Crisis intervention: A handbook for practice and research* (second edition). Boston: Allyn & Bacon.

上田勝久（2020）．断絶と修復—精神分析からみた被害者支援　臨床心理士定例研修会被害者支援研修会発表原稿

Worden, J. M. (1991). *Grief counseling and grief Therapy: A handbook for the mental health practitioner* (second edition). New York: Springer.（鳴澤　實（監訳）（1993）．グリーフカウンセリング．川島書店）

山本　力（2014）．喪失と悲嘆の心理臨床学——様態モデルとモーニングワーク　誠信書房

山勢博彰（2008）．危機理論と看護診断プロセス　看護診断 **13**(2)．62-64.

Young, A. (1995). *The Harmony of Illusions: Inventing Post-Traumatic Stress Disorder*. New Jersey: Princeton University Press.（中井久夫他（訳）（2001）．PTSD の医療人類学　みすず書房）

# 3

## 危機への心理的支援の法と倫理

### ◉はじめに

心理臨床の分野においては，傾聴し，見守り，クライエントの成長促進に携わることが基本とされている。しかし，危機においては，緊急支援が必要なこともある。今すぐに介入しないと，対象者の心身の安全が保たれない場合があるのだ。臨床心理学的には，危機とは，crisisの訳語であり，identity crisis（自我同一性の危機）のように，発達課題の中で同一性が脅かされることを指していた。心理職が会う人たちは，みな何らかの危機に直面しているともいえる。不登校の子どもは進学に関わる危機に直面し，中年の危機という言葉もある。失職や離婚という危機も人生には起こりえる。しかし本章で扱うのは，そうした通常のライフサイクルで生じる危機ではない。災害や犯罪被害等の不測の事態による心身への危険が及ぶ際の危機のことと，ここでは定義づける。

### ◉危機的状況へ介入する際の倫理

危機状態にある人に対して支援するには，相手の立場に寄り添って話を聞くだけでは不十分なことがある。

たとえば，こんな場面を考えてほしい。あなたが心理職として勤務している総合病院の外科医から連絡があった。「女性が怪我をして来院した。はっきりとは言わないが，夫からの暴力らしい」。このような時にまず知らなくてはならないのは「配偶者からの暴力の防止及び被害者の保護に関する法律（通称 DV 防止法）」である。これを知っていると，地域の配偶者等暴力相談支援センターにつなぐことも頭に浮かぶ。場合によっては保護命令を出してもらい，夫を家から退去させることもできるかもしれない。それが無理なら，シェルターに入ることも検討できるし，子どもと共に母子生活支援施設への入所も考えられる。子どもの面前で暴力が行われたのなら，「児童虐待防止法」の面前 DV（後述）にあたり，児童相談所との連携も必要であろう。

その一方で，こうした被害女性の多くが，被害を訴えたがらず，加害者である夫の下に帰りがちであることも，心理職であれば知っているはずだ。時として，大怪我をした女性が派出所に逃げ込み，しかし警察官の制止を振り切って，自宅に戻る。ならばこうした被害女性と信頼関係を作り，必要な支援を届けるためにはどうしたらよいのかは，正に心理職の仕事となる。さまざまな法律や制度，行政の仕組みについて知ると同時に，こうした場合の心理状態についての知識があると，腰を据えて支援をすることができる。このように考えた時，心理職の職業倫理として，法や制度について知っていることは，要支援者への支援のために欠かせないもの

であるということがわかる。

　通常，心理職とクライエント（要支援者）との間には面接契約が交わされる。元永（2020）によれば，面接契約とは「面接を行うにあたって必要となるクライエントとカウンセラーとの間に交わされる権利義務に関する取り決め」であり，「クライエントが充分に理解し納得し，同意する」ものである。しかし，危機状況の際には，これは必ずしも当てはまらない。さりとて心身の危険にさらされているからといって，本人の意志を確認することもなく，介入することは禁忌である。

　このような支援の際の倫理として基本的なことを押さえているものとして「スフィアハンドブック─人道憲章と人道支援における最低基準」（2018）がある。スフィアは1997年に複数の人道支援を行うNGOと赤十字・赤新月運動によって始められた。人道支援の質と説明責任の向上を目的としたもので，日本語版もPDFでダウンロードすることができる。スフィアの原理として二つの基本理念がうたわれている。

　　・災害や紛争の影響を受けた人びとには，尊厳ある生活を営む権利があり，したがって，支援を受ける権利がある。
　　・災害や紛争による苦痛を軽減するために，実行可能なあらゆる手段が尽くされなくてはならない。

　ここで大事なのは，支援を受けることは権利であるということである。日本国憲法でも「すべて国民は，健康で文化的な最低限度の生活を営む権利を有する」とされている。災害に対してだけではない。私たちは心理支援をする際に，要支援者の文化や背景を尊重し，彼らのために自分ができる限りのことをする必要がある。

　スフィアでは「権利保護の原則」として四つの原則をあげている。

　　①人々の安全，尊厳，権利の保障を高め，人びとを危険にさらさないこと
　　②人びとがニーズに応じた支援を，差別なく受けられるようにすること
　　③脅迫，暴力，抑圧，意図的な剥奪により身体的または精神的な影響を受けた人びとの回復を支援すること
　　④人びとが自らの権利を主張できるようにすること

　日本では権利という考え方がなじまない歴史があるようだ。日本は1994（平成6）年に「児童の権利に関する条約（子どもの権利条約）」に批准した。この時にも「子どもの権利」という言葉が日本ではなじまず，批准も遅れた。しかし大人は子ども幸せに生きることを保証する義務があると考えるよりも，子どもには幸せに生きる権利があると考えることこそが，子どもの自律性を認め，その人権を尊重しているといえよう。同様に，災害や被害にあった人々を，支援者が支援しなくてはならないと考えるより，主体は被害者にあり，彼らは支援を求める権利があると考えることで，私たちは対等な立場に立ち，共に協力していくことができる。

## ●犯罪被害に関する法

　どのような場合にも，基本となるのは日本国憲法である。日本国憲法では，基本的人権を保

障している。第11条には「国民は，すべての基本的人権の享有を妨げられない。この憲法が国民に保証する基本的人権は，侵すことのできない永久の権利として，現在および将来の国民に与へられる」とあり，第13条には「すべて国民は，個人として尊重される。生命，自由および幸福追求に対する国民の権利については，公共の福祉に反しない限り，立法その他の国政の上で，最大の尊重を必要とする」，さらに第14条1項では「すべて国民は，法の下に平等であって，人種，信条，社会的身分又は門地により，政治的，経済的または社会的関係において，差別されない」としている。

　このように憲法では国民の幸福追求の権利をうたっているにも関わらず，犯罪に関しては，加害者への扱いについては手厚いものがあった一方で，被害者は放っておかれてきたといわざるを得ない。それを反省し，2004（平成16）年に「犯罪被害者等基本法」が制定された。その主文では「犯罪被害者等の多くは，これまでその権利が尊重されてきたとは言い難いばかりか，十分な支援を受けられず，社会において孤立することを余儀なくされてきた」とし，「犯罪被害者等の視点に立った施策を講じ，その権利利益の保護が図られる社会の実現に向けた新たな一歩を踏み出さなければならない」としている。

　これに基づき，2005（平成17）年には「犯罪被害者基本計画」が策定され，2020（令和2）年現在，第4次改訂へと向けているところである。その重点課題の一つが，精神的・身体的被害の回復・防止への取組である。第1次，第2次では損害回復，経済的支援等への取り組みが行われ，第1次では各都道府県，第2次では市町村に犯罪被害者のための相談窓口が設けられた。第2次においてはカウンセリング費用の公費負担制度が必要であろうということから，2015（平成27）年には「犯罪被害者の精神的被害の回復に資する施策に関する報告書」がまとめられ，その提言を活かしていくことが定められた。この報告書では，調査結果から犯罪被害者に対応できる精神科医および臨床心理士の数が未だ少ないということも示されている。この報告書を受け，第3次では臨床心理士資格等を有する警察部内カウンセラーの確実な配置に努めることや，カウンセリング費用の公費負担制度の周知について触れられている。また婦人相談所における被害女性の安全の確保や心理的なカウンセリングが十分に行われるように体制整備することも盛り込まれた。

　被害少年等については，スクールカウンセラーを全公立小中学校に配置して学校における教育相談体制を充実させることとなっており，さらに犯罪被害者等である児童生徒に対する心のケアについて大学の教職課程におけるカウンセリングに関する教育および教員に対するカウンセリングに関する研修内容を含めるなど，その内容の充実を図ること等，各分野にまたがってきめ細かく，被害者支援について書かれている。これはすなわち，臨床心理士や公認心理師は，被害者心理に精通する専門家とみなされているということであり，どのような臨床場面に携わっている心理職も，一定の知識と介入方法について知っている必要があるということである。

## ◉虐待に関する法

　子どもに関しては「児童虐待の防止等に関する法律（児童虐待防止法）」がある。ここでいう児童は18歳未満である。児童虐待への国民の意識は高まっているといえるが，虐待件数は増え続けている。心理職の中には自治体の子ども虐待に関する検証委員会に携わった人も多いだろう。昨今は，配偶者に対する暴力（DV）と児童虐待との関係についても多く取り上げられている。

第3条で「何人も，児童に対し，虐待をしてはならない」とし，第5条では業務上，子どもと接する者は「児童虐待を発見しやすい立場にあることを自覚し，児童虐待の早期発見に努めなければならない」とされている。もし発見した場合には「福祉事務所若しくは児童相談所に通告しなければならない（第6条）」。児童相談所は児童福祉法第12条に基づく専門機関である。最近は，児童虐待に対応する機関として知られているが，その役割は多岐にわたっている。さて児童相談所との連携において，子どもを保護してもらえると思っていたのに，保護に至らなかったという例をよく聞く。一時保護は，児童虐待防止法第8条ならびに児童福祉法第33条に基づく措置であり，緊急性が高いと認められた時に行われる。通告者の意図とはずれることもよくあり，通告する際には知り得た情報を的確に伝え，緊急性があると考えた場合には，粘り強く連携を保つ必要がある。児童虐待が重大事件となる背景には，関係機関の連携不足が指摘されることが多い。こうした反省から，2004（平成16）年の児童福祉法改正で，要保護児童対策地域協議会が規定された。要保護児童とは「保護者のない児童又は保護者に監護させることが不適当であると認められる児童」のことであり，関係機関の構成員が出席して子どもの対応についてケース会議を行う。いろいろな職場の構成員として心理職が出席することもある。

ここでは詳しく触れないが，他にも2011（平成23）年には障害者虐待防止法が成立し，2013（平成25）年には「障害を理由とする差別の解消の推進に関する法律」が施行され，障害者が不当な被害を受けないように法律が制定されている。また高齢者については2006（平成18）年に「高齢者虐待の防止，高齢者の養護者に対する支援等に関する法律」が施行されたが，第1条で「高齢者の尊厳の保持にとって高齢者に対する虐待を防止することがきわめて重要である」と書かれている。

児童虐待の定義は2007（平成19）年の改正の際に，「児童が同居する家庭における配偶者に対する暴力の身体に対する不法な攻撃であって生命又は死体に危害を及ぼすもの及びこれに準ずる心身に有害な影響を及ぼす言動をいう」（第2条）が入った。いわゆる面前DVである。これにより，虐待通告はさらに増えることとなった。

## ●配偶者間暴力に関する法

法務省の研究部報告50（2013）によれば日本の殺人事件は，1954（昭和29）年をピークとし，以降，減少傾向にある。被疑者と被害者の関係においては面識がある率が増えている。1979（昭和54）年から2003（平成15）年までは，親族以外の面識者の方が親族よりも多かった。ところが2004（平成16）年以降は，親族間の事件がもっとも多くなっている。表I-3-1に2018（平成30）年の警察庁の調べによる配偶者間（内縁を含む）における犯罪（殺人，傷害，暴行）の被害者の男女別割合を載せた。殺人では男女の割合が近似しているにも関わらず，暴行や傷害の被害者はそのほとんどが女性である。これは暴行や傷害を受けていた女性が，反撃として配偶者を殺してしまうためと考えられる。このように家庭内で多くの女性が被害にあっていることは，長らく見過ごされ放置されてきた。

配偶者からの暴力の防止及び被害者の保護等に関する法律（以下，DV法）が施行されたのは2001（平成13）年である。これ以降，警察が把握する配偶者からの暴力事案は増加を続けている（内閣府男女共同参画局HP）。暴力自体が増えてきたというより，法律制定により，配偶者間暴力は犯罪であるという認識が広まってきたということであろう。各都道府県にはDV

表 I-3-1　配偶者間（内縁を含む）における犯罪（殺人，傷害，暴行）の被害者の男女別割合（検挙件数，2018（平成 30）年，内閣府男女参画局，2019）

| | 女性配偶者の割合（%） | 女性（件） | 男性配偶者の割合（%） | 男性（件） | 計（件） |
|---|---|---|---|---|---|
| 総　　数 | 90.8 | 6,960 | 9.2 | 707 | 7,667 |
| 殺　　人 | 55.6 | 85 | 44.4 | 68 | 153 |
| 傷　　害 | 92.7 | 2,489 | 7.3 | 195 | 2,684 |
| 暴　　行 | 90.8 | 4,386 | 9.2 | 444 | 4,830 |

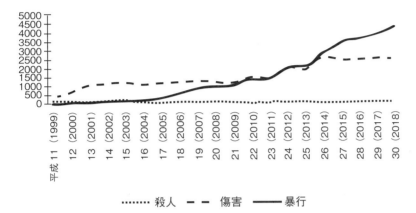

図 I-3-1　夫から妻への犯罪の検挙件数の推移（2018（平成 30）年，内閣府男女参画局，2019）

法に基づき配偶者暴力相談支援センターが置かれている。ここではシェルター利用等の安全に関する情報提供，カウンセリング，自立促進や離婚等に向けての情報提供などが行われる。また DV 防止法第 10 条では加害者に対しての接近禁止命令，電話やメール等の禁止命令，住居からの退去命令などの保護命令について記載されている。ここでは，電話を連続してかけること，夜 10 時から朝 6 時の間に電話やメールをすること，汚物や動物の死体を送り付けること，性的羞恥心を害する事項を告げることなど，加害の例がかなり具体的に記述されている。また子どもについても，未成年の子どもを被害者が連れて出た時，加害者と目される配偶者との面会を裁判所への申し立てにより防止することができると定められている。子どもへのつきまといについても「就学する学校その他の場所において当該子の身辺につきまとい，または当該子の住居，就学する学校その他その通常所在する場所の付近をはいかいしてはならないことを命ずる」としている。

　児童虐待とのからみで，昨今，さらに DV は注目されているが，その連携の難しさも指摘されているところである。児童虐待が，児童が悲惨な被害にあう事例が多発したことを憂えた世相を反映して厚生労働省が法整備を進めてきたのに対し，DV 法はフェミニスト団体の社会運動から内閣府が男女参画の視点で推し進めてきた。この成り立ちの違いが両者の連携を難しくしているといわれているが，臨床の現場では，両者は同じ土壌の元にある。心理職としては，両者の法とその性質について精通し，支援へと結びつける必要がある。

## ●自殺に関する法について

　対象者が何らかの被害にあう例について述べてきたが，実は，心理職が一番，危機対応を求められることが多いのは自殺である。日本においては 15 歳から 39 歳までの死因第一位が自殺

である。北海道教育委員会が行った「心の健康調査」（北海道教育委員会，2017）によれば，中学2年生の10.6％が「自殺や死について1日に何回か細部にわたって考える，または，具体的な自殺の計画を立てたり，実際に死のうとしたことがあった」あるいは「自殺や死について，1週間に数回，数分間にわたって考えることがある」と回答している。

　子どもだけではなく国際的にみても，日本の自殺率はきわめて高い。世界保健機構（WHO）の2018年の統計によれば，リトアニア，ガイアナ，韓国と続き，日本は第9位である。1998（平成10）年から自殺者数は増え続け，2003（平成15）年の34,427人をピークとしたが，その後，減少に転じている。この間，政府は自殺対策基本法を2006（平成18）年に策定し（2016（平成28）年改正），「誰も自殺に追い込まれることのない社会の実現を目指」すとし，「自殺対策は生きることの包括的な支援として，すべての人がかけがえのない個人として尊重されるとともに，生きる力を基礎として生きがいや希望をもって暮らすことができるよう支援していくとしている。さらに2017（平成29）年には「自殺総合対策大綱」を閣議決定している。ここには心のケアの必要性が述べられ，特に子どもの心のケアの担い手としてスクールカウンセラーがあげられている。また一般社団法人日本臨床心理士会は2012（平成24）年に内閣府自殺対策官民協働特命チームより自殺対策の担い手の一つとしてのヒアリングを受けている。

## ◉心の専門家と危機

　かつて心理職は個人心理療法を業としていたが，近年，ますます地域社会からのニーズが高まり，社会が何を心理職に望んでいるかに応えていく必要性も高まってきた。そこに応えていくためには，社会がどのように成り立っているのかを押さえておかなくてはならない。その基本にあるのが法であり，それを専門家として実践していく際に必要なのが職業倫理である。危機に直面すると，動揺することも多く，自分の無力感や逆に支援したい気持ちがはやることもある。こうした気持ちを内省することも危機対応に必要な職業倫理である。これからの心理職がこうした危機に，社会のニーズに対応できるようになっていくことを願ってやまない。

**引用文献**

北海道教育委員会（2017）．児童生徒の心の健康に関する調査報告書〈https://www.dokyoi.pref.hokkaido.lg.jp/hk/ktk/2017kokoronokenkoutyosusa.html〉（2021年8月24日確認）

法務省（2013）．研究部報告50「無差別殺傷事犯に関する研究　第2章殺人事件の動向〈http://www.moj.go.jp/content/000112398.pdf〉（2020年12月28日確認）

厚生労働省（2012）．自殺対策基本法〈https://www.mhlw.go.jp/r2h-s1.pdf〉（2020年12月28日確認）

厚生労働省（2017）．自殺総合対策大綱〈https://www.mhlw.go.jp/r2h-s3.pdf〉（2020年12月28日確認）

元永拓郎（2020）．関係行政論　遠見書房

内閣府（1989）．配偶者からの暴力防止及び被害者の保護等に関する法律〈https://www.gender.go.jp/policy/no_violence/e-vaw/law/pdf/dvhou.pdf〉（2020年12月28日確認）

内閣府（2012）．臨床心理士の活動と自殺対策〈https://www.mhlw.go.jp/file/06-Seisakujouhou-12200000-Shakaiengokyokushougaihokenfukushibu/s1-1_4.pdf〉（2020年12月28日確認）

内閣府男女参画局（2019）．男女共同参画白書令和元年版〈https://www.gender.go.jp/about_danjo/whitepaper/r01/zentai/html/honpen/b1_s06_01.html〉（2021年9月5日確認）

Sphere Association（2019）．スフィアハンドブック—人道憲章と人道支援における最低基準（日本語版第4版）〈https://jqan.info/wpJQ/wp-content/uploads/2020/04/spherehandbook2018_jpn_web_April2020.pdf〉（2021年8月10日確認）

# Ⅱ　危機への心理的支援の技法

　　危機への心理的支援の際には，どのような技法が用いられるのであろうか？

　　第Ⅱ部では，危機に遭遇した人々に対して，個人レベル，集団レベルで提供される代表的な技法について紹介する。その大半は専門的な訓練を要するものであり，安易に用いることは禁忌であるが，心理職としてその概要を知っておくことは必須である。

# 1

## 個人へのアプローチ

### ●はじめに

　戦争，地震や洪水などの災害被災，身体的暴力・性的暴力のような犯罪被害，身体的・心理的・性的虐待やネグレクトといった子どもの虐待などの生命存続の危機にかかわるような危機をトラウマ体験といい，トラウマ体験の後にはさまざまな心身の状態の変化が生じる（トラウマ反応）。トラウマ反応は時間経過や生活の中での対処によって自然回復することもあるが，その症状が強く生活に影響する場合には急性ストレス障害（Acute Stress Symptoms：ASD）や心的外傷後ストレス障害（Post-traumatic Stress Disorder）と診断されることがある（American Psychiatric Association, 2014）。

　この章では，トラウマ反応やPTSD症状を呈する個人に対するケアや症状軽減のために用いられる技法について紹介する。

### ●力動的精神療法

　ブロイアーとフロイト（Breuer & Freud, 1955）は『ヒステリー研究』において，精神疾患が心的外傷に起因する可能性を述べた。当時の考え方は，精神疾患は主に生物学的欠陥によって生じるというものであったため，フロイトらの考え方は急進的であった。

　ブロイアーは，患者に症状とそれ以前に経験した特定の外傷的出来事を催眠によって思い出してもらい，それにまつわる感情を再体験した時に症状が消失したと報告している。フロイトは患者に対して症状とそこから浮かぶ考えを話してもらう自由連想を用いて，患者が体験を理解し受容するのを援助した。フロイトは，患者がトラウマ記憶から自己を防衛するために，これらを意識に上らせることを抑圧すると考えた。抑圧されたトラウマ記憶は忘れられたわけではなく，本人の意識に上らないところで保持されており，症状という形で表現される。

　力動的精神療法では，この症状の意味を理解し徹底操作すること，治療の中で現れる転移・逆転移を理解することにより内省や洞察が生じ無意識に対する理解が進むと考えられる。

#### （1）技法の説明

　1）**力動的精神療法**　　力動的精神療法は，強い治療同盟の中で，治療者と患者が症状につながる自身の状況や考えを協同的に分析し内省や洞察を生じることで無意識の問題を理解するのを助ける治療であり，患者の自己理解や自我の強さ，すなわち精神内界の統合性や対処能力などを高めることを目的としている。トラウマ症状やトラウマサバイバーに対する力動的精神

療法に関する治療や理論は多数報告されているものの（McCann & Pearlman, 1990; Van der Kolk et al., 1996），これらに関しても精神分析が起源になっているかどうかが明確でなかったり，認知行動療法的な治療との境界線が不明なことが多い場合が指摘されている（Foa et al., 2009）。トラウマ症状に対する力動的技法の応用は，患者の症状やニーズ，治療目標によって幅広く用いられており，これらの理論や技法を他の患者やクライエントに適用することが困難なことも少なくない。

2）短期力動的精神療法　　短期力動的精神療法は，トラウマサバイバーの治療の中で発展した。ホロヴィッツら（Horowitz et al., 1984）は，サバイバーの性格や防衛のスタイルが，その人が経験したトラウマ体験と影響して，特定の対立や特定の人間関係を生み出すというモデルを提起した。ブロムら（Brom et al., 1989）は，ホロヴィッツの短期的動的精神療法を PTSD に適用し，その効果を報告した。ホロヴィッツによると，その患者やクライエントにおける防衛や情動処理が気分や行動パターンにどのように影響を与えているのかという精神分析的概念に基づく系統的で個別化したケースフォーミュレーションは，トラウマに対する精神分析を含むさまざまな治療法をいつ提供すればよいかを知ることを可能にする。

3）対人関係療法（Interpersonal psychotherapy：IPT）　　対人関係療法は対人関係の障害を標的にするマニュアル化された治療法である。大うつ病の治療のために開発されたが（Klerman et al., 1984），PTSD を含む不安障害にも適用されるようになった（Krupnick et al., 1998）。IPT では，治療者との転移関係ではなく患者やクライエントの治療外における対人関係に焦点を当てる。人為的なトラウマによる PTSD の症状では，他者は自分を傷つけるものであり信じることはできないものであるという強い認知が問題になることが多いため，IPT による新たな対人関係の理解と実践はこのような症状に対して効果をもたらすと考えられる。

## （2）臨床での利用

　トラウマ焦点化認知行動療法などのようにトラウマ症状に焦点化することを目的とした治療法と比較すると，力動的精神療法はその患者やクライエントの状況や症状をより個別的に捉えようとするものである。そのため，より広い範囲の中から治療者と患者が治療目標を検討することとなり，症状の軽減以外にも過去のトラウマ体験やその影響を含めた自分自身に関する客観的な理解などが目標になることも考えられる。トラウマ症状による影響のために，クライエントがトラウマに関連する記憶にアクセスすることを回避したり，感情や思考やイメージに圧倒される強い恐怖をもっていたり，葛藤に対する耐性が脆弱であったり，良好な対人関係を維持することや感情をコントロールすることが困難なこともある。そのため，治療者の立場から検討すると，トラウマサバイバーに対しては治療者の個人的な問題を表出するような逆転移反応を引き起こしやすいともいえる。トラウマ治療の中では，このような逆転移反応や，その結果としての「共感疲労」が生じることがあり，注意が必要であることも指摘されている（Figley, 1995）。

# ● 持続エクスポージャー療法（PE 療法）

　成人の PTSD に対する個別 CBT の有効性を支持するエビデンスは非常に強力であり，中でも持続エクスポージャー療法（PE 療法）（Prolonged Exposure Therapy：PE）は広範囲のトラウマに対する効果が支持されている（Foa et al., 2009；Committee on Treatment of Psttraumatic Stress Disorder, 2007）。日本においても PE は 2016（平成 28）年から保険医療の適用となった。

　PE（Foa et al., 2007）における PTSD 症状の捉え方は，トラウマ記憶の出来事，情動，思考，知覚が断片化して本来の意味と異なって結び付くことで，トラウマ体験の記憶についての過剰な恐怖心や自己，他者，世界に対する非機能的認知が生じ，トラウマ体験時の記憶やそれを思い出させるものに対する回避が生じ強化されている，というものである。そのため，PE の目的はこれらの過剰な結びつきを解き恐怖記憶を通常の記憶に整理し，非機能的認知をより現実的な認知に修正することとなる。この治療のために用いられるのが曝露技法であり，現実エクスポージャー（in vivo exposure）（実生活内曝露）と想像エクスポージャー（imaginal exposure）（イメージ曝露）の二つに取り組んでいく。また，トラウマ体験によって生じた非機能的な認知を修正するためにプロセッシング（processing）に取り組む。

　曝露技法により回避している対象にあえて直面し想起することを繰り返すことで，不安に対する馴化（慣れ），記憶の詳細化，思い出すことと再遭遇することの弁別，トラウマ体験と類似するが安全な物事との弁別，PTSD 症状への無能力感から統制感への変換，トラウマ記憶のナラティブ化と整理が促進される。トラウマ体験の記憶はしばしば断片化しており，その時に自分が何を経験し何を考えどのように判断したのかを覚えておらず，そのことが自責感や無能力感を引き起こすことがある。イメージ曝露によって記憶が詳細化されると，その時の自身の行動や判断を認識でき自責感が消失することもある。記憶の詳細化のみでは修正されない部分に関してはプロセッシングによって当時の行動について改めて思い返してもらいそのことについてどのように思うかを考えてもらうことで，自分は無力だ，誰も助けてくれない，人は信用できない，などの非機能的な認知が修正される。

## （1）治療構造

　PE が適用となるのは，トラウマの種類にかかわらず，PTSD と診断される場合であり，抑うつ，不安障害，物質依存などの併存疾患がある場合も含む。一方で，自傷他害の差し迫った脅威や再被害のリスクが高い状況，PE 実施を困難にするほどの他の精神的な問題がある場合にはそれらの問題や治療を安定化させてから PE を導入する。また，PE 導入の前には十分にモチベーションを高めておく必要がある。

　PE の治療構造に関しては，1 週間に 1 回 90 分〜120 分のセッションを合計 8 〜 12 回実施する。セッションはすべて録音し，次のセッションまでにホームワークとして聞いてもらう。各セッションの内容は以下である。

### 1）セッション 1
・治療プログラムおよび治療原理全体の概要を説明する
・プログラムで用いる技法を紹介する

・トラウマ体験に関する情報を収集し，治療で標的となるトラウマ体験を明確にする
・呼吸法を説明し，一人でもできるように習得してもらう
・ホームワーク：呼吸法の練習（セッション2以降も継続），PE療法の効果についてのハンドアウトを読む，セッションの録音を1回以上聴く（セッション2以降も継続）

### 2）セッション2

・ホームワークの確認：取り組めた場合は頑張りを労い，取り組めなかった場合には取り組もうとしたことを労った後に何が障害になったかを話し合い，取り組めるよう支援する
・PTSDや関連症状についての心理教育を行う
・実生活内曝露の原理を説明する
・不安階層表を作成する：トラウマ体験以来回避している内容と，それに対する心理的な不快感や不安の高さを0～100を10刻みで表した数字（Subject Units of Disturbance Scale：SUDS）を記入する
・実生活内曝露について話し合い，課題を選ぶ：クライエントが必ず実施でき成功体験になるものを選択する
・ホームワーク：継続課題に加えて以下を行う。心理教育のハンドアウトを読む，実生活内曝露に取り組む（セッション3以降も継続），不安階層表を完成させる

### 3）セッション3

・ホームワークの確認
・イメージ曝露の治療原理の説明と実施：話してもらう内容の開始箇所と終了箇所を実施前に伝える，記憶に集中できるよう，目を閉じて，トラウマ体験時に経験したこと見たこと聞いたこと考えたことを話してもらう，クライエントがよく頑張って記憶にアクセスできていることを労い，現在の安全を保障し，記憶に触れ続けられるよう励ます，記憶へのアクセスを妨げないようにするため，解離や過呼吸などすぐに対処しなければならない状況を除いて上記の声かけ以外には言葉を発しない
・プロセッシングを行う：苦痛な記憶に直面できたことを労う，話してみて気が付いたことや考えたことをたずねる
・実生活内曝露の課題設定：セッション3以降はSUDSのレベルを徐々に上げて課題を設定する
・ホームワークの設定：継続課題に加えて以下を行う。イメージ曝露の録音を1日に1回聴く

### 4）セッション4～5

・ホームワークの確認
・イメージ曝露
・プロセッシング
・実生活内曝露の課題設定
・ホームワーク（セッション9まで同じ）：呼吸法，イメージ曝露の録音を1日に1回聴く，実生活内曝露，セッションの録音を1週間の間に1回以上聴く

### 5）セッション6～9

・ホームワークの確認
・イメージ曝露：漸進的に「ホットスポット」に焦点化して行う（記憶の中でもっとも苦痛な箇所を繰り返し想起し話すことで十分な馴化を目指す）
・プロセッシング
・実生活内曝露の課題を選ぶ
・ホームワークの設定（セッション4以降同じ）

### 6）セッション10

・ホームワークの確認
・トラウマ体験全体のイメージ曝露
・プロセッシング：トラウマ体験に関する認知の変化を話し合う
・不安階層表のSUDSがどのように変化したかを話し合う
・PEが役立ったこと，取り組みを通して学んだことを話してもらう
・ホームワーク：治療の中で学んだことを応用し続ける

## ◉認知処理療法

　認知処理療法（Cognitive Processing Therapy：CPT）はレジック（P. A. Resick）によって1970年代にアメリカで開発され，その後モンソンやチャード（Monson & Chard）らとの協同研究により発展した（Resick & Schnicke, 1993；伊藤ら，2019）。現在までに性被害，現役および退役軍人の戦闘体験，身体的暴行被害，閾値下のPTSD症状などの対象においても効果が検証されてきた。開発当時のコンテンツは認知療法と曝露から成っていたが，近年は曝露を含まないCPT-Cも同様の効果があることが確認されている。

### （1）治療原理

　CPTでは，PTSD症状はトラウマ体験後に生じた「回復を妨げる考え」によって維持されると捉え，治療は主に認知療法で構成される。回復を妨げる考えとは，トラウマティックな出来事に関する過度な自責や自分に対する無力感，自分や他者や社会全体に対する絶望感や怒りなどの認知の変化のことである。このような考えをCPTでは「スタックポイント」と呼び，スタックポイントをほどよく客観的に評価し認知を変容させることが治療の主なターゲットとなる。

### （2）治療構造

　CPTは，1週間に1回～2回，1セッション50分の面接を原則的に合計12回行う個別面接である。治療マニュアルでは，各セッションで行う内容や時間配分が決められており，心理教育の資料やセッションで使用するシートなども収録されている。1回目のセッションでは心理教育を行い，2～5回目で思考と感情のつながりを認識してトラウマ記憶を処理し，6～7回目ではそれまでの取り組みを踏まえて認知再構成に取り組み，8～12回目ではトラウマ体験によって特に影響を受けやすい五つのテーマ（安心，信頼，力とコントロール，価値，親密さ）に

ついての認知再構成に取り組む。各セッションの内容は以下の通りである。

### 1）セッション 1：心理教育

・PTSD 症状に関する心理教育を行い，回復が阻害される理由を説明する
・認知理論（トラウマティックな出来事についての個々人の認知的な過程がその人の感情に影響を与える）を説明する
・インデックストラウマ（症状にもっとも影響を与えているトラウマ体験）を簡単に振り返る
・練習課題：「出来事の意味筆記」（トラウマイベントが生じた原因についての考え，トラウマ体験によって生じた影響）を書く

### 2）セッション 2〜5：「見つめる力」をつける，トラウマ処理を行う

ここでの見つめる力とは，第三者的に客観的に思考や感情を区別するスキルを指す。セッション 5 までは，主にこのスキルを身に着けることを目標とする。この段階では，トラウマイベントに対する自責感や罪責感に焦点を当てる。自責感や罪責感のような認知は，クライエントがトラウマ体験を受け入れる際に，それ以前の適応的な認知（「自分は困難に対処することができる」「自分は危険を回避することができる」など）と自らがトラウマ体験を回避できなかったことの齟齬を解消するために，「自分に非があったから，自分が無力であったからこのようなことが起こったのだ」などと解釈することによって生じており，このようなメカニズムを CPT では「同化」と呼んでいる。

・「出来事の意味筆記」を読みあげてもらい，スタックポイントを同定する（セッション 2）
・「ABC 用紙」を紹介し（セッション 2），自らの状況（Activating）・思考（Belief）・感情（Consequence）を区別するのを支援する（セッション 2-3）
・ソクラテス式問答を用いて，トラウマティックな出来事に対する認知処理や認知再構成を促す（セッション 2-3）
・「考え直し用紙」を用いて，スタックポイントにおける考えの妥当さ（その考えに至る根拠や反証，考えの極端さなど）を考え直す（セッション 4）
・「問題ある思考パターン用紙」を用いて，スタックポイントを維持させるような思考パターン（結論への飛躍，過大・過小評価，感情による理由付けなど）がないか確認する（セッション 5）

### 3）セッション 6〜7：考え直す力をつける

セッション 6 以降は，トラウマ体験によって変化した信念のうち，現在や未来に関する認知の考え直しに取り組む。セッション 7 からは，ABC 用紙，考え直し用紙，問題ある思考パターン用紙のすべてを組み合わせた「信念を考え直す用紙」を用い，これまでに培ったすべての認知的なスキルを用いてスタックポイントを再考する。

### 4）セッション 8〜12：トラウマのテーマに取り組む

セッション 8 からは，トラウマ体験によって影響を受けやすい五つのテーマ（安全，信頼，力とコントロール，価値，親密さ）に

関する考え直しに取り組む。セッション 10 からは,「コンプリメント」と呼ばれる受け手が嬉しくなったり暖かい気持ちになったりする言動を他者に及ぼしたり他者から受け取る活動や,自分にとって心地良い活動を取り入れる課題に取り組む。これらの活動は,PTSD 症状のために生活の幅が狭まった状態を抜け出したり他者や自分自身に対する肯定的な認知を得たりすることにも役立つ。また,これまでの治療の仕上げとして,セッション 1 のホームワークで取り組んだ「出来事の意味筆記」に再度取り組み,認知の変化を共有する。

- ・安全のテーマに取り組む（セッション 8）
- ・信頼のテーマに取り組む（セッション 9）
- ・力とコントロールのテーマに取り組む（セッション 10）
- ・コンプリメント,自分を心地よくさせる活動に取り組む（セッション 10 〜）
- ・価値のテーマに取り組む（セッション 11）
- ・「出来事の意味筆記」に再度取り組む（セッション 11 ホームワーク）
- ・親密さのテーマに取り組む（セッション 12）
- ・「出来事の意味筆記」をクライエントが読み上げ,セッション 1 のホームワークのものをセラピストが読み上げることで変化を確認する

## ●眼球運動による脱感作と再処理法

　眼球運動による脱感作と再処理法（Eye Movement Desensitization and Reprocessing：EMDR）は,シャピロ（Shapiro, 1989a, 1989b）によって提唱された PTSD 治療のための技法であり,国際トラウマティックストレス学会の PTSD 治療ガイドライン（Foa et al., 2009）においてもその効果が認められている。

　EMDR は「適応的情報処理モデル」（Adaptive Information Processing（AIP）model）（Shapiro & Maxfield, 2002）という理論的背景に基づいている。AIP モデルでは,人間には生来新しい体験を適応的な状態に処理して既存の記憶ネットワーク内に貯蔵する情報処理システムが備わっており,現在の非機能的認知は苦痛な記憶が処理されないまま残っているために生じると想定する。そこで眼球運動または他の「二重注意刺激」を用いた一連の手続きを用いることによって情報処理を円滑化し,苦痛や非機能的な反応を軽減し,より適応的な情報にアクセスできるように取り組む。

　EMDR では,「過去」「現在」「未来」に分けて治療計画を立てる。まずは現在の症状の原因となっている過去のトラウマに,次に現在の生活の中で直面したトリガーについて,その後未来のトリガーに対処する状況について,非機能的な状態で保持された記憶を再処理していく。治療過程は以下の 8 段階から構成される。各セッションは 50 〜 90 分,治療期間は治療内容によって異なるが,他の治療法と比較すると短い（Foa et al., 2009）。

### 治療過程
　1）生育歴の聴取と治療の計画　　クライエントの準備性や治療へのモチベーションや抵抗を評価し,治療計画を立てる。

2）準備　治療同盟を結ぶ。トラウマに関する心理教育を行い，治療プログラムの概要を説明する。治療中に起こりうるトラウマ反応への対処法や客観的な視点を維持するための方法として，「安全な場所のエクササイズ」などの安定化スキルを練習する。

3）評価　クライエントの記憶における苦痛なイメージとそれに関連する否定的認知（Negative Cognition: NC），それに代えて信じたい肯定的認知（Positive Cognition: PC）とその妥当性（Validity of Cognition: VoC）（1-7）を同定する。さらに，伴う感情と主観的な苦痛の程度（Subjective Units of Disturbance: SUDS）（0-10），苦痛を感じる身体の部位についても同定し，トラウマ記憶の評価を行う。

4）脱感作と再処理　トラウマ記憶にまつわる苦痛な映像や否定的認知や身体感覚を心に留めたまま，左右の眼球運動などの両側性刺激（Bilateral Stimulation: BLS）を用いて，記憶の処理を進める。両側性刺激としては眼球運動以外にも，タッピングなどの触覚刺激や，音を用いたリズミカルな両側性の動きでも代替可能なことが近年多く報告されている。この手続きの後深呼吸をしてもらい，体験について簡潔にフィードバックした後に再度 BLS を加えて脱感作を行うことを繰り返す。脱感作は通常 SUDS が 0 か 1 になれば終了する。

5）肯定的認知の植え付け　苦痛な記憶が脱感作されたら，肯定的認知とターゲット記憶を心に抱いた状態で BLS を行う。クライエントが肯定的認知をどれぐらい本当であると捉えているかの程度や変化について評価し，通常は認知の妥当性（VoC）が 7（完全に本当）になるまで継続する。

6）ボディスキャン　トラウマイベントと肯定的認知を思い浮かべ，全身をスキャンし，身体感覚があれば BLS を用いて処理する（苦痛が解消する場合も，肯定的感覚が強化される場合もある）。この段階でケアを要する別のトラウマ記憶が見つかることもあり，その場合には脱感作および再処理を行う。

7）終了　セッション終了時には，行った処理に関連して予想される反応を説明する。そして，準備段階で練習した安全な場所のエクササイズやその他のリラクセーション技法を用いて，安定化をはかった上でセッションを終了する。

8）再評価　個々のセッションごとに，セラピストは，クライエントの前回までの記憶の処理状況が維持されているか，変化しているかを評価し，次のターゲット記憶の処理にうつるかどうか等を検討する。

## ●トラウマフォーカスト認知行動療法

　子どものトラウマ体験となるものには，大人と同様に，自然災害や人為災害，戦争や難民，重度の事故，性的および身体的虐待，家族のトラウマ性喪失などがあげられる。これらの体験は，子どもの安全感や安心感に影響を与え，主観的な脅威や恐怖感，恥，怒り，孤立無援感，

無価値観などにつながる可能性がある。TF-CBT は，コーエン（J. A. Cohen），マナリアーノ（A. P. Mannarino），デブリンジャー（E. Deblinger）らによって米国で開発された子どもを対象とした治療プログラムである（Cohen et al., 2006）。1990 年代に性的虐待を受けた子どもの治療に試行されたのを皮切りに，養育者の治療参加，子どもの発達的要素への着目など，修正と改良が加えられながら発展してきた。現在では，さまざまなタイプのトラウマへの応用がなされており，欧米のガイドラインにおいて，子どもの PTSD 治療の第一選択として推奨されている。また，PTSD 症状に加えて，うつ，不安，行動の問題，性的逸脱行動，他者への信頼感，社会的適応力の症状を改善することが明らかにされている。

　さらに，子どもにとっての一番の資源は親または親に代わる養育者であることから，TF-CBT は原則として彼らにも参加してもらう。親やそれに代わる養育者に対しても，抑うつ的な感情の改善，PTSD 症状の改善，子どものトラウマに関する思考や感情の整理，ペアレンティングスキルや子どもをサポートする能力の向上などの効果が報告されている。日本でも多施設共同研究が行われ，効果が検証されている（Kameoka et al., 2020）。セッションは通常 12 〜 16 回で，それぞれの回に子どもセッション，親または親に代わる養育者のセッションを行い原則としてそれぞれ同じ内容に取り組む。これに親子合同セッションが加わる回もある。

## （1）基本理念

　TF-CBT の基本理念は，その頭文字をとって“CRAFTS”と要約される。

- Components-based（構成要素に基づく）：特定の子どもと家族のニーズにもっとも適合する構成要素に基づく
- Respevtful of individual, family, community, culture, and religious practice（個人，家族，コミュニティ，文化，宗教の尊重）：個別の背景に照らし合わせてトラウマ体験の影響を理解し，クライエント個人，家族，コミュニティ，文化，宗教を尊重する
- Adaptable（適応性と柔軟性）：子どもと養育者の動機を高め，多様な集団や状況において構成要素に基づく治療を実施するためにセラピストの柔軟性や創造性を求める
- Family focused（家族に焦点づける）：養育者が可能な限り治療に参加できるように支援する。必要に応じて兄弟姉妹や祖父母などにも参加してもらう
- Therapeutic relationship centered（治療関係を中心に置く）：セラピストは，子どもと養育者が安全，受容，信頼を感じることができる治療関係を築くことに努める。このような治療関係は，子どもや養育者がトラウマ体験やそれにまつわる考えや信念を話し合う助けとなる
- Self-efficacy is emphasized（自己効力感を高める）：セラピストは子どもや養育者と協力し，取り組みを励まし褒めること，治療が終わった後にトラウマを想起することや人生の困難があったとしてもこれまでに獲得したスキルによって対処可能であることを共有することによって，自己効力感や自己統制感を高める

## （2）構成要素

　構成要素は，“A-PRACTICE”という頭文字で表される。この頭文字は，TF-CBT を自宅で実践すること（PRACTICE）の重要性も表している。

- Assessment and case conceptualization：アセスメントとケースの概念化
- Psychoeducation（心理教育）：トラウマによる衝撃や，一般的なトラウマ反応について，子どもや保護者に知識を提供する
- Parenting skills（ペアレンティングスキル）：子どもの情緒や行動をうまく調整する方法を保護者に学んでもらう
- Relaxation skills（リラクセーション）：リラクセーションとストレスマネジメントのスキルを，それぞれの子どもや保護者に合わせて学んでもらう
- Affect expression and regulation skills（感情の表現と調整）：人はさまざまな感情をもっており，自分自身にもさまざまな感情が生じることを理解してもらう。また，自分の感情を特定し，それを行動ではなく言葉で表せるようになること，感情への対処の仕方を身に着けることを助ける
- Coginitive coping（認知コーピング）：思考・感情・行動の関係を理解し，トラウマ後に生じた非機能的な認知を修正するのを助ける
- Trauma narrative development and Processing（トラウマナラティブとプロセッシング）：子どもが自分自身のトラウマ体験を表現する。この部分は治療の中で重要な要素となる
- In-vivo mastery of trauma reminder（実生活内でのトラウマの統制）：実際には危険でないにもかかわらずトラウマ体験を想起させるきっかけとなるために回避している物事を回避することなく日常生活を送れるように支援する
- Conjoint parent-child sessions（親子合同セッション）：子どもが体験したトラウマについて，子どもと保護者が話し合う
- Enhancing safety and future development（将来の安全と発達の強化）：治療の最終段階で実施される。子どもが発達する力を取り戻し，その他の必要なスキルを身に着けて，治療を終了できるよう支援する

## ●複雑性悲嘆療法

### （1）喪失と悲嘆

　人は，愛する家族や友人，所属するコミュニティなどのような愛着のある大切な対象をもっている。このような対象を失うことを「喪失」といい，喪失によって生じる悲しく嘆かわしい心の反応を「悲嘆」という。喪失や悲嘆は時代や地域や文化にかかわらず，誰もが経験するものであり，悲しみ，寂しさ，不安，落ち込み，怒りなどの心理的反応，生前にしてあげられなかったことに対する後悔や自責，愛する人のいない状況で自分が楽しむことへの罪悪感，不眠，動機などの身体的な反応，外出できず引きこもりがちになるなどの行動上の反応が現れることがある。これらの反応は「急性悲嘆」（Shear et al., 2005）と呼ばれ，通常は時間の経過や周囲の人とのかかわりの中で和らぐことが多く，文化的に通常の範囲内であればストレスフルな出来事に対する自然な反応と捉えられる。一方で，悲嘆に関連する反応や症状の強度や持続期間がその文化において通常に予期されるよりも大きく上回る状態を「遷延性悲嘆」「複雑性悲嘆」「病的悲嘆」などと呼んで欧米を中心に介入や研究が進められてきた。DSM-5 や ICD-11 では悲嘆の症状が初めて精神障害として位置づけられ，DSM-5 では"持続性複雑死別障害

Persistent complex bereavement disorder", ICD-11 では "prolonged grief disorder" として収載されている。

## (2) 複雑性悲嘆療法 (Complicated Grief Treatment : CGT)

　長引く悲嘆反応に対してはシアらが開発した複雑性悲嘆療法 (Complicated Grief Treatment : CGT) (Harkness et al., 2002；Shear et al., 2005；Shear et al., 2001) の効果が米国で確認されている。この治療法は，愛着理論に基づき，自然な悲嘆のプロセスが進行することを目的としている。悲嘆の過程モデルとしては，Stroebe らが提唱した二重過程モデル (dual process model) (Stroebe & Schut, 1999) と呼ばれる，悲しみに向き合う過程（喪失志向）と新しい生活に取り組む過程（回復志向）の間を揺らぎながらバランスよく交互を行き来することを理論的な土台としている。このモデルに，対人関係療法，PTSD 治療のための長時間曝露療法 (Prolonged Exposure : PE)，サイコドラマを取り入れた認知行動療法に属する治療である。

　**1）治療原理**　　悲嘆反応は自然な回復過程を妨げる心理的社会的要因によって複雑化したり遷延したりする。回復を阻害するのは非機能的な認知や行動，感情調整不全であり，これらを取り除き回復を促進する認知や行動を身に着けることによって「統合された悲嘆」と呼ばれる，ほろ苦いながらも自在に故人の記憶にアクセスできる状態になることができ，故人のいない生活を再構築できる状態に至る。

　**2）治療の構造**　　CGT は自然な悲嘆のプロセスを再編成し複雑化した悲嘆を「統合された悲嘆」の状態にすることを目的とした認知行動療法である。1 回につき 50 ～ 90, 120 分のセッションを週 1 回，全 16 回行うことが基本となる。16 回のセッションは 3 段階（導入段階，中間段階，終結段階）に分かれており，それぞれの段階に応じた課題に取り組む。

　**導入段階：治療の基盤（セッション 1 ～セッション 3）**　　導入段階には，クライエントの情報収集，心理教育，治療同盟の基盤作りを行う。複雑化した悲嘆とはどのようなものか，それがクライエントにどのような影響を与えているかを共有してもらう。さらに，クライエントにとって故人以外の重要な他者の協力を得ること，故人がいない新たな人生における目標をもつことによって新たな生活に取り組む準備を行う。

- ・個人史と複雑化した悲嘆の状態について聴取し，治療計画を立てる（セッション 1）
- ・自身の悲嘆の状態について毎日モニタリングをしてもらう（セッション 1 ～ 16）
- ・通常の悲嘆と複雑化した悲嘆についての心理教育を行い，CGT の目標や構造について共有する（セッション 2）
- ・新たな人生における目標について話し合う（セッション 2）
- ・クライエントを支える友人や家族など重要な他者にセッションに参加してもらい，悲嘆の状況を伝え CGT を支えてもらえるように話し合う（セッション 3）

　**中間期（セッション 4 ～ 9）**　　中間期の目標は，悲しみに向き合うことである。悲嘆が複

雑化，遷延化する大きな要因の一つに，故人が亡くなってしまったことを否認し触れることを回避するために自然な悲嘆のプロセスが滞ることがあげられる。悲しみに向き合い，死について考え，自然な感情を感じることで，死を受容し悲嘆のプロセスを再編成することを援助する。

・想像再訪問と振り返り（セッション4～9）：目を閉じてもらい，故人が亡くなったと認識した時までのことを話してもらう。死の記憶は心理的に強い痛みを伴うが，それは大切な人を喪失したときに本来感じるはずのものであり，この感情を押し込めていることが悲嘆を複雑化させる要因でもある。このモジュールは，死を現実のものとして，潜在的な記憶のレベルにおいても認知することを助ける。また，繰り返しこの場面を再訪問すること，これを録音しホームワークとして自宅でも聞くことで，感情の強さを減弱させることができる。

　振り返りでは，想像再訪問後に思い出したこと，考えたことなどについて振り返る。セラピストは，クライエントの大切な人の死を故人の人生や自身の今後の人生の文脈において再検討できるように援助する。また，このふりかえりにおいて，罪責感などの否定的な認知の再構成を行う。
・状況再訪問（セッション4～9）：状況再訪問は，喪失体験を想起させるきっかけになるために回避してきた場所，物，人に実際に触れることに取り組む。死に関連する体験を想起させる回避対象には，悲嘆やトラウマに触れることで情緒的な処理を促進し，故人の不在を再認識するために生じる回避に対しては，故人を内在化させつながりや思い出を大切にすることを目指す。
・個人の目標とセルフケアの継続（セッション4～16）：個人の目標は回復過程における重要な要素である。故人のいない世界での夢や希望を実現するための計画をたて全セッションを通して取り組んでいく。また，セルフケアの促進のため，CGTの課題に取り組んだことに対する自分へのご褒美をあげることに取り組む。実行可能で簡単なご褒美を自分に与え，自分を大切にすることや生活を充実させていく。
・思い出ノート，故人の写真（セッション7～9）：悲嘆が複雑化すると，故人が亡くなった時の様子や故人の素晴らしかった部分など，その人の一部分しか思い出せなくなることが多い。しかし悲嘆のプロセスを進めるためには故人の全体像を想起できることが必要である。そのため「思い出ノート」に故人の多側面の思い出を記入し，また故人の大切な写真をもって来てもらい，それらに関するエピソードをセラピストと共有し，大切にする。
・想像上の会話（セッション9）：想像上で，故人が亡くなった後，故人とクライエントが一緒にいて，お互いに亡くなったことはわかっているがクライエントは故人に話しかけることができ故人がそれに対して返事をすることができると想像してもらう。ここでは何でも話したり聞いたりしてよく，クライエントが話した後，今度はクライエントに故人の役をして答えてもらう。これを15分～20分の間繰り返した後，振り返りを行う。ここまでの治療によってクライエントの中に故人が内在化していると，生前の故人らしい返答が得られ，クライエントの自責感の軽減，安心感，故人に対するより深いつながりの再認識に役立つ。

**完結・強化・終結期（セッション 10 ～ 16）**　　CGT の第 3 段階では，これまでの取り組みを振り返り，今後 6 セッションでどのように取り組みを強化し治療を終結するかを計画することから開始する。対人関係の検討や，死別によって生じたクライエントの役割の変容に取り組んだ後，治療の終結に向けて，命日やお盆など死に直面する行事，誕生日など故人を思い出しやすい特定の日などにおけるセルフケアや他者からの支援の求め方について話し合う。

- ・中間評価と残り 6 セッションの計画（セッション 10）
- ・中間評価に基づき課題に取り組む（セッション 11 ～ 15）
- ・終結（セッション 16）

　治療以前の状態と治療で取り組んだ内容，変化について話し合う。さらに，クライエントにはどのような強みや力があり，それを治療の中でどのように使ってきたか，今後の新たな人生の目標やこれから直面する可能性がある困難な問題に対してどのように使えるかについて話し合う。その後，終結についてのクライエントの考えや感情について共有してもらい，質問に応える。クライエントの今後の人生が豊かなものとなるよう祈りつつ，セッションを終了する。

# ●おわりに

　トラウマに対する治療は精神分析での臨床に始まり，近年は認知行動療法を中心にその効果が検証されている。本章で紹介した技法のほとんどは，提供にあたり決められた研修を受け経験豊富なスーパーヴァイザーの指導の下に行うことが必要とされている。トラウマ症状や PTSD に苦しむ多くの人に適切なケアが提供され回復に至ることができるよう，トラウマ焦点化療法の国内における効果検証や普及および質の均てん化が図られることが期待される。

**謝　辞**
本章の執筆にあたり，被害者支援都民センター公認心理師の鶴田信子先生（PE），国立精神・神経医療研究センター精神保健研究所司法精神保健研究室長の菊池安希子先生（EMDR），目白大学心理学部講師の齋藤梓先生（TF-CBT），武蔵野大学人間科学部教授の中島聡美先生（CGT）から貴重なご助言をいただきました。心より感謝申し上げます。

**引用文献**

American Psychiatric Association (2013). *Diagnostic and statistical manual of mental disorders* (5th ed.). Washington, DC: American Psychiatric Publishing.（日本精神神経学会（日本語版用語監修）髙橋三郎・大野裕（監訳）(2014). DSM-5—精神疾患の診断・統計マニュアル　医学書院）

Breuer, J., & Freud, S. (1955). Studies on hysteria. In J. Strachey (Ed. & Trans.), *The standard edition of the complete psychological works of Sigmund Freud,* **2**, 1–335. London: Hogarth Press.

Brom, D., Kleber, R. J., & Defares, P. B. (1989). Brief psychotherapy for posttraumatic stress disorders. *J Consult Clin Psychol,* **57**(5), 607–612.

Cohen, J. A., Mannarino, A. P., & Deblinger, E. (2006). *Treating trauma and traumatic grief in children and adolescents.* New York: Guilford Press.

Committee on Treatment of Posttraumatic Stress Disorder : Institute of Medicine. (2007). *Treatment of Posttraumatic Stress Disorder: An assessment of the evidence.* Washington, D.C.: the National Academies Press.

Figley, C. R. (Ed.). (1995). *Compassion fatigue: Coping with secondary traumatic stress disorder in those who treat the traumatized.* New York: Brunner/Mazel.

Foa, E. B., Kaen, T. M., Friedman, J. F., & Cohen, J. A. (2009). *Effective treatments for PTSD* (2nd edition)*: Practice* *guidelines from the international society for traumatic stress studies*. New York: Guilford Press.（飛鳥井望（監訳）（2013）．PTSD 治療ガイドライン（第 2 版）　金剛出版）

Foa, E. B., Hembree, E., & Rothbaum, B.（2007）. *Prolonged exposure therapy for PTSD*. New York: Oxford University Press.（金吉　晴・小西聖子（2009）．PTSD の持続エクスポージャー療法　星和書店）

Harkness, K. L., Shear, M. K., Frank, E., & Silberman, R. A.（2002）. Traumatic grief treatment: Case histories of 4 patients. *J Clin Psychiatry,* **63**(12), 1113–1120.

Horowitz, M. J., Marmar, C., Krupnick, J., Wilner, N., Kaltreider, N., & Wallerstein, R.（1984）. *Personality styles and brief psychotherapy*. New York: Basic Books.

伊藤正哉・片柳章子・宮前光宏・高岸百合子・蟹江絢子・今村美美・堀越　勝（2019）．認知処理療法（CPT）包括的手引きを踏まえて　トラウマティック・ストレス, **17**(1), 30–37.

Kameoka, S., Tanaka, E., Yamamoto, S., Saito, A., Narisawa, T., Arai, Y., & Asukai, N.（2020）. Effectiveness of trauma-focused cognitive behavioral therapy for Japanese children and adolescents in community settings: A multisite randomized controlled trial. *Eur J Psychotraumatol,* **11**(1), 1767987.

菊池安希子（2019）．眼球運動による脱感作及び再処理法（EMDR）―発展の歴史から本邦における課題へ　トラウマティック・ストレス, **17**(1), 38–44.

Klerman, G. L., Weissman, M. M., Rounsaville, B. J., & Chevron, E.（1984）. *Interpersonal psychotherapy of depression*. New York: Basic Books.

Krupnick, J. L., Green, B. L., & Marinda, J.（1998）. Group interpersonal psychotherapy for the treatment of PTSD following interpersonal trauma.

McCann, I. L., & Pearlman, L. A.（1990）. *Psychological trauma and the adult survivor: Theory, therapy, and transformation*. New York: Burnner/Mazel.

Resick, P. A., Monson, C. M., & Gutner, C.（2007）. Psycho-social treatments for PTSD. In M. Friedman, T. Keane, & P. Resich（Eds.）, *Handbook of PTSD*. New York: Guilford Press. 330–358.

Resick, P. A., & Schnicke, M. K.（1993）. *Cognitive processing therapy for sexual assault victims: A treatment manual*. Newberry Park, CA: Sage.

National Collaborating Centre for Mental Health（UK）（2005）. *Posttraumatic stress disorder: The management of PTSD in adults and children in prirnary and secondary care*. Leicester: Gaskell.

Shapiro, F.（1989a）. Efficacy of the eye movement desensitization procedure in the treatment of traumatic memorues. *Journal of Traumatic Stress Studies,* **2**, 199–223.

Shapiro, F.（1989b）. Eye movement desensitization: A new treatment for post-traumatic stress disorder. *Journal of Behavior Therapy and Exprimental Psychiatry,* **20**, 211–217.

Shapiro, F., & Maxfield, L.（2002）. Eye movement desensitization and reprocessing（EMDR）: Information processing in the treatment of trauma. *Journal of Clinical Psychology,* **58**, 933–946.

Shear, M. K., Frank, E., Foa, E., Cherry, C., Reynolds, C. F., 3rd, Vander Bilt, J., & Masters, S.（2001）. Traumatic grief treatment: A pilot study. *Am J Psychiatry,* **158**(9), 1506–1508.

Shear, K., Frank, E., Houck, P. R., & Reynolds, C. F., 3rd.（2005）. Treatment of complicated grief: A randomized controlled trial. *JAMA,* **293**(21), 2601–2608.

Stroebe, M., & Schut, H.（1999）. The dual process model of coping with bereavement: rationale and description. *Death Stud,* **23**(3), 197–224.

Van der Kolk, B. A., McFarlane, A. C., & Weisaeth, L.（Eds.）（1996）. *Traumatic stress: The effect of overshelming experience on mind, body and society*. New York: Guilford Press.

# 2

## 集団へのアプローチ

### ◉はじめに

　事件・事故，災害，喪失，虐待といった危機に遭遇することは，決して稀なことではなく，多くの人が生きていく上で経験することである。

　アメリカの調査では，学童期の子ども達の25%が何らかのトラウマに遭遇しているという結果であった（American Psychiatric Association, 2008）。また，何らかの精神疾患によって入院をしている青少年を対象にした調査では，93%が少なくとも1度のトラウマを経験している（Lipschitz et al., 1999）。日本におけるA市の全教職員を対象にした調査では，回答者の約3割が学校において何らかの危機を経験していた（窪田ら，2017）。その他にも，危機的体験が稀ではないことを示すデータは枚挙に暇がない。

　危機はありふれたものであるが，遭遇した人の認知（考え），感情，身体に大きな影響を及ぼす。その影響は短期的なものから長期的なものまであり，人生そのものを変容させてしまうことすらある。こうした危機に対して，どういったアプローチができるのか。本章では，集団へのアプローチに焦点をあてて述べていく。

### ◉集団へのアプローチの重要性

　まず，具体的なアプローチについて触れる前になぜ集団へのアプローチが重要なのかという点について触れる。集団へのアプローチの重要性としては以下の4点があげられる。

　　①集団アプローチはコストパフォーマンスに優れている。
　　②集団アプローチはコミュニティの回復を促す。
　　③個別支援には固有の限界がある。
　　④初期であればあるほど個別支援が必要かどうかのスクリーニングは難しい。

　すでに述べたように，危機はありふれたものである。多くの人が危機を経験している中で，支援者リソースには限界がある。専門的なトラウマケアの訓練を受けた治療者となるとさらに数が限られてくる。そうした中で，集団アプローチは少ない支援者が多くの人々に支援を届けることができるという点でコストパフォーマンスに優れた方法である。

　また，集団アプローチはコミュニティの回復にもつながる。コミュニティが回復することによって危機をマネジメントしやすくなり，個人がもつ自然に回復する力が促進される。

　そして，すべての支援に限界があるように，危機への個別支援には固有の限界がある。
PTSD 治療のゴールドスタンダードである持続エクスポージャー法や認知処理療法の脱落率の
高さや，治療反応性がない人の存在はよく知られている（Schottenbauer et al., 2008）。それぞ
れの治療法に優れた効果があることは間違いないが，その治療で効果がみられなった多くの人
たちに対しても支援が必要である。後述するトラウマインフォームドケアといったシステムに
対するアプローチが求められる。
　集団アプローチが必要である最後のポイント，初期のスクリーニングの難しさについてであ
るが，危機直後に示した反応が必ずしも長期的な反応を予測しないという事実がある。ブラ
イアントとハーヴィー（Bryant & Harvey, 1998）にあるように急性ストレス障害（ASD）は
PTSD に対する予測因子となりえるが，初期の ASD 症状が見られないまま PTSD になる人が
多く存在する。初期のスクリーニングで必要な人だけに個別支援を行うことの難しさがここに
ある。
　危機に対しては個別のアプローチとともに，集団へのアプローチが必要となるのである。


## ◉集団へのアプローチの対象と方針

　危機への集団アプローチとは誰を対象にすべきなのか，どういった方針で行うべきなのか。
　まず，対象についてゴードン（Gordon, 1983）が提唱した分類をもとに説明する（図Ⅱ-2-1）。
　全体的支援（universal intervention）とは文字通り，すべての人を対象にした支援である。
危機を経験した人々，コミュニティ全体を対象にした支援で，専門家の助言や援助なしに行え
るものが含まれる。
　選択的支援（selected intervention）とは年齢，性別，危機への物理的接触などの何らかのリ
スク要因がある人々に対して行う支援のことである。
　個別／指向的支援（indicated intervention）とは，急性ストレス症状が強かったり自殺リス
クがあるといった明らかなハイリスクな人々に行う支援のことで，主に個別で行われるもので
ある。
　集団アプローチは，全体的支援と選択的支援として主に行われるものである。当然，ハイリ
スクな人々へ集団アプローチをしてはいけないということではなく，ハイリスクな人々へはよ
り強度が高い個別支援が必要になるということである。
　次に危機へのアプローチの方針について説明を行う。危機へのアプローチについては危機直

**図Ⅱ-2-1　支援の三つのレベル**（Gordon, 1983 をもとに作成）

後に介入研究を行うことが難しいことから，専門家間の合意によってガイドラインが作られてきている。IASC ガイドライン（2007）や TENTS ガイドライン（2010）など国際的に複数のガイドラインがあるが，そこには共通するものが多い。そこで，ワトソンら（Watson et al., 2014）による支援方針のまとめを紹介する（表Ⅱ-2-1）。これから説明する具体的な支援方法についても，これらのコンセンサスを理解した上での実践が必要となる。

# ◉サイコロジカルファーストエイド（PFA）

サイコロジカルファーストエイド（Psychological First Aid：PFA）とは，危機的な出来事に遭遇した人たちに行う心理的応急処置の総称のことを指す。世界保健機関（WHO）が作成した PFA とアメリカ国立 PTSD センターが作成した PFA が代表的なものである。本節では概要を説明するが，それぞれ WEB 上に邦訳版が公開されているため，そちらを入手することで詳しく知ることができる。

PFA は，それまで得られたトラウマに対するエビデンスに合致するよう専門家の合意によって作成されたものであり専門家から広く支持されている。だが，PFA 自体は効果検証が乏しく十分な科学的エビデンスが欠如していることが指摘されていることも知っておく必要があるだろう（Jeffrey et al., 2012）。

表Ⅱ-2-1　災害時のメンタルヘルス支援について専門家コンセンサスのまとめ（Watson et al., 2014 をもとに作成）

・事前に準備する
・実用的で柔軟なアプローチを活用する
・回復のフェーズに合った支援を提供する
・安全感，つながり，穏やかさ，希望，効力感を促進する
・以下のような複数の手段を用いて無害化を図る。
　　現地の支援コーディネートに参加し，支援重複やギャップを最小限に抑える
　　ニーズと利用可能な現地のリソースのみに基づいてプログラムを設計する
　　すべての取り組みに評価と外部レビューを含める
　　人権と文化への配慮を計画の最前線に据える
　　エビデンスに基づいた実践を可能な限り活用する
・その場所で影響を受けた人々にできる限り多く参加してもらう。
・利用可能な資源と地域の能力（家族，コミュニティ，学校，友人）を特定し，構築する。
・取り組みを既存のシステムに統合することで，単独のサービスを減らし，より多くの人に支援を届け，持続可能なものとし，スティグマの発生を抑える。
・早期対応においては，実用的で実利的な大規模な支援から，よりケアが必要な人への専門的な支援まで段階的な支援アプローチを採用する。
・さまざまな形での支援を行う（例：メディアとの連携やインターネットによって地域社会全体を支援。共同体的，文化的，記念的，精神的，宗教的な癒しの実践を行うなど）
・以下を含むサービスの全範囲を提供する：
　　基本的なニーズの提供
　　個人レベルでのアセスメント（トリアージ，スクリーニング，モニタリング，アセスメント）とコミュニティレベルでのアセスメント（ニーズアセスメントと継続的なモニタリング，プログラム評価）
　　サイコロジカルファーストエイド／レジリエンスを高めるサポート
　　アウトリーチと情報提供
　　現地の支援者への技術的支援，相談，研修
　　継続した苦しみや機能低下を伴う個人のための治療
　　（望ましくは TF-CBT などのエビデンスに基づいた治療法）

### (1) WHOによるPFAフィールドガイド

　WHO（2011）はPFAを「苦しんでいる人，助けが必要かもしれない人に同じ人間として行う，人道的，支持的な対応のこと」と定義している。そうしたPFAを実践するために知るべきこと，責任ある支援を行うために配慮すべきこと，PFAの活動原則などがフィールドガイドには含まれている。加えてPFAは専門家にしかできないものではないということも明確に述べられている。

　表Ⅱ-2-2はPFAの活動原則である。「見る」「聞く」「つなぐ」という原則によって，状況の理解と安全な現地への入り方，人々への寄りそい方，実際に役立つ支援や情報へのつなぎ方の指針としている。

### (2) アメリカ国立PTSDセンターのPFA実施の手引き

　この手引きにおいては，PFAを「災害やテロの直後に子ども，思春期の人，大人，家族に対して行うことのできる効果の知られた心理的支援の方法を，必要な部分だけ取り出して使えるように構成したもの」と定義している（Brymer et al., 2006）。初期の苦痛を軽減し，適切な対処行動がとれるよう支援することが目的となっている。PFAの提供者としては，精神保健の担当者や災害救援者が想定されている。

　表Ⅱ-2-3が具体的な支援内容である。手引きには，こうした支援内容，配慮すべき点の他にも，適切な質問の仕方，言うべきでないセリフ，子どもをもつ親への助言の仕方，大人への助言の仕方など詳細なガイドが掲載されている。

## ◉心理教育

　心理教育は集団アプローチのみならず個別アプローチでも用いられている。認知行動療法などの心理療法では支援の中核に位置する技法であり，広く用いられている。

　心理教育の定義についてのコンセンサスは存在しないが，コロン（Colom, 2011）は「自己への気づきと主体性を促進すること，（慢性）疾患をマネジメントしながら生きていく方法を提供すること，疾患への態度や行動を変えることを目的とした患者のエンパワーメントトレーニング」と定義している。この定義は慢性疾患への心理教育のためのものであるが，危機への心理教育として言い換えると以下のようになる。

**表Ⅱ-2-2　WHOによるPFAの活動原則**（PFAフィールドガイド（World Health Organization, 2011をもとに作成）

| | |
|---|---|
| 見　る | 安全確認<br>明らかに急を要する基本的ニーズがある人の確認<br>深刻なストレス反応を示す人の確認 |
| 聞　く | 支援が必要と思われる人に寄りそう<br>必要な物や気がかりなことについて尋ねる<br>人々に耳を傾け，気持ちを落ち着かせる手助けをする |
| つなぐ | 生きていく上での基本的なニーズが満たされサービスが受けられるよう手助けする<br>自分で問題に対処できるよう手助けする<br>情報を提供する<br>人々を大切な人や社会的支援と結びつける |

①心理教育とはエンパワーメントするもの。

②心理教育とは自己への気づきと主体性を促進するもの。

③心理教育とは危機を対処するための，そして共に生きていくための方法を提供するもの。

④心理教育とは危機への適応的な態度や行動を促すもの。

　危機における心理教育として伝えるべき内容としては，一般的な心理的・身体的反応やその経過，症状への対処方法，専門的な支援を受けられる機関の情報などがあげられる。危機の状況や対象によって必要な情報は変わるが，可能な限り具体的でかつ実用的なものでなければならない。

　そうしたものに加えて危機における心理教育ではノーマライゼーションを行う必要がある。危機的な状況においては，それまで感じたことがなかったような恐怖，悲しみ，自責を感じることがある。その中で，これまでの自分ができていたような行動ができなくなったり，不眠や落ち着かなさといった，それまで経験したことがない症状が出るかもしれない。こうした反応に対して，自分がおかしくなった，自分は何もできない人間だ，といった二次的な反応をしてしまうことによって，さらに苦しさが増してしまう。そのため，「異常な状態における正常な反応である」といった言葉によるノーマライゼーションを行うことで二次的な反応を予防する必要がある。

　心理教育は伝える内容はもちろんであるが実施方法もまた重要となる。心理教育はその名前から一方的に情報を伝えるものと思われがちであるが，心理教育は単に情報提供を行うということではない。その定義にあるように相手をエンパワーメントして相手の行動や態度の変化につながるものでなければならない。一方的に情報を伝えるだけでは，こうした目的は達成できない。簡単に心理教育の実施のポイントをあげる。

**表Ⅱ-2-3　アメリカ国立 PTSD センターによる PFA の支援内容**（PFA 実施の手引き（Brymer et al., 2006 をもとに作成）

1. 被災者に近づき，活動を始める
   目的：被災者の求めに応じる。あるいは，被災者に負担をかけない共感的な態度でこちらから手をさしのべる

2. 安全と安心感
   目的：当面の安全を確かなものにし，被災者が心身を休められるようにする

3. 安定化
   目的：圧倒されている被災者の混乱を鎮め，見通しがもてるようにする

4. 情報を集める―いま必要なこと，困っていること
   目的：周辺情報を集め，被災者がいま必要としていること，困っていることを把握する。そのうえで，その人にあった PFA を組み立てる

5. 現実的な問題の解決を助ける
   目的：いま必要としていること，困っていることに取り組むために，被災者を現実的に支援する

6. 周囲の人々との関わりを促進する
   目的：家族・友人など身近にいて支えてくれる人や，地域の援助機関との関わりを促進し，その関係が長続きするよう援助する

7. 対処に役立つ情報
   目的：苦痛をやわらげ，適応的な機能を高めるために，ストレス反応と対処の方法について知ってもらう

8. 紹介と引き継ぎ
   目的：被災者がいま必要としている，あるいは将来必要となるサービスを紹介し，引き継ぎを行う

①専門用語に頼りすぎず，できる限りわかりやすい言葉で伝える。

②相手に合わせたアナロジーを用いることで理解を育む

③伝えるだけでなく，相手の思いや考えを引き出すことを行う。

④相手の効力感，希望を育む。

　最後に心理教育のエビデンスについて簡単に紹介する。危機に対する心理教育の効果は確認されていないが，家族への心理教育が鬱病の再発予防につながった研究（Shimazu et al., 2011）や，統合失調症の再燃防止やアドヒアランスの向上につながっていることが示されたシステマティックレビュー（Zhao et al., 2015）などがある。この他にも多くの研究で心理教育の効果は確認されている。

# ●リラクセーション法

　漸進的筋弛緩法，イメージリラクセーション，バイオフィードバック，呼吸法などリラクセーション法には多くの技法が含まれている。多くの方法があるがそれぞれのリラクセーションの目的は全体として，呼吸の落ち着きや筋緊張の緩和といったことに特徴づけられる身体の自然なリラックス反応を生じさせることと，ウェルビーイングの感覚を生じさせることである（National Center for Complementary and Integrative Health, 2016）。

　危機への対処としてリラクセーション法単独で用いられることは稀であるが，トラウマによる過覚醒症状や身体症状への対処として，長く使われてきた技法である。

　リラクセーション法は基本的に安全なものであり，集団に用いることも容易である。PTSDに対してのリラクセーション法の有効性も限定的ではあるがシステマティックレビューにより示されている（Niles et al., 2018）。

　また，リラクセーション法は身体へのアプローチであるため受け入れられやすいこと，リラックス反応が生じることで効果を実感しやすいこと，自分自身で症状を緩和できることで自己コントロール感の回復につながることも臨床的に知られるリラクセーションの有効性である。

　だが，特定のリラクセーションがトラウマ症状を引き起こしたり，精神症状を悪化させる可能性が報告されていることも知っておく必要がある（National Center for Complementary and Integrative Health, 2016）。

　ここでは身体面へのアプローチとしてのリラクセーション法について漸進的筋弛緩法，呼吸法，臨床動作法について説明する。

## （1）漸進的筋弛緩法

　漸進的筋弛緩法とはジェイコブソン（Jacobson, 1938）によって提唱された筋肉の緊張と緩和を繰り返すことによって身体のリラックス反応を生じさせる方法である。もともとのジェイコブソンの方法では，筋組織を細かく分けて一つひとつの部位で実施していく方法であったが，現在広く用いられているものは複数の部位を1度に扱う簡易法である。

　簡易法にもいくつかの方法があり，心理療法の一つのモジュールとして使われることもある（不眠の認知行動療法など）。簡易法の一つを紹介すると，10秒間力を入れて緊張させ，15秒程度脱力させるという基本動作のもと，手，腕，肩，背中，脚といった体の各部位に「力を入れ

て，抜く」ということ繰り返していき，身体の力が緩む感覚を習得していく方法がある。

　なお，漸進的筋弛緩法は循環器疾患がある方に実施する場合は注意が必要である（National Center for Complementary and Integrative Health, 2016）。

### （2）呼吸法

　呼吸法の歴史は長く，ヨガや仏教，武道の世界などにおいては古くから心身の調整のために用いられてきている。

　呼吸法には腹式呼吸，逆腹式呼吸，胸式呼吸，10秒呼吸法，数息観，マインドフルネス呼吸法など数多くの方法があるが，大きく分けて「呼吸をコントロールする方法」と「自然な呼吸をそのまま用いるコントロールしない方法」がある。

　呼吸は生きていく上において必ず行われるものであるため，どこでも簡単にできるというメリットがある。

### （3）臨床動作法

　臨床動作法とは，成瀬（1973）によって開発された動作訓練に端を発する心理療法である。設定された動作課題を通して心理的問題を改善することを目的としている。本邦においては危機時の身体面のアプローチとして用いられている。いわゆる「心のケア」への抵抗が強い避難所などでも受け入れられやすく，身体を窓口にして心に関わる方法として動作法による支援は行われ続けている（冨永，2014など）。

## ●トラウマインフォームドケア

　トラウマインフォームドケアとは，近年注目されている包括的アプローチの手法である。エクスポージャーやEMDRのようなトラウマへの介入技法ではない。

　トラウマインフォームドケアについて共通の定義はまだ存在しないが，ホッパーら（Hopper et al., 2010）は，下記のように定義している。

> 　トラウマインフォームドケアとは，トラウマに対する理解と対応に基づき，支援者とサバイバーの双方にとって身体的，心理的，精神的に安全であることを重視し，サバイバーのコントロール感を再構築しエンパワーメントする機会を作り出す，ストレングスベースドなフレームワークのことである。

　デカンディア（DeCandia et al., 2014）からトラウマインフォームドケアについてさらに説明する。

> ①トラウマインフォームドケアはトラウマサバイバーに提供されるものである。
> ②トラウマインフォームドケアは組織文化や組織的実践に取り組むものである。
> ③トラウマインフォームドケアは組織全体の文化，実践，方針の変革を必要とするユニバーサルな枠組みである。そのことによって，すべてのスタッフがトラウマサバイバーを支援するために必要な意識，知識，スキルを持つことができるようになる。

**表Ⅱ-2-4　トラウマインフォームドケアの主要原則**（Guarino et al., 2009 をもとに作成）

| 原　則 | 例 |
|---|---|
| トラウマとその影響を理解する | トラウマティックストレスを理解し，現在の行動や反応が過去のトラウマ経験に適応し，対処しようとした方法であると認識する。 |
| 安全感を高める | 基本的なニーズを満たし，安全策を構築し，支援者の対応を一貫した予測可能で相手を尊重したものにすることで身体的にも感情的にも安全な環境を構築する。 |
| コントロール，選択，自律をサポートする | 日常生活のコントロール感覚を取り戻すのを支援する。システムのあらゆる側面についての情報を提供し，計画と意思決定の推進を可能にする。 |
| 権限と管理運営を共有する | 日常的な意思決定から，方針と手順の見直しと確立を行うことまで，組織のすべてのレベルでの権限と意志決定を共有する。 |
| 文化的コンピテンスを保証する | プログラム内での多様性を尊重し，文化的な儀式に参加する機会を提供し，文化的背景に特化した介入を活用する。 |
| ケアを統合する | 情緒的健康，身体的健康，健全な人間関係，精神的な健康が相互に関連していることを認識し，支援者や支援システム内でのコミュニケーションを促進するために，システム利用者への包括的な視点を維持する。 |
| 人間関係の中で癒しを起こす | 安全で，本物の，そしてポジティブな人間関係を築くことは，トラウマサバイバーを改善させ回復させるものになることを信じる。 |
| 回復が可能であることを信じる | どんなに脆弱に見えたとしても，回復は誰にでも可能であることを理解し，システムのすべてに関与する機会を与えることで希望をもたらし，未来志向の目標を希望に作る。 |

　既に述べたようにトラウマをはじめとした何らかの危機を経験する人はありふれている。その方々のすべてがトラウマの治療を受けているわけではない。そして，トラウマ治療を受けたとしても治療途中でドロップアウトしてしまったり，効果がみられないことも決して珍しくない。

　だが，虐待を受けた経験があることによってトラウマ症状を引き起こす検査がある病院受診を避ける，過去の加害者に似た教師がいることにより登校できなくなるなど，トラウマの理解をもとに支援しなければならない状況は医療・教育・福祉・司法にとどまらず数多くある。トラウマインフォームドケアは，すべてのスタッフが，すべてのトラウマサバイバーに支援を提供できるようにしたユニバーサルなシステムとされる（Guarino et al., 2009）。

　表Ⅱ-2-4 がトラウマインフォームドケアの主要原則である。SAMHSA（2014）のトラウマインフォームドアプローチの手引きは邦訳が WEB 上で公開されているため，そちらも参考にして欲しい。

## ◉心理的ディブリーフィング

　心理的ディブリーフィングは1990 年代まで世界でもっとも利用されていた危機へのアプローチである。WHO の警告もあり，現在では危機へのアプローチとして用いられることが殆どなくなっている。

　心理的ディブリーフィングは第一次世界大戦と第二次世界大戦の際に軍で行われていたディブリーフィングをルーツにしている（Mitchell & Everly, 2001）。ミッチェル（Mitchell）はディブリーフィングのアプローチが消防士や警察，救急隊員，その他の危機的出来事に曝された人たちのストレス反応を低減すると推測し，心理的ディブリーフィングを開発している。

　ミッチェルが開発した心理的ディブリーフィングは正式には緊急事態ストレスディブリーフィング（Crisis Incident Stress Debriefing）といい，トラウマティックな出来事の結果生じる

表Ⅱ-2-5　サイコロジカルディブリーフィングの流れ（Mitchell & Everly, 2001 をもとに作成）

| フェイズ | 内容 |
|---|---|
| 1) 導入フェイズ | チームの紹介。プログラムの内容と目的の説明。参加者の動機を高め，抵抗感を和らげる。 |
| 2) 事実フェイズ | 緊急事態についての事実を語り合う。きっかけとなる質問は「事態にどう関わり何を見聞きしたのか」。一般的に 5 ～ 25 分。 |
| 3) 思考フェイズ | 最初に浮かんだ考えやもっとも強かった考えについて語り合う。事実から個人の話への移行段階。 |
| 4) 反応フェイズ | 緊急事態についての怒りや悲しみなど感情的な部分焦点を当てる。きっかけとなる質問は「その状況であなた個人にとって最悪なことは何だったのか」。一般的に 10 ～40 分。 |
| 5) 症状フェイズ | 緊急事態の時に経験した認知，体，感情，行動などの面での体験，今も残る症状について語り合う。感情的な領域から認知的な領域に回復，移行する段階。一般的に 5 ～10 分。 |
| 6) 教育フェイズ | ファシリテーターによる心理教育。ノーマライゼーション。 |
| 7) 再入フェイズ | 出来事を整理し，質問に答え，これまでの過程をまとめ，参加者を通常の機能へと戻す。 |

※すべてのセッションで発言しないことが許される

有害な心理的反応を緩和させることを目的としていた。急性ストレス反応を弱まらせ，引き続き生じる精神疾患リスクを下げることが最終的な目標である。

　もともとの心理的ディブリーフィングはグループで実施される。大災害をのぞき事態発生後の 24-72 時間後に実施されることが理想とされ，平均的に事態後約 5 日で実施されていた。セッションは状況によるが 1-3 時間の 1 回セッションで，七つのフェイズで行われる（表Ⅱ-2-5）。

　心理的ディブリーフィングは総じて参加者の満足度が高く，複数の研究で効果がみられていたため（Jenkins, 1996, Nurmi, 1999 など），1990 年代までには世界でもっとも利用される心理的外傷への早期介入となり，日本でも広く利用されていた。

　参加は基本的には希望者であったが，スタンダードケアを提供しなかったという訴訟を回避するために，英国警察では心理的ディブリーフィングへの参加を義務化し，同様に英国やオーストラリアのいくつかの銀行もまた義務化していた（Rose et al., 2002）。

　だがその後，ランダム化比較試験を用いた研究で心理的ディブリーフィングが有害である可能性が指摘されはじめ，複数のシステマティックレビューによって心理的ディブリーフィングの効果は否定された（Rose et al., 2002, Van Emmerik et al., 2002）。こうしたレビューから，WHO（2012）は，心理的ディブリーフィングを PTSD や不安や抑うつのリスクを減らす目的で，トラウマに曝された直後の人に用いるべきではないとしている。

　現在，心理的ディブリーフィングは，症状の軽減のために用いるのではなく緊急事態のマネジメントとして用いる方が有効であるとされている。暴力行動があった人への身体拘束，薬物投与，隔離などの拘束的措置をしたヘルスケアスタッフに対して，直後に用いることが英国のNICE ガイドラインによっても推奨されている（NICE, 2015）。

## ●おわりに

　危機における集団アプローチとは個別アプローチとは違う狙いをもったものである。そのため，集団アプローチも心理師（心理士）として必ず身に着けておくべきものである。そして，危機への支援はエビデンスが不明確なものも多いため，常に新しい知見を学び続けていくことも必要になる。

## 引用文献

American Psychological Association（2008）. *APA presidential task force on posttraumatic stress disorder and trauma in children and adolescents.* Washington, DC: American Psychological Association.

Bisson, J. I., Tavakoly, B., Witteveen, A. B., Ajdukovic, D., Jehel, L., Johansen, V. J., Nordanger, D., Orengo Garcia, F., Punamaki, R. L., Schnyder, U., Sezgin, A. U., Wittmann, L., & Olff, M.（2010）. TENTS guidelines: Development of post-disaster psychosocial care guidelines through a Delphi process. *The British journal of psychiatry : the journal of mental science,* **196**（1）, 69–74.

Bryant, R. A.（2003）. Early predictors of posttraumatic stress disorder. *Biological psychiatry,* **53**（9）, 789, 795.

Bryant, R. A., & Harvey, A. G.（1998）. Relationship between acute stress disorder and posttraumatic stress disorder following mild traumatic brain injury. *American Journal of Psychiatry,* **155**（5）, 625–629.

Brymer, M., Jacobs, A., Layne, C., Pynoos, R., Ruzek, J., Steinberg, A., Vernberg, E., & Watson, P.（National Child Traumatic Stress Network and National Center for PTSD）（2006）. *Psychological first aid: Field operations guide*（2nd Edition）. Los Angeles: National Child Traumatic Stress Network and National Center for PTSD.（兵庫県心のケアセンター（訳）（2009）サイコロジカルファーストエイド実施の手引き（第2版）〈https://www.j-hits.org/_files/00106528/pfa_complete.pdf〉（2021年12月24日確認））

Colom, F.（2011）. Keeping therapies simple: Psychoeducation in the prevention of relapse in affective disorders. *The British journal of psychiatry: the journal of mental science,* **198**（5）, 338–340.

DeCandia, C. J., Guarino, K., & Clervil, R.（2014）. *Trauma-informed care and Trauma-specific services: A comprehensive approach to trauma intervention.* Waltham, MA: The National Center on Family Homelessness..

Gordon, R. S., Jr.（1983）. An operational classification of disease prevention. *Public health reports*（Washington, DC : 1974）, **98**（2）, 107–109.

Guarino, K., Soares, P., Konnath, K., Clervil, R., & Bassuk, E.（2009）. *Trauma-informed organizational toolkit.* Rockville, MD: Center for Mental Health Services, Substance Abuse and Mental Health Services Administration, Daniels Fund, National Child Traumatic Stress Network, and W.K. Kellogg Foundation.

Hopper, E. K., Bassuk, E. L., & Olivet, J.（2010）. Shelter from the storm: Trauma-informed care in homeless service settings. *The Open Health Services and Policy Journal,* **3**, 80–100.

Inter-Agency Standing Committee（IASC）（2007）. *IASC Guidelines on Mental Health and Psychosocial Support in Emergency Settings.* Geneva: IASC.〈https://www.who.int/mental_health/emergencies/guidelines_iasc_mental_health_psychosocial_june_2007.pdf〉（2021年8月10日確認）

Jacobson, E.（1938）. *Progressive relaxation*（2nd ed.）. Univ. Chicago Press.

Jeffrey, H. F., Frederick, M. B., Judith, B., Francesco, A., Jonathan, L. E., & David, M.（2012）. *T*he effectiveness of psychological first aid as a disaster intervention tool: Research analysis of peer-reviewed literature from 1990-2000. *Disaster Medicine and Public Health Preparedness,* **6**, 247–252.

Jenkins, S. R.（1996）. Social support and debriefing efficacy among emergency medical workers after a mass shooting incident. *Journal of Social Behavior and Personality,* **11**, 447–492.

窪田由紀・樋渡孝徳・山田幸代・向笠章子・山下陽平・林　幹男（2017）. 学校コミュニティの危機への緊急支援に関する実証的研究（2）―臨床心理士の支援の活用度による支援効果の比較　日本心理臨床学会第36回大会　115.

Lipschitz, D. S., Winegar, R. K., Hartnick, E. M., Foote, B., & Southwick, S.（1999）. Posttraumatic stress disorder in hospitalized adolescents: Psychiatric comorbidity and clinical correlates. *Journal of the American Academy of Child and Adolescent Psychiatry,* **38**, 385–392.

Mitchell, J. T., & Everly, G. S.（2001）. *Critical Incident Stress Debriefing: An operations manual for CISD, Defusing and other group crisis intervention services*（3rd Edition）. Ellicott City, MD: Chevron.（高橋祥友（訳）（2002）. 緊急事態ストレス・PTSD対応マニュアル―危機対応技法としてのディブリーフィング　金剛出版）

成瀬悟策（1973）. 心理リハビリテーション　誠信書房

National Center for Complementary and Integrative Health（2016）. Relaxation techniques for health.〈https://www.nccih.nih.gov/health/relaxation-techniques-for-health〉（2021年8月10日確認）

National Institute for Health and Care Excellence（2015）. Violence and aggression: Short-term management in mental health, health and community settings.〈https://www.nice.org.uk/guidance/ng10〉（2021年8月10日確認）

Niles, B. L., Mori, D. L., Polizzi, C., Pless Kaiser, A., Weinstein, E. S., Gershkovich, M., & Wang, C.（2018）. A systematic review of randomized trials of mind-body interventions for PTSD. *Journal of clinical psychology,* **74**（9）, 1485–1508.

Nurmi, L.（1999）. The sinking of the Estonia: The effects of Critical Incident Stress Debriefing on Rescuers. *International Journal of Emergency Mental Health,* **1**, 23–32.

Rose, S. C., Bisson, J., Churchill, R., & Wessely, S.（2002）. *Psychological debriefing for preventing post traumatic stress disorder*（PTSD）. The Cochrane Library.

Schottenbauer, M. A., Glass, C. R., Arnkoff, D. B., Tendick, V., & Gray, S. H.（2008）. Psycho-therapy for PTSD:

Nonresponse and dropout rates in outcome studies. *Psychiatry: Interpersonal and Biological Processes*, **71**(2), 134-168.

Shimazu, K., Shimodera, S., Mino, Y., Nishida, A., Kamimura, N., Sawada, K., Fujita, H., Furukawa, T. A., & Inoue, S. (2011). Family psychoeducation for major depression: randomised controlled trial. *The British journal of psychiatry : the journal of mental science*, **198**(5), 385–390.

Substance Abuse and Mental Health Services Administration (2014). *SAMHSA's concept of trauma and guidance for a trauma-informed approach.* Rockville, MD: Substance Abuse and Mental Health Services Administration. (大阪教育大学学校危機メンタルサポートセンター・兵庫県こころのケアセンター（訳）(2014) SAMHSA のトラウマ概念とトラウマインフォームドアプローチのための手引き〈https://www.j-hits.org/_files/00107013/5samhsa.pdf〉(2021 年 12 月 24 日確認))

冨永良喜 (2014). 阪神淡路大震災と神戸児童連続殺傷事件後の心理支援の実践　災害・事件後の子どもの心理支援—システムの構築と実践の指針　創元社　pp.33–44.

Van Emmerik, A. A., Kamphuis, J. H., Hulsbosch, A. M., & Emmelkamp, P. M. (2002). Single session debriefing after psychological trauma: a meta-analysis. *The Lancet*, **360**(9335), 766–771.

Watson, P. J., Gibson, L., & Ruzek, J. I. (2014). Public mental health interventions following disasters and mass violence. In M. J. Friedman, T. M. Keane, & P. A. Resick (Eds.), *Handbook of PTSD: Science and practice*, New York: The Guilford Press, 607–627.

World Health Organization (2011). *Psychological first aid: guide for field workers.* World Health Organization. Geneva: WHO.（国立精神・神経医療研究センター，ケア・宮城，公益財団法人プラン・ジャパン（訳）(2012) 心理的応急処置（サイコロジカル・ファーストエイド：PFA）フィールドガイド〈https://saigai-kokoro.ncnp.go.jp/pdf/who_pfa_guide.pdf〉(2021 年 8 月 10 日確認))

World Health Organization (2012). Psychological debriefing in people exposed to a recent traumatic event.〈https://www.who.int/mental_health/mhgap/evidence/resource/other_complaints_q5.pdf〉(2021 年 12 月 24 日確認)

Zhao, S., Sampson, S., Xia, J., & Jayaram, M. B. (2015). Psychoeducation (brief) for people with serious mental illness. *Cochrane Database Syst Rev.* 2015 Apr 9; (4): CD010823.

# III 危機への心理的支援の実際

危機への心理的支援はどのような場合に行われているのだろうか？
　第III部では，災害支援，学校緊急支援，犯罪被害者支援，自死遺族支援，感染症拡大危機への支援，支援者支援など，危機への心理的支援の代表的な領域における支援の実際について述べる。

# 1

# 災害支援

## ◉はじめに

　災害は，人々に甚大な人的，物的喪失や長期的，且つ多岐に渡る被害をもたらす。本邦において，災害に対する防災や減災の取り組みは長い歴史をもつ一方，心理社会的支援のあり方をめぐる本格的な議論が始まってから，わずか十数年しか経っていない。さらに，同じ災害は二つとなく，その影響の程度や範囲も異なるため，心理社会的支援に画一的な方法はない。被災地や被災者の文化，地域性，コミュニティを尊重しつつ，支援方法を模索することが求められる。本章では，災害の心理社会的支援の理念や指針についてまとめた上で，集団，コミュニティ，個人へのアプローチについて，東日本大震災の支援活動を手掛かりに説明する。

## ◉災害時の心理社会支援

### (1) 災害と災害支援

　一般的に災害という用語は，ある出来事によって人間の生存や財産が脅かされる現象や，より広くは社会的機能や構造，環境に，大規模，且つ不可逆的な影響をもたらす現象に用いられる。ラファエル (Raphael, 1986) は，専門的な用語としての災害は，「個人や社会の対応能力を超えた不可抗力的な出来事や状況，さらに少なくとも一時的には，個人や社会の機能の重大な崩壊状態をもたらすもの」と定義し，さらに，たとえば干ばつや飢餓のように，徐々に始まり，延々と続く災害もあることを付け加えている。災害は，地震や津波，火山噴火などを原因とする自然災害と人為的要素の強い人的災害に大別され，人的災害は，工場，施設の事故，飛行機や船舶事故，疫病の蔓延やウイルス感染拡大といった非意図的災害とテロリズムや戦争といった何らかの悪意をもって引き起こされた意図的災害に分類される（参考として，高橋，2015）。しかし，災害による被害が懸念されていたにもかかわらず，事前に対策がとられていないことによって被害が拡大する，あるいは災害後の避難や支援のあり方によって，被災者が更なる被害を被ってしまうといったように，天災や人災として明確に区別できるものばかりではない。このように，天災と人災の双方の要素をあわせもつ複合型の災害にもなりえることがある。

　これまで，人類はさまざまな災害の被害に遭い，生命や財産が脅かされる経験を重ねてきた。本邦においても例外ではない。歴史的に度重なるさまざまな自然災害にみまわれ（坂本，2016），その経験から，過酷な環境を生き抜く知恵と工夫，自他を支えるすべを蓄積してきた。2020 年末の現在，新型コロナウイルス（COVID-19）の世界的脅威に晒され，さまざまな領域において，これまでの生活様式の変更が求められている（第Ⅲ部 7 章参照）。まさに，私たちは

災害の渦中にある。誰もが災害と無関係ではなく，日常において，その脅威と隣り合わせにあることが想像できるだろう。災害は，個人のみならず，家族や集団，コミュニティの危機状態の一つとして分類される（たとえば，窪田，2015）。危機とは，キャプラン（Caplan, 1961）によれば，「人生の重要な目標にむけての障害物に直面した際，これまで用いてきた問題解決方法では乗り越えられなくなったときに発生する。混乱の時期，つまり気が動転する時期が続いて起こり，その間にさまざまな解決を試みるけれども失敗に終わる」と定義し，危機理論とそれに基づく危機介入の実践が展開している。災害をこころの危機状態をもたらす事象の一つと捉えることで，人が生きていくことの連続線上にあり，誰もが経験しうる可能性のある身近な出来事として理解できる。災害によって，過酷な現実に直面することによってもたらされる心身の状態や，個人，集団，コミュニティにおいて起こる問題と心理支援の実践を知ることは，今後起こりうる災害に備えることであり，見通しや心理支援のあり方を精緻化するために不可欠である。

## （2）大規模自然災害の理念

　本章では大規模自然災害の心理・社会的支援を取り上げる。災害大国といわれる日本において，大規模自然災害によって心身共に疲弊する被災者やコミュニティに対する心理・社会的支援の必要性は自明のこととしながらも，そのあり方が問われ，注目されたのは，1995 年の阪神・淡路大震災を契機とし，2011 年の東北地方太平洋沖地震（以下，東日本大震災）を経て，その重要性に関する社会的コンセンサスを得るに至ったとされている（支援活動委員会，2020）。本邦において，災害の歴史は長いが，心理・社会的支援に関する本格的な議論が始まったのは，概ね四半世紀前からということになる。しかし，この期間に，心理・社会的支援の実践と研究の蓄積から，危機状態にある個人やコミュニティに対して，危機状態や混乱が収束する数日，あるいは数週間の短期的，集中的な危機介入だけではなく，中・長期的な支援の必要性が指摘されるようになった。自然災害によってもたらされる心理・社会的な否定的な影響は，単に個人のストレス反応に限定されるものではなく，長期的，且つ多岐に渡る問題とつながることが認められるようになった。その一方で，トラウマとなるような出来事を経験しても，その反応が小さく，また影響が少ないままその後を過ごすといったレジリエンス（Bonanno, 2009）や心的外傷をもたらすような出来事，あるいはその出来事によってこれまでの価値観や人生観が揺さぶられ，変化するような主観的経験後に，奮闘の過程を経て生じる心理的成長を心的外傷後の成長（Posttraumatic Growth：PTG）（Tedeschi & Calhoun, 1996）といった肯定的な概念も着目された。個人や集団の強み，利用可能な資源，回復する力，出来事の見方を再構築する力，苦難からの成長に目を向ける事の必要性と重要性が強調されたことになる。加えて，被災者を支援する支援者の支援にも着目されるようになった（参考として，狐塚ら，2015；第Ⅲ部6章参照）。

　特に議論されたのは，被災者や被災したコミュニティに対する支援のあり方自体である。支援の仕方によっては，被災者のできることまで奪ってしまい，回復する力を阻害してしまうこと，コミュニティを分断させてしまうこと，支援の押し付けや支援対象の奪い合いになってしまうことなど，支援することで被災者やそのコミュニティに更なる混乱や害を引き起こしてしまうことがある。このような支援とならないために，機関間常設委員会（Inter-Agency Standing Committee：IASC）の人道支援者に向けた連携やアセスメント，トレーニングに関

するガイドライン（IASC, 2007）や，人道支援の普遍的な理念（人道，公平，中立，独立），ならびに支援の質（quality）と説明責任（Accountability）を示したスフィアハンドブック（Sphere Association, 2019），急性期の心理・社会的援助として知られるサイコロジカル・ファーストエイド（Psychological Fast Aid：PFA, WHO, 2011）等が災害支援のガイドラインとして広く参照された。加えて，本邦における取り組みとして，奥村（2017）は日本臨床心理士会のさまざまな活動の記録を集約すると共に，基本姿勢や知識，技術，必要な知見をまとめている。東日本大震災に特化した取り組みとしては，東北大学の家族臨床研究室のメンバーが中心となり組織された東日本大震災PTG支援機構（長谷川・若島，2013）が，発災直後から行った避難所における被災者や仮設住宅の住民，自治体組織や職員などを対象に，心理支援や電話相談，訪問援助などを通して多岐に渡る包括的支援の実践を報告している。これらの文献や実践活動報告を踏まえると，少なくとも以下の事項に関しては，共通の理念としてコンセンサスが得られているのではないだろうか（参考として，狐塚，2019）。

　大規模災害における，心理社会的な支援とは，それを提供する側が提供したいものを提供したい対象に押し付けるのではない。あくまで支援を受けるものが主体となる活動である。また，支援内容は，被災者個人や家族，組織，コミュニティのあり方，そしてその地域の地理的，経済的，文化的な背景を尊重し，刻一刻と変化する被災者のニーズを捉え，必要な時期に必要なものを提供できるように調整される必要がある。災害によって耐えがたい苦痛や悲しみ，重篤な適応上の問題を有する人々に対する支援は自明のことであるが，すべての人がそのような問題を呈するわけではない。個人の回復する力や生きる力を尊重すること，そして身近な家族や所属するコミュニティの力を活かす支援を地域住民と共に模索する支援が重要である。

　東日本大震災以降，多様な心理支援活動や研究活動に関する報告が行われた（参考として，松井，2017；支援委員会，2020）。しかしながら，松井（2017）や支援委員会（2020）では，大規模災害時の心理支援の理念や倫理知識，技術が支援者で共有され，蓄積され，次の災害に活かされる，というサイクルが必ずしも機能しているとはいえないことが課題として指摘されている。先に示したような心理社会的支援の理念，指針を踏まえるならば，支援方法を一元化し，マニュアル化すること自体の難しさと，それによる弊害が予想される。このことからも，各地で起こる自然災害や被災者の状況，その地域の特徴を踏まえ，災害支援の理念や指針に沿った具体的な実践活動報告が重要となる。本章では，東日本大震災の心理社会的支援を例に，集団，コミュニティ，個人へのアプローチを説明する。

## ●集団へのアプローチ

### （1）集団，組織を支援する意義と方法

　災害直後，多くの人々が多かれ少なかれ，急に涙もろくなったり，落ち込んだり，眠れなくなったりといった急性ストレス反応を示すことがある。しかし，集団においてそのような症状を適切に理解することができない場合，「意気地なし」「根性が足りない」といったように症状を「個人内要因」に求めることが多い。たとえば，夫が仕事を失い落ち込んでいる状況において，妻が「いつまでくよくよしているの！」といったように夫に対して叱咤激励をするかもしれない。夫の反応は震災直後に起きる正常な反応であるが，惨事ストレス反応は個人差があることから，身近な人の対応によって二次的な傷つきを経験することがある。特に災害後のスト

レス反応はさまざまな問題行動として現れることもあるので，惨事ストレスの理解が乏しい状況では，周囲による対応が被災者の傷つきを悪化させてしまう。

　そのような状況を予防していくために筆者らは，避難所や仮設住宅，行政組織への支援を実施してきた。集団，組織を支援する大きな意義としては，多くの人々が惨事ストレスに関する知識をもち，被災者の再被害・再トラウマ化を予防し，安心・安全な環境の中で災害直後の非日常的な状況から元の日常に移行していく支援を提供することにあると考えている。そして，集団，組織を支援する方法としては，専門家が被災者と共にあること，被災者が主体となって問題解決に取り組めることが何よりも重要となる。安心・安全な環境を作っていく上で，専門家が専門性を掲げる支援ではなく，被災者とともに支援を展開していくスタンスが必要不可欠となる。

### (2) 避難所支援

　避難所への支援は，震災直後に現れる急性ストレス障害の反応への対応として心理社会的支援が必要となるが，避難所にいる被災者の数が多く，プライバシーもない雑多な空間のため，個別の心理支援は困難となる。そのため家族や集団への心理教育が，PTSD への移行や，周囲による二次的な外傷体験を予防していく上では必要不可欠である。

　しかしながら，避難所にて被災者の方々に「体調はいかがですか？ 何かお困りのことはありませんか？」と支援者が突然話しかけても，気まずい雰囲気になる。メンタルヘルスの専門家だと言った途端に「俺は大丈夫だから」と拒否される（野口，2012）。このような専門性を高々と掲げた支援では避難所支援を展開していくことは非常に困難である。避難所にいる被災者が支援者（心理職）に対する「得体の知れなさ」を感じることは，被災者の防衛反応を考えるとむしろ正常の反応である。急性期は過覚醒や，不眠，過敏さなどが多くの被災者に見られる。一方，子どもは，津波ごっこや地震ごっこ，または夜尿や指しゃぶりの再発といった退行現象が出現することもある。

　避難所支援においてそれらの症状を「正常な反応」「当然の反応」と被災者に伝えることが症状の緩和に大きく寄与する。それに加え，リラクセーションのような身体面からのアプローチや，電話相談カードのような媒介物を用いて被災者とコミュニケーションを取ることも有用である。被災者とコミュニケーションを取る際には，被災者自身の問題から入るのではなく，避難所の環境や周囲の方々の状況やニーズから入ることで，徐々に被災者が自身の問題を語り始めることが多かった。いずれにせよ，避難所支援では「各被災者の置かれている状況や不安，問題がわかりません。どのような支援が必要か，ぜひ教えて下さい」といった支援者の姿勢が求められる（狐塚・小林，2013）。

### (3) 仮設住宅支援

　仮設住宅への支援では，(1) 個人の健康や家庭内の問題，(2) 人間関係のトラブル，(3) 快適でない生活環境，(4) 将来への見込みのなさや経済的な問題など，避難所支援よりも個別性の高い事例が多い（板倉ら，2015）。それ故，専門家による心理社会的支援が必要不可欠であるが，ここでも避難所支援と同様に，起こりうる問題について，専門家中心に対策を議論するのではなく，住民に情報を聞き，情報を共有し，住民と共に対策を作り上げるという方針を取る必要がある。そうすることで，住民の協力のもと簡易カウンセリングルームを設置することが

可能となる場合が多い。仮設住宅内では，震災の日やお盆等の時期になると気分が落ち込みやすくなるという声を聞く。筆者らは，「身近な人を亡くした記憶を思い出したり，覚えていたりすることは病気ではなく，むしろ大切なことである」と心理教育を通して対応していった（板倉ら，2015；板倉ら，2013）。

　また，住民の個別支援だけでなく，住民から聞き取った内容を掲載したニュースレターを配布しながら，訪問支援を柔軟に実施していく必要がある。訪問支援を通して問題の有無を識別し，「問題がある」場合は，個別相談や専門機関につなげるような対応をとることができる。さらには，住民の間で共通するような心理的な問題がある場合には，ニュースレターを通して心理教育を実施することができる。一方，「問題がない」住民に対しては，「なぜ元気でいられるのか」についてその秘訣を聞き出し，元気の秘訣や問題解決事例などを集め，ニュースレターにてソリューション・バンクとして紹介していく工夫も有用である（板倉ら，2015；板倉ら，2013）。

　仮設住宅支援では，時間の経過に伴い，住民が自ら主催するお祭りやイベントが開催されるようになり，支援者が招待される機会が徐々に増えていく。これはこれまでの支援者の役割と異なった状態である。しかし支援をするということは必ずしも支援する側と支援される側に分ける必要はなく，むしろ「支援者側」が「支援される側」に回ることによって住民の主体的な問題解決に寄与することもできる。専門家が主体である限り，被災した住民の問題は続くということを仮設住宅支援では忘れてはならない。

## （4）　行政組織への支援

　行政機関は，被災直後には被災者に対する緊急時支援・行政サービスを行うことから震災復興の核となる重要な機関である。したがって，行政職員に対する支援を行うことで，多くの被災者を間接的に支援することにつながると考えられる。被災地の行政職員に生じる問題は，大きく（1）自身が被災者であること，（2）被災者のサポートや復興への取り組みの拠点となることから仕事量が増大すること，（3）住民からのクレームが増大すること，といった三つに分類することができる。（1）に関しては，震災直後には自らの家族の状況も把握できないまま被災者のサポートに従事する職員や，自らも家族や家を失いながらも被災者のサポートに従事する職員がいる。（2）に関しては，仕事量が増大し，将来的にも収束の目途が立たない場合には長期的にもっとも困難な問題となる。また，時間の経過と共に，震災復興にかかわる業務をする部署と，それ以外の部署での仕事量の格差も生じてくる。（3）に関しては，住民のために仕事をしているという意識のもと，住民からのクレームに悩まされた結果，自らの仕事の意義を見失うというリスクにつながる。職員自らが，住民よりも被災の影響が大きい場合は大きな問題となる（若島・野口，2013）。

　しかしながら，このような問題が予想されるからといって，行政組織に対して専門家が無理やり押しつける支援であってはならない。行政組織の支援のポイントとしては，組織のあり方や，組織が考える支援の必要な時期と内容を尊重し，必要な時期に必要に応じた支援内容を常に行政組織と話し合いを重ねて実施していくことである（支援の提案から実施までの流れは図Ⅲ-1-1 参照）。時には，今後起こりうる問題や事態を窓口となる部署に伝えたうえで，返事を待つことも大切となる。支援内容としては，研修会の開催や管理職を対象とした心理教育とコンサルテーション，職員の健康管理を目的とした面談や個別面接，継続的なカウンセリング，ス

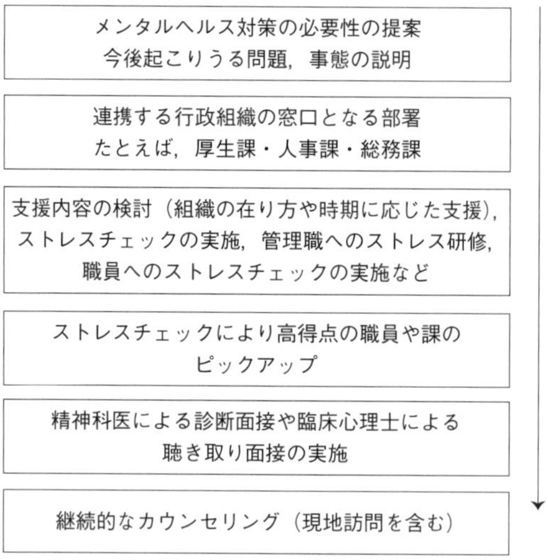

```
┌─────────────────────────────────┐
│  メンタルヘルス対策の必要性の提案    │
│  今後起こりうる問題，事態の説明      │
└─────────────────────────────────┘
┌─────────────────────────────────┐
│  連携する行政組織の窓口となる部署    │
│  たとえば，厚生課・人事課・総務課    │
└─────────────────────────────────┘
┌─────────────────────────────────┐
│ 支援内容の検討（組織の在り方や時期に応じた支援），│
│ ストレスチェックの実施，管理職へのストレス研修，  │
│ 職員へのストレスチェックの実施など          │
└─────────────────────────────────┘
┌─────────────────────────────────┐
│  ストレスチェックにより高得点の職員や課の │
│  ピックアップ                  │
└─────────────────────────────────┘
┌─────────────────────────────────┐
│  精神科医による診断面接や臨床心理士による │
│  聴き取り面接の実施              │
└─────────────────────────────────┘
┌─────────────────────────────────┐
│  継続的なカウンセリング（現地訪問を含む）  │
└─────────────────────────────────┘
```

**図Ⅲ-1-1　行政支援のフローチャート**（若島・狐塚，2015）

トレス測定に関するアドバイスや調査の集計や結果のまとめ，それらを公表することなど多岐にわたる（若島・狐塚，2015）。このような支援内容を用いた行政組織の支援では，組織のニーズやルールを重要し，組織が既にもっている問題解決能力を阻害しない姿勢が求められる。

# ●コミュニティへのアプローチ

## （1）コミュニティを支援する意義と方法

　宮城県石巻市は，東日本大震災によって甚大な被害を受けた。2020（令和2）年11月末現在で発表されている石巻市の被害状況は，直接死3,277名，関連死276名，行方不明者は依然として419名である（石巻市役所，2020）。この震災後，特に甚大な被害を受けた沿岸部の住民の多くは避難所へ避難し仮設住宅へ入居していったが，身体的・精神的，あるいは生活上の理由により避難所生活や仮設住宅への入居が困難な住民も見られた。しかしながら被災地区で生活するということは，震災前と比較しさまざまな環境変化に直面することでもある。たとえば，震災により交通網がダメージを受けたため，自家用車をもたない住民は買い物や通院などが困難となった。また，近隣住民の減少により，住民同士での情報交換やサポートが得にくくなった。もともと，対面・非対面に関わらず人との交流が週1回以下の高齢者は，支援につながりにくいとされている（小林，2013）。震災による環境変化は，これまで孤立状態にあった人の孤立を一層加速させ，交流がもてていた人の交流機会も減少させ，そのリスクを高めたといえるだろう。また，平時においても独居高齢者（特に男性）の孤立リスクの高さは指摘されてきたが（小林，2013），震災により妻を失ったことで急激に孤立リスクが高まった住民もいる。加えて，災害直後には地域で生活している住民は，避難所や仮設住宅に比べて情報や支援が手薄になりやすく，援助要請の声も届きにくく社会的資源につながりにくいという課題がある。

　災害等により，このように地域が壊滅的な状況となり本来の機能が一時的に失われた場合，本来は地域内で解決できていたような問題も解決されず，個人の心理社会的課題が際立ってくる。この状況を放置しておくと，住民の抱える課題は一層増大し，コミュニティはさらに混乱

していく。それゆえ援助者はカウンセリング室で待つだけでなく，直接地域コミュニティに入り住民にアプローチをしていくアウトリーチ型支援が必要となる。同時に，本来もつ機能が回復するよう地域コミュニティ自体に対するアプローチも必要である。地域コミュニティへアプローチしていくことは，今後もそこで生きていく住民が健康的に暮らしていくことにもつながる。

### (2) 石巻市におけるアウトリーチの取り組み

　上述したような状況を鑑み，石巻市は「巡回型被災高齢者等訪問業務」として，沿岸浸水地区の在宅高齢者等への見守り訪問事業を地元 NPO に委託し，以前から石巻市で活動していた NPO フェアトレード東北がこの事業を担った。ここに心理支援チームとして，臨床心理士も加わり，NPO スタッフによる見守りと，心理職による災害後の心理支援が行われた。具体的には，「巡回支援員」と呼ばれる NPO スタッフ（専門資格を必ずしも有さない）が，石巻市内津波浸水地域の 65 歳以上の在宅高齢者等約 1000 世帯を対象に，住民の孤立・孤独の予防を目的として，ニーズ調査や巡回による継続的な見守りを行った。そして心理職は，巡回支援員のニーズ調査や巡回訪問の中でピックアップされた心理的問題を抱える住民への訪問カウンセリングや，巡回訪問を行っている巡回支援員へのコンサルテーション，勉強会やお便りによる巡回支援員や住民の心理教育を行った。両者の各業務は協働して実施された（図Ⅲ-1-2）。

　巡回訪問の中で見られた心理的問題は多岐にわたるが，地域により若干のニーズの違いもあった。たとえば，震災から 1 年が経過した頃では，内陸部であれば，家の修繕も終わり地域に徐々に人が戻りつつあった。日常を取り戻しつつあり，「さまざまなことを振り返ったり考えたりする時間が増えた」という住民が多く見られた。心理相談の内容としては，喪失体験，介護問題，夫婦問題，ご近所トラブルが多く見られた。それに対して沿岸部では，全壊や半壊状態の家が依然として多く見られ，住民は自宅を自己修繕しながらなんとか生活しているような状況であった。漁業関係者の住民も多いため，震災による失業，生活再建が大きな課題であった。また地域内では引っ越してしまった人も多く，人の往来も減っていた。近所に人がいなくなり夜になっても周囲に明かりがないために，夜にかけて漠然と不安や気持ちが落ち込んでい

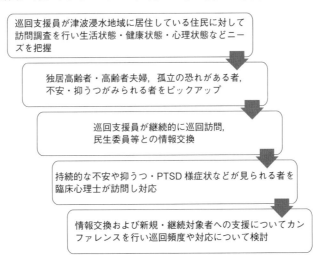

**図Ⅲ-1-2　巡回訪問支援の流れ**

くという訴えも多く，心理相談の内容としてPTSD症状，抑うつや不安，震災無職，夫婦問題などが見られた。こうした心理相談の地域差は，人間の心理的問題が社会的文脈から切り離して考えることはできない（下山，2002）ということをよく物語っているだろう。すなわち，住民が置かれている環境を理解し，個人とその環境に対して働きかける必要がある。

　したがって，支援においては，個人に対する訪問カウンセリングと並行して，地域コミュニティへの働きかけも行われた。特に，民生委員や町内会長，社会福祉協議会などかねてから地域の見守りを行っていたキーパーソンから地域状況や見守り対象の住民の様子を教えてもらいながら（見守り対象となっている住民情報の取り扱いについては，個人情報の取り扱いに関する誓約書を作成し対象者の理解を得たうえで共有された），住民の抱えている課題について査定し介入を行った。たとえば，震災前後での地域環境や住民の変化について教えてもらい，その情報から住民が孤立による心理的課題を有していると考えられた場合には，個別でのカウンセリングに時間を割くよりも，巡回支援員による小規模なイベントの実施や住民同士の仲介により，新しい人間関係のネットワークの形成を促していくこともあった。箕口（2016）は，コミュニティ援助において，援助は地域コミュニティの人々の連携で行われ，心理援助の専門家もその連携のネットワークの一員であるという自覚をもつことを強調している。石巻という地域でこの住民が今後も生きていくためには，地域コミュニティのネットワークの中で生きていくことができるよう非専門家の力を借りながら援助をしていくことが，今後の問題への予防にもなる。

　災害は個人だけでなく，地域全体も大きく変容させる。そのため，個人だけでなくその環境にも働きかけていく必要がある。その際には多岐にわたるニーズ（介護，経済，法律，医療，心理，行政，都市整備等）が含まれるため，さまざまな専門家のみならず，地域住民，友人，家族など多様な立場の人と連携・協働することが求められる。


## ●個人へのアプローチ

### （1）災害時の心理面接の意義と方法

　災害時の個人へのアプローチは，支援者の依拠するモデルに基づく多様な方法がある（第二部参照）。災害時に被災者が呈する問題は，否定的体験を契機とするものとして，急性ストレス障害（Acute Stress Disorder：ASD）やストレス反応が一定期間持続することで分類される心的外傷後ストレス障害（Post-Traumatic Stress Disorder：PTSD），喪失体験による悲嘆に焦点化されることが多い。しかし，ストレス反応や悲嘆に関連する訴えは確かに多いが，これらは全体のごく一部であるといっても過言ではない。中長期的な観点から心理社会的な問題をみると，実に問題は多岐に渡る。たとえば，これまでの支援が受けられなくなったことにより震災以前からの悩みや症状の悪化，生活環境や職場環境の変化に伴う問題，うつや不安といった精神医学的な問題，同居や夫婦間葛藤，ストレス反応を呈する子どもへの関りといった家族関係の問題，近しい人を亡くした方やふさぎ込んでいる人へどのように接したらよいかという他者への関り方の問題，そして個人や家族，組織に震災以前からあった課題が顕著にあらわれることがある（参考として，狐塚，2019）。したがって，個別面接は，大規模災害に遭われた多くの人々が同じような経験をしていたとしても，各自は固有の背景をもつため，経験する現実や影響の範囲が異なっていることを前提とする必要がある。多くの人が呈する反応や認知的，行

動的な問題に関する一般的な理解と，個人の特異的な背景を理解する個別的な理解が必要である。加えて，支援の観点は，災害を経験したこと，あるいは辛い体験を乗り越えることによってもたらされる人格的成長を目的とするのではなく，被災者のニーズに沿い，今まさに直面する問題や課題に取り組むことが重要である。成長は被災者自身が見い出すものであって，支援者が強いるものではない。何らかの問題や課題に取り組んだ際の帰結としてもたらされるものであることに留意されたい。

　これまで説明したように，災害時のストレス反応や悲嘆を含む多岐に渡る被災者と個別面談するためには，定式化された方法論を被災者の問題に適応するのではなく，被災者の問題と時期に，支援方法を適用していくことが重要と考えている。その為にも，ある程度の抽象度の高いモデルであることが重要であり適用可能性が高くなる。ここでは，東日本大震災の現地における心理面接の実践から，ディブリーフィングや暴露療法，PFAなどの有効性や限界を踏まえ，短期療法（Brief therapy）の観点から精緻化したスリー・ステップス・モデル（Three Steps Model）（若島ら，2012；若島，2016；狐塚，2019）に基づき，実践例を三つのポイントから説明する。なお，実践例に用いる事例は，実例を参考に作成した架空事例である。

## （2）実践例

　震災から約3ヵ月経った頃の事例である。クライエント（以下，CL）は，震災により津波の被害を受けた沿岸部で生活する40代の母親であり，中学一年の娘の登校渋りと，CL自身の「意欲が出ない」ことに関する相談で来談した。セラピスト（以下，TH）が話を促すと，CLは，過酷な避難体験やその時の不安，震災で夫を亡くしたこと，自宅の修理や片付けもできていないこと，仕事は何とか続けられているが，今後，一人で子どもを育てていけるかどうか不安に思ってしまうことなど，発災時から最近のことまで話した。これまで子どもには気を遣わせないように家ではなるべく明るく振る舞っていたが，先日から体調不良になり，自宅で休む日が続いた。先日，子どもが登校を渋ることがあったため，娘と話をした。CLが娘を励まし「私も頑張るから，学校いこう」というと，娘は渋りながらも登校した。しかし，「娘と約束したけど，どう頑張っていいかわからない，やる気も出ない」と話す。

　THは，「旦那さんのことやお子さんのこと，ご自宅のことなど問題が山積みになって，それで何から手をつけていいのかわからない状況でしょうか。お話を聞いていて，これだけ大変な状況を経験してから数ヵ月ですので，やる気が出ないのは当然のことだと思いました。しかし，あなたは，娘さんに心配させないよう気丈に振る舞ったり，仕事をしたりと，努めてこられたんですね。なかなかできることではありませんね」と伝える。その後，CLは，堰を切ったように自分自身の思いを語り，最後に「話していて何か病気ではなく，考えすぎてわからなくなっていたように思います。娘は，頑張り屋で手伝いを率先してやってくれます。いつもはとても明るい子です。まずは，部屋の片付けから始めてみようかと思いました」と話した。THは，その提案に同意し，「ぜひ，お子さんと一緒に片付けをやってみるのもいいと思います」と付け加えた。その後，数回の面接では，徐々に片付けが進み，CLも娘さんも少しずつ落ち着いた生活ができていることが話された。娘さんの協力や職場の人たちの手伝いや励ましが力になったことが大きかったという。特に，これまで気づかなかった，娘さんの成長が感じられたようだ。

　その一方で，CLは，「娘と亡くなった夫の話題を避けてきた。片付けをしながら話題に出し

ても良いものか考えてる」と話した。TH は「ご家族のみなさんにとっても父親の記憶や思い出は尊いものだと思います。娘さんと仏前で日々の出来事を夫（父親）に報告することは自然なことかもしれません」と提案した。その後の面接では，二人（母子）で取り乱したこともあったが，今では亡くなった夫（父親）のことを自然と話すことができていることが報告された。CL に残された課題は多々あるが，安定した生活が続いていることから終結となった。

　狐塚（2019）の説明を参考に，実践例のポイントを説明する。まず，第一に，クライエントの固有の背景に基づく語りをアドバイスや評価，解釈することなく受け入れ，心身に起こる反応は，その出来事や状況を体験したことによって生じる当然の反応であるという考えに基づき，それら反応を正当なものとして保障することである。これは一般化（ノーマライズ）や自分の身にだけ起こる特別な反応（特異的な反応）というフレーム（枠組み）から，誰もが起こりうる反応（非特異的な反応）として再枠付け（リフレーム）することでもある。第二に，個人や家族の資源（リソース）に関心をもち，確認することである。時間の経過とともに変わっていく症状や問題の変化を捉え，それと関連する本人の努力や工夫，支えになる人的，物的資源を確認し，共有することが該当する。最後に，否定的な経験の語りには，時期や向き合い方に個人差があることを認めつつ，また，意味付けや接近方法を工夫しながら，クライエントと協力して，否定的な経験にまつわる感情や認知，記憶を回避することによる悪循環を断つ手助けをすることである。この三つのステップは，短期療法の観点から提案されたものであるが，大規模災害における被災者との心理面接を行う上で，ミニマルなポイントを示しており，適用範囲も広いと考えている。

## ●まとめと課題

　本章では，大規模災害の心理支援の課題や理念，東日本大震災時のコミュニティ，集団，個人への心理・社会的支援を実践例として説明した。各地で起こる災害の性質や被災地固有の文化，地域の特徴により問題には多様性がある。それに合わせて，心理・社会的支援においても，支援者間で理念や指針を共有し，その理念に即した多様性と柔軟性をもった活動を展開していく必要がある。さらに，それらの活動を共有し，知見を蓄積し，次の災害に活かす，という循環を機能させていく。この循環が，今後起こりうる災害に備え，支援をつなげていくことだと考えている。

　さらに，災害を，個人のみならず，家族や集団，コミュニティの危機状態と捉えると，災害は，私たちの日常の連続線上にあり，誰もが経験しうる身近な事象だと考えられる。したがって，災害の心理支援は，さまざまなクライエントとその問題に関わる日常の心理実践ともつながる領域でもある。災害における心理支援は，クライエント一人ひとりのこころの在りように寄り添い多様性を認める心理支援の営みと大きな相違はなく，支援者の各オリエンテーションに基づく日々の臨床実践それそのものを活かすことができるはずである。被災した個人や集団，コミュニティの問題の多様性やニーズ，自らで回復する力，支援者と被災者との協力関係を考慮せず，一元的な支援や専門性を高く掲げた心理支援のあり方は，支援者と被災者の隔たりを大きくしてしまうきらいがある。災害支援は，このような強者と弱者といった相補的な関係になりがちであることを支援者は自覚されたい。さいごに，支援者側の観点から，「どのような」支援をするか，だけでなく「誰と」支援をするか，ということも重要である。支援者同士

の信頼関係に基づく連携や協働の重要性は言うまでもない。支援活動を通して支援者同士がつながることもあるが，平時からの備えとして，地域の対人援助に関わる専門家同士が有事の際につながることができる体制作りも，弊害をもたらさず有益な災害支援のあり方を構築する際の課題となろう。

## 引用文献

Bonanno, G. A.（2009）. *The other side of sadness: What the new science of bereavement tells us about life after loss.* New York: Basic Books.（高橋祥友（監訳）（2013）．リジリエンス―喪失と悲嘆についての新たな視点　金剛出版）

Caplan, G.（1961）. *An approach to community mental health.* London: Tavistock Publications.（加藤正明（監修）山本和郎（訳）（1968）．地域精神衛生の理論と実際　医学書院）

長谷川啓三・若島孔文（編）（2013）．震災心理社会支援ガイドブック―東日本大震災における現地基幹大学を中心にした実践から学ぶ　金子書房

Inter-Agency Standing Committee（IASC）（2007）．災害・紛争等緊急時における精神保健・心理社会的支援に関するIASC ガイドライン〈https://saigai-kokoro.ncnp.go.jp/document/pdf/mental_info_iasc.pdf〉（2020 年 12 月 1 日確認）

石巻市役所（2020）．被災状況（人的被害）―令和 2 年 11 月末現在〈https://www.city.ishinomaki.lg.jp/cont/10106000/7253/20141016145443.html〉（2020 年 12 月 21 日確認）

板倉憲政・平泉　拓・佐藤美沙・栗田康史・牧田理沙・小泉達士（2015）．仮設住宅でのニュースレターの活用　長谷川啓三・若島孔文（編）大震災からの心の回復―リサーチ・シックスとPTG　新曜社　pp.104-125.

板倉憲政・森　真理・平泉　拓・若島孔文（2013）．仮設住宅の心理社会的支援　長谷川啓三・若島孔文（編）震災心理社会支援ガイドブック　金子書房　pp.32-50.

小林江里香（2013）．第 4 章　孤立高齢者が抱える生活・心理上の課題　稲葉陽二・藤原佳典（編）ソーシャル・キャピタルで解く社会的孤立―重層的予防策とソーシャルビジネスへの展望　ミネルヴァ書房　pp.73-92.

狐塚貴博（2019）．東北地方太平洋沖地震による心理的危機　窪田由紀・森田美弥子・氏家達夫（監）河野荘子・金子一史・清河幸子（編）こころの危機への心理学的アプローチ―個人・コミュニティ・社会の観点から　金剛出版　pp.175-189.

狐塚貴博・小林　智（2013）．電話相談を主軸とした支援　長谷川啓三・若島孔文（編）震災心理社会支援ガイドブック　金子書房　pp.11-29.

狐塚貴博・野口修司・若島孔文（2015）．東日本大震災（15）〜被災者へのこころのケア〜自治体職員の惨事ストレスに対するメンタルサポート―初期支援，そして中・長期的な取り組みを振り返る　消防科学と情報，**119**, 17-21.

窪田由紀（2015）．危機への心理的支援―危機介入から心理的支援へ　金井篤子・永田雅子（編）臨床心理学実践の基礎その 2　心理面接の基礎から臨床実践まで　ナカニシヤ出版　pp.91-111.

松井　豊（2017）．東日本大震災における支援活動と研究の概観　心理学評論，**60**, 277-284.

箕口雅博（2016）．第 1 部　連携と協働にもとづく社会に開かれた心理援助サービスの考え方　箕口雅博（編）コミュニティ・アプローチの実践―連携と協働とアドラー心理学　遠見書房　pp.13-68.

野口修司（2012）．避難所への支援　Interactional Mind, **5**, 15-20.

奥村茉莉子（編）（2017）．こころに寄り添う災害支援　金剛出版

Raphael, B.（1986）. *When disaster strikes: How individuals and communities cope with catastrophe.* New York: Basin Books.（石丸　正（訳）（1988）．災害の襲うとき―カタストロフィの精神医学　みすず書房）

坂本真由美（2016）．日本における防災教育のこれまで　窪田由紀・松本真理子・森田美弥子・名古屋大学こころの減災研究会（編著）災害に備える心理教育―今日からはじめる心の減災　ミネルヴァ書房　pp.3-33.

下山晴彦（2002）．社会臨床心理学の発想　下山晴彦・丹野義彦（編）講座臨床心理学 第 6 巻 社会臨床心理学　東京大学出版会　pp.3-24.

心理臨床学会支援活動委員会（2020）．災害支援研究の現状と課題―日本心理臨床学会大会発表論文集から　心理臨床学研究，**38**(1), 66-81.

Sphere Association（2019）．スフィアハンドブック―人道憲章と人道支援における最低基準（日本語版第 4 版）〈https://jqan.info/wpJQ/wp-content/uploads/2020/04/spherehandbook2018_jpn_web_April2020.pdf〉（2020 年 12 月 1 日確認）

高橋祥友（2015）．災害精神医学とは　高橋　晶・高橋祥友（編）災害精神医学入門―災害に生美，明日に備える　金剛出版　pp.11-28.

Tedeschi, R. G., & Calhoun, L. G.（1996）. The posttraumatic growth inventory: Measuring the positive legacy of trauma. *Journal of Traumatic Stress*, **9**, 455-471.

若島孔文（2016）．PTGとソリューション・フォーカスト・ブリーフセラピー　宅香菜子（編）PTG の可逆性と課題

　　　風間書房　pp.152-165.
若島孔文・狐塚貴博（2015）．行政職員への心理支援の必要性　長谷川啓三・若島孔文（編）大震災からの心の回復—
　　　リサーチ・シックスとPTG　新曜社　pp.20-41.
若島孔文・野口修司（2013）．行政職員の心理社会的支援—石巻市役所職員へのアプローチ　長谷川啓三・若島孔文
　　　（編）震災心理社会支援ガイドブック　金子書房　pp.76-91.
若島孔文・野口修司・狐塚貴博他（2012）．ブリーフセラピーに基づくスリー・ステップス・モデルの提案
　　　Interactional Mind, **V**, 73-79.
World Health Organization, War Trauma Foundation and World Vision International（2011）．*Psychological first aid:*
　　　*Guide for field workers.* Geneva: WHO.（国立精神・神経医療研究センター，ケア・宮城，公益財団法人プラン・
　　　ジャパン（訳）（2012）心理的応急処置（サイコロジカル・ファーストエイド：PFA）フィールドガイド〈https://
　　　saigai-kokoro.ncnp.go.jp/pdf/who_pfa_guide.pdf〉（2021年8月10日確認））

# 2

# 学校緊急支援

## ●はじめに

1995年のスクールカウンセラー（以下SC）活用調査研究委託事業開始以来，SCの配置が進み，現在は公立中学校においては全校配置に至っている。加えて，公立小学校や高等学校，特別支援学校等においても，全国的にSCの配置が進み，今やSCは学校現場に必要な存在となっている。

　学校コミュニティにおいて，いじめや不登校，虐待等の子どもの個人的な危機が起こった場合，危機による影響が小さい，もしくは特定の個人に限られる場合においては，学校コミュニティが適宜関係機関との連携も含めた本来の力を発揮して対応することが可能である。

　その一方，大規模な自然災害や突発的で衝撃的な事件・事故といった，多くの人々が直接的，もしくは間接的に影響を受ける重篤な出来事が生じると，学校コミュニティ全体が混乱してしまい，コミュニティは危機からの回復に向けて本来の力を発揮できなくなる。そのような状況では，学校コミュニティだけの力でコミュニティ全体を支えていくことは困難であり，外部からの支援が必要になる。本章では，学校コミュニティの危機への心理職の支援である緊急支援の実際について概観する。

## ●学校コミュニティの危機とは

　学校コミュニティの危機とは，構成員の多くを巻き込む突発的で衝撃的な出来事に遭遇することによって，学校コミュニティが混乱し本来の機能を発揮できない状態に陥ることと定義されている（窪田，2005a）。学校コミュニティの危機は，構成員に強い恐怖や喪失をもたらす具体的な出来事が生じた結果，構成員が無力感や自責，他者への非難・攻撃といった反応を起こす状況の中で助長される（窪田，2005a）。表Ⅲ-2-1に，学校が遭遇する災害や事件・事故をレベル（影響が及ぶ範囲）別に記している。学校管理下の事件・事故とは，授業や部活動中，遠足，修学旅行等での事件・事故のことである。学校管理外の事件・事故とは，交通事故や火災，転落，溺死等校外で起こった事故であるが，登下校中の事故は学校管理下に含まれる。これらは，同じ災害や事件・事故であっても，その性質や被害者・目撃者の数等で学校コミュニティへの影響は異なる。

　このような学校コミュニティの危機がどの程度起きているのか。窪田ら（2020a）は，全国の大学生対象の調査で，調査対象者の35.8%が小・中・高等学校時代に学校危機に遭遇していたとしている。また，樋渡ら（2016）は，教師対象の調査で，調査対象者の26.4%が何らかの危機

表Ⅲ-2-1　危機となる災害，事件・事故とレベル（影響が及ぶ範囲）（窪田，2005a を一部改変）

| | 個人レベル | 学校レベル | 地域レベル |
| --- | --- | --- | --- |
| 子どもの自殺 | | | 自殺 |
| | | | ＊いじめ自殺 |
| 学校管理下の事件・事故 | 校外事故 | 校内事故 | ＊外部侵入者による事件 |
| | | | ＊被害者，目撃者多数 |
| 学校管理外の事件・事故 | | ＊目撃者が多い事故 | |
| 自然災害による被害 | | | 自然災害 |
| | | | ＊子どもの被害 |
| 地域の衝撃的な事件・事故 | | | ＊被害者，目撃者多数 |
| 子どもによる殺傷事件 | | | 子どもによる殺傷 |
| | | | ＊構成員が被害者 |
| 教師の不祥事 | | | 教師の不祥事の発覚 |
| | | | ＊子どもが被害者 |
| 教師の突然死 | | 教師の突然死 | ＊教師の自殺 |

同じ事件・事故であってもより大きな動揺が予測されるものに＊印を付した

を経験していたことを示した。加えて，樋渡ら（2019）は，全国の臨床心理士対象の調査で，1人当たりの総経験数が 1 〜 149 件，平均 6.72 件であったとした。これらの調査はその特質上，学校危機および緊急支援に関心がある人が調査対象になっている可能性も考えられるが，それを差し引いても学校コミュニティの危機は意外と身近に存在し，SC として活動する中で，決して避けることができないものである。

## ◉学校コミュニティの危機による構成員への影響

### （1）構成員個人への影響

　出来事の性質により構成員個人へのストレスは異なるが，大きく以下の三つに分類される。①自分も同じような危険にあうかもしれない，またはあっていたかもしれないという恐怖に関わるストレス，②大切な級友や教師がいなくなったことによる喪失に関わるストレス，③災害や事件・事故によって日常生活が変化したことによるストレス，である。これらのストレスに伴い，感情面，身体面，認知面，行動面のストレス反応が見られる（窪田ら，2005a）。具体的な反応を表Ⅲ-2-2 に示す。これらのストレス反応は，何も子どもたちだけにみられるのではなく，教師や保護者，SC も含めた学校コミュニティに関わる大人においても同様にみられる。加えて，子ども同様，一般的なストレス反応から，トラウマ反応に至るまで多岐にわたってみられる。

　このように，災害や事件・事故に遭遇した直後はさまざまなストレス反応が生じるが，このような反応が起きることはある程度自然なことといわれており，「異常な状態における正常な反応」というべき反応である。当たり前のことではあるが，危機を経験した人すべてが重い精神疾患を抱えるわけではなく（窪田ら，2020b），先述したストレス反応は時間の経過とともに消失していく。そのため，支援者はこれらの反応すべてを問題視し，病理化して扱うのではなく，こういった反応が生起することはごく自然なことであることを構成員に説明し，対処法を伝えることが重要である。

表Ⅲ-2-2　**構成員個人にみられるストレス反応**（窪田，2005a を参考に作成）

| | |
|---|---|
| 感情面の反応 | ショック，無感動，恐怖，不安，悲しみ，怒り，無力感，自責感，不信感 |
| 身体的な反応 | 不安・恐怖に伴う身体症状，睡眠の障害，食欲不振，胃腸症状，筋緊張による痛み，疲労感 |
| 認知面の反応 | 記憶の障害，集中力の障害，思考能力の低下，決断力の低下，判断力の低下，問題解決能力の低下 |
| 行動面の反応 | 口数の変化，活動レベルの変化，うっかりミスの増加，嗜好品の増加，ゆとりをなくす，身だしなみの変化，依存行動の変化 |

## (2) 学校コミュニティへの影響

　構成員個人にみられる感情面，身体面，認知面，行動面のストレス反応は，学校コミュニティ集団では，1）人間関係の対立，2）情報の混乱，3）問題解決システムの機能不全といった反応としてみられる（窪田，2005a）。

　**1）人間関係の対立**　　学級内の数名の間のものから，学校コミュニティが分断されるものまで，対立の規模はさまざまであり，もともと潜在していた対立が顕在化することがある。その背景には，自分と異なった反応を示している他者を受け入れられないことや，事件・事故の責任を自分に向け苦しむ人がいる一方で他者を非難・攻撃する人も少なくないことがあげられる。

　**2）情報の混乱**　　危機的な出来事に遭遇すると，必要な情報が伝えられなかったり，誤情報が流れたりして，学校コミュニティ全体の混乱を助長することになる（窪田，2005a）。それは，情報伝達ルートの混乱や構成員の混乱による間違った情報の伝搬が背景にあると考えられる（窪田，2005a）。

　**3）問題解決システムの機能不全**　　日常は機能している問題解決のためのシステムが，学校コミュニティの危機時には機能しない事態が生じる。たとえば，危機時には，教師集団の通常の意思決定システム（運営委員会を通し，職員会議で決定するシステム等）ではなく，随時さまざまな判断が求められたり，保健室に来室する子どもの増加により通常の対応と異なったり等である。

　このように，人間関係の対立や情報の混乱等により，事件・事故で学校の機能が低下することを契機にそれまで（危機発生前に）学校が抱えていた問題が顕在化し，新たな傷つきが生じたり，深刻なトラブルに発展したりといった二次的な被害が生じることがある。また，事件・事故の影響を受けた個人への対応を誤ることによって子どもの状態が悪化することもみられる。たとえば，事件・事故の噂からいじめ等の個人攻撃をしたり，大人が不安なあまり子どもを過度に励ましてしまったり，不安や恐怖からふざけるような行動をしてしまう子どもを強く叱ってしまう等がある。

　このように，学校コミュニティが災害や事件・事故に遭遇することで，構成員個人だけではなく，学校コミュニティ全体にも影響が及ぶ。支援に入る心理職は，危機時に起こりうる反応を理解した上で，二次的な被害を予防するために学校コミュニティ全体を対象とした緊急支援を行っていくことが必要となる。

# ●緊急支援とは

　福岡県臨床心理士会（2005）は，学校コミュニティが子どもの反応を受け止め，健全な成長・発達を支援するという本来の機能を回復するために事件・事故の直後に行う援助活動について，「危機介入」ではなく「緊急支援」と定義している。これは，個人の危機への直接的な介入ではなく，コミュニティが構成員に対して行う「危機対応」を後方から支援するものであること，事件・事故後できるだけ早い段階で緊急に支援するものであることによる（窪田，2005b）。厳密には，「危機介入」は当事者の主体性を尊重した後方支援的な活動であるものの，介入という語の侵入的なニュアンスを排除し，あくまで学校コミュニティの主体性を重視することを明確にする意図から，あえて「緊急支援」としたとのことである（窪田，2005b）。

　本来，学校コミュニティは，子どもの成長発達を促す場である。そのため，緊急支援の目的は，危機に遭遇して一時的に（場合によっては，危機発生前から）混乱に陥った学校コミュニティのサポート機能の回復および促進を支援するものである（窪田ら，2020b）。

　緊急支援プログラムの実施主体はあくまで学校であり，教育委員会および校長のリーダーシップのもとに行うもので，心理職は，そのリーダーシップが適切に発揮できるようサポートする（窪田ら，2020b）。言うまでもないが，学校コミュニティの回復において，子どものケアの中核的な担い手である教師の機能回復は重要である。教師が機能回復することによって子どもの回復も促進されるのである。したがって，学校コミュニティ全体を対象として，コミュニティの回復を支援しつつ，必要な対象に対しては個別の支援を行っていくことが求められる（窪田ら，2020b）。

　現在，緊急支援には複数のモデルがある。緊急支援は，広くその必要性が認められているものの，具体的な支援方法に関するコンセンサスは必ずしも十分ではない。そこで，窪田ら（2020b）は，災害や事件・事故後の子どもの心理支援に豊富な経験をもつ専門家の意見を集約することによって，災害や事件・事故後の子どもの心理支援に関する基本的な考え方と対応のありかたを提示した。本章では，学校コミュニティへの緊急支援の手引き（福岡県臨床心理士会，2005）および学校における災害，事件・事故後の子どもの心理支援に関するガイドライン（窪田ら，2020b）をもとに，突発的で衝撃的な事件・事故における緊急支援に焦点を当て概観する。なお，具体的な支援内容については，学校コミュニティへの緊急支援の手引き（第3版）（福岡県臨床心理士会・窪田，2020）を参照のこととする。

# ●緊急支援の具体的な方法

## （1）支援計画の検討

　緊急支援を始める中で，心理職は，支援の方針決定のために，事案について，学校・教育委員会が把握している事実を可能な限り確認した上で，管理職や教育委員会と支援計画（内容，期間，人員体制，噂・SNS 対応，マスコミ対応等）を話し合う（窪田ら，2020b）。

## （2）緊急支援プログラム

　緊急支援は，具体的には，教師，子ども，保護者を対象に，1）事実の共有，2）ストレス反応と対処についての情報提供，3）個々人の体験の表現の機会の保障についての内容を行う（窪

田，2005b）。

1) 事実の共有　　心理職は，事案の情報について，子ども，保護者，地域と何をどのような方法で共有するかを管理職や指導主事等と確認する。子どもに対しては，全校集会での周知の後，できる限り小さな集団（学級単位等）で事実報告を行うことが望ましい。情報の統一化のため，想定される質問については，学校・教育委員会と協議してあらかじめ回答を準備し，教師が安心して臨めるように支援する。虚偽の内容を話さないことはもちろん，一貫性のある対応を心がけることが重要である。窪田ら（2020a）は，当事者への調査で，必要な支援として，校長や担任による説明がもっとも多くあげられていたことを明らかにした。二次的な被害を予防するためにも，事実の共有はもっとも重要な支援であると考えられる。

2) ストレス反応と対処についての情報提供　　子どもや保護者に対して，危機反応とその対処法についてのわかりやすい資料を配布し，教師と協働で心理教育を行うことが望ましい。それに先立ち，教師が見通しをもって対応できるように，子どもの危機反応や対処法についての職員研修を短時間であっても行うとよい。窪田ら（2020a）は，当事者への調査で，ストレス反応と対処についての情報提供は必要性が高い支援であったとの認識を明らかにしている。もともと健康であった大半の人々が，危機時のストレス反応は「異常な状態における正常な反応」であることを知るだけでも自分自身の不調の原因がわかって安心し，周囲の人に対して適切に接することができるようになるのである。

3) 個々人の体験の表現の機会の保障　　突然衝撃的な出来事を身近に体験することで，多くの人には不安や恐怖，怒り，無力感，自責感等，さまざまな思いや考えが浮かんでくる。このような思いや考えを安心できる場で言語化し，受け止めてもらうことは，混乱から回復する上で役に立つと思われる。アンケートや個別面談，グループセッション等の方法がある。

## (3) アンケートについて

　緊急支援のプログラムとしてアンケートを行う場合，その目的として，①動揺の激しい子どもを早期に発見し，支援につなぐといったスクリーニングのため，②回答を通して自分自身の状態への理解と対処を促す心理教育のため，③回答状況（その後の個別面談等）を活用して，教師に子どもの状態の理解と対応についての助言を行うコンサルテーションのための三つがあげられる（窪田ら，2020b）。ブライアント（Bryant, 2003）は，急性ストレス症状はPTSDに対する予測因子となりえるが，初期のそうした症状がないままPTSDになる人が多く存在するとしていて，早期の段階でPTSDになる人を発見することは難しい。したがって，早期の段階でのアンケート実施は，スクリーニングを目的とする場合には適していないと考えられ，アンケートの実施時期の検討が求められる。また，アンケートを取りっぱなしにしてはならない。アンケートと共に，担任等身近な支援者による個別面談，リラクセーションを含めた心理教育等とセットで行うことが望ましい。

## (4) 心理職による個別面談

　緊急支援の中で子どもや保護者，教員対象のカウンセリングや個別対応が重視されているが

（樋渡ら，2019；樋渡ら，2020），その一方，心理的外傷への早期介入についてロバーツ（Roberts et al., 2010）は効果があるとする研究も散見されるもののさらなる研究が求められるとしており，コンセンサスが十分ではないのが現状である。窪田ら（2020a）は，当事者への調査で，SCによる希望者への面談に対する支援の必要性は低かったとし，当事者にとって，心理職が直接的な支援者であるという認識は乏しく，教師による支援の重要性が高いことが示されていた。一方で，向笠ら（2018）では，学校危機時にSCにして欲しかったこととして，SC・相談体制の周知，関わりが深い子どものケアがあげられていた。支援が必要な対象に適切な支援を届けることができているか，相談体制の周知を含めて検討していくことが求められる。また，樋渡ら（2019）は，支援が必要な教師へのカウンセリングを実施できないケースが多くあったことを明らかにしている。これは，教師の多忙や抵抗感によって支援が困難になっており，同僚のソーシャルサポートを促進する等，その他の支援方法も踏まえて検討する必要性があると考えられる。

## ●緊急支援の終了とその後の対応

### （1）緊急支援の終了

　樋渡ら（2019）は，臨床心理士への調査で，支援期間について，半数以上が7日以内であったが，中には1年以上続いているものもあったと述べている。山下ら（2017）は，混乱の収束について，教師への調査をもとに分析し，①日常への回帰（特別対応の終了や通常の教育活動の再開等），②構成員の精神面，情緒面の安定（精神面の落ち着きや安心，不適応の改善等），③物理的要因（時間の区切り，時間の経過等）が基準になっていたことを示した一方で，「収束することはない」と答える教師も一定数存在したと述べている。その中で，緊急支援があった群は，日常への回帰へ焦点化しているが，緊急支援がなかった群は，混乱の収束を構成員の精神面，情緒面の安定に焦点化していたとしている。これは，緊急支援チームによる支援が比較的早い段階で構成員の精神面・情緒面の安定に寄与している可能性がある。緊急支援の本来の目的から鑑みると，1年以上緊急支援が継続することは考えられないが，効果的な緊急支援に関する支援期間のエビデンスはまだなく，今後の課題となっている。

### （2）中長期的な支援

　学校コミュニティを対象とした緊急支援によって，コミュニティがサポート機能を回復していく。しかし，緊急支援終了後も，事案によって強い影響を受けている子がいる可能性がある。遅れて反応を出す子どもを支援するために，事件・事故から1ヵ月程度経過したタイミングでアンケートを行い，その結果に基づいて，保護者，担任等と連絡を取りながら，当該校SCによる個別支援や心理教育の実施の他，適宜外部機関へつなぐことが求められる（窪田ら，2020b）。

　また，遺族や被害を受けた家族に心理支援が必要であることは言うまでもないが，家族が心理支援を希望しない場合等，心理職が直接的に支援を行うことが難しい場合も少なくない。必要な支援が可能になるために，学校が当該家族の状況や気持ちの変化を丁寧にくみとることができるよう当該校SCが支援し，その様子を踏まえて，長期的な支援が可能な相談機関等の情報提供を当該家族のタイミングで行っていくことや，きょうだいが通う学校との連携等を進めていくことが重要である。

# ●緊急支援の留意点

## （1）緊急支援における見立て

　緊急支援を行う上で，事案や学校コミュニティ，個人の見立てに留意することは重要である。詳細は，福岡県臨床心理士会・窪田（2020）を参照とするが，特に個人を見立てる上で，配慮が必要なハイリスクな構成員として，①被害にあった人と物理的（目撃，現場にいた等）・情緒的（同じ学級・部活等）に近い人，②その出来事とは関係ないが近い過去に身近な人の死を体験している人，③もともと不安定で配慮が必要な人があげられる（Brock et al., 2009）。特に，②や③は見落としがちであるため注意が必要である。

## （2）支援者への支援

　樋渡ら（2019）は，臨床心理士への調査で，緊急支援の依頼があった直後に，自分にできるのか・役に立てるのか，どう対処すべきか等の不安や緊張感，動揺等といった緊急支援へのストレス反応を示している心理職が多く，緊急支援は心理職にも大きな負担となっていることを明らかにしている。その一方で，バックアップ体制，チーム支援による安心を感じている心理職もおり，支援者への支援と共に，バックアップ体制の重要性を示唆している（樋渡ら，2019）。バックアップ体制があることで，支援そのものを適切に行えるだけではなく，二次受傷等の影響も軽減できる可能性がある（樋渡ら，2020）。

　加えて，樋渡ら（2019）は，一人支援の困難をあげている心理職が多かったことを明らかにしている。事案の性質や学校の状況によっては，当該校 SC が一人で支援する体制とならざるを得ない現状がある。ただし，先述した通り，当該校 SC も自責感やショックを受けていることからも，一人支援の場合は，特にバックアップ体制が重要になってくることは言うまでもない。

## （3）いじめ防止対策推進法に沿った事実確認のための調査との関連

　基本的には，当該校 SC を含む心理職は，中立性，公平性の観点から子どもの心のケアと，いじめ防止対策推進法に沿った事実確認のための調査の役割の兼務を避ける必要がある。当該校 SC は，教師や緊急支援チームと連携した上で，当該校における子どもの状況に応じたケアに専念する。ただし，学校が調査の設置主体となる場合は，当該校における校内いじめ防止委員会が調査委員会の中心となることが多く，調査委員となる可能性が高い。しかし，聞き取り調査では当該校 SC も聴取される対象となる可能性もあり，当該校 SC が聞き取り調査を行わず，第三者性の高い聞き取り調査となるように配慮する必要がある。また，当該校 SC が被調査者となる場合の心理的負担は非常に重く，当該校 SC のバックアップ体制が重要となる。

# ●架空事例による緊急支援の実際

　これまで，緊急支援の内容について述べてきたが，ここではこういった支援が具体的にどのように行われるかをみていく。

## （1）架空事例の概要

　X 日午前，中学 1 年生女子が自宅の自室にて縊死しているのを保護者が発見し，救急搬送

されたが，死亡が確認された。近所に住む他学年の生徒1名が救急搬送時に目撃していた。なお，このことに関する報道はなかった。当日，ご遺族と学校とが協議し，当該生徒が自死で亡くなったことは伏せてほしいとのことであった。

### (2) 緊急支援への経緯

　事故当日に，自殺の第一報として，管轄の教育委員会から当該地域の SC 組織コーディネーターに緊急支援の要請が入る。学校，教育委員会との協議の末，当該校 SC と2名の派遣心理職からなるチームでの支援の実施が決定した。

### (3) 支援の実際

　X＋1日朝，管理職，教育委員会指導主事，心理職チームで，緊急支援チームのリーダーである心理職A主導のもと，緊急支援の打ち合わせが行われた。その中で，事案概要，子どもや教師の様子，亡くなった生徒と関係が深い生徒や目撃者の情報等を共有した。さらに，情報の統一化のため，子どもや保護者への事実の伝え方，その際に想定される質問についての回答の準備を行った他，支援プログラムの流れの検討を行った。

　その後，緊急の職員会議が行われ，心理職Aから支援チームの紹介と緊急支援についての説明が行われた。加えて，危機反応および対処法についての心理教育を行った。教師の中でも，担任を始めとした学年担当の一部や養護教諭の動揺が大きいようであった。

　1時間目に，臨時の学年集会が行われ，学年主任より子どもたちへ事実の説明があった。その後，各教室に戻り，担任から改めて事実の説明があり，「こころの健康調査」（福岡県臨床心理士会，2005）が実施された。その際に，危機反応に関する心理教育もあわせて実施した。当該学級のみ学年主任が入り，担任と共に支援を行った。また，健康調査の項目は，事前に心理職チームが事案に沿った形に修正していた。その後，健康調査をもとに，担任による短時間の個別面談が実施された。心理職チームは，子どもたちの様子を観察し，特に動揺が大きい生徒については，別途カウンセリングを行った。保護者に対しては，当該学年にのみ事実の報告と危機反応と対処法に関する文書を配布した。

　放課後，心の健康調査の記載内容や面談時の様子等について，心理職は各担任と情報共有を行った。その中で，当該生徒と仲が良かった子が強い自責感を抱えていたこと，葬儀に参加したいと訴えている子が複数いたこと，普段から不安定な子が学級内で他の級友と言い争いをしていたこと，いじめによる自殺なのではないかと訴える生徒が複数いたこと，先月近親を亡くした子が体調不良を訴えていること，救急搬送を目撃した子は特に問題は感じられないこと等が共有され，子どもの対応についてのコンサルテーションを適宜行った。特に配慮が必要な子どもについては，翌日心理職との面談を設定した。

　X＋2日，前日に配慮が必要だと判断された子どもに対して心理職がカウンセリングを行い，その結果をもとにさらなる支援の必要性を検討した。今回は，強い自責感を抱えていた当該生徒と仲が良かった子と先月近親を亡くした子について継続的に当該校 SC が面談を行うこととなった。

　X＋3日，学校からの要請で心理職が学校で待機し，授業や休み時間の様子等を観察した。学校内は日常に戻っており，比較的落ち着いていたこともあり，この日で心理職チームの支援は終了とした。

以上，架空事例の紹介を行った。子どもへの支援は基本的には教師と保護者が担い，心理職は，プログラム全般への助言を含め，教師のバックアップに徹する。それにより，学校コミュニティの支援体制を整え，日常生活に戻っていくのである。

# ◉緊急支援への備え

学校コミュニティの危機に際して適切な支援を行うためには，危機発生前の準備が重要である。では，日頃から準備すべきことには何があるのか，簡単に概観する。

## (1) 緊急支援システムの構築

学校コミュニティの危機が発生した際に適切な支援を行うことができるためには，SC組織内やSC組織と教育行政とで，事前の協議・合意を経て，緊急支援システムを構築することが必要になる。その上で，SCは，危機発生時に外部からの学校への支援がどのようになされるかについて確認する。また，SCは，日頃から，危機の発生に備えた学校の体制（いじめ問題対策委員会等の設置や危機発生時の役割分担等）についても確認しておく（窪田ら，2020b）。

## (2) 訓練・研修

自然災害や火事に対する避難訓練のように，学校コミュニティの危機に対する緊急支援の訓練を日頃からしておくことが望ましい。訓練まではいかなくても，危機発生時の役割分担や動き方についての研修を教師対象に行う。また，SC自身の学校コミュニティの危機への支援に対する研修も必要である。

## (3) 未然防止活動

危機発生前の予防的な取り組みが重要であることは言うまでもない。近年，社会的にも，いじめ等の危機的な状況の発生そのものを防ぐことや，困難な状況に遭遇しても対処できる力を育てて深刻な被害を予防するといった取り組みへのニーズが高まっており，SCの重要な活動の一つとなっている。予防の取り組みとしてできることは，1）情報収集と2）心理教育があげられる。

**1) 情報収集**　日頃から，子どもの様子の観察，アンケート，面談等，さまざまな方法を用いて，早期にリスクを発見して未然に問題発生を防ぐことが重要である。また，子どもや教師，保護者，地域等学校コミュニティの状況や過去に当該校区で起きた危機事案を把握し，学校アセスメントを進めておく。

**2) 心理教育**　心理教育によって子どもたちのレジリエンスを高め，それにより危機的な状況に遭遇しても，子どもたちが深刻な心理的被害を負うことがないように予防することが可能になる。SCは，子どもを対象に，ストレスマネジメント，人間関係作り等の心理教育に積極的に関与することが重要である（窪田ら，2020b）。

### （4）日常的な SC 活動

　向笠ら（2020）は，当事者への調査で，SC との関わりが危機時の SC の支援にとって重要となることを述べている。具体的には，登校指導や休み時間，授業，全員面接等により，相談外で見かけること，心理教育の授業をもつ等により，日常的に SC と関わる機会を増やしていくことが求められる。

## ●今後の課題

　先述したように，緊急支援については，広くその必要性が認められているものの，具体的な支援方法に関するコンセンサスは必ずしも十分ではない。緊急支援の特質上困難であることは重々承知であるが，より適切な支援が行われるためにも，緊急支援に関する効果研究が求められる。

　また，樋渡ら（2019）は，心理職の緊急支援の経験数に大きな偏りがあったことを明らかにしており，樋渡ら（2020）も，支援者の経験の偏り，新人育成の困難をあげている。これについても，緊急支援の特質上，経験を積む機会がそもそも少ないこと，緊急支援には高い臨床力を求められること等から，支援にあたる心理職に偏りが生じているのではないかと考えられる。山下ら（2019）は，体系的な研修により，緊急支援経験がない心理職が，支援に対する不安を大きく低減し，保護者や地域も含めた学校コミュニティが危機の際にどのように反応するか予測・イメージをでき，子どもや保護者に伝えるべきこと，危機時の対応や声のかけ方を理解することができたことを明らかにしている。計画的，体系的な研修によって，緊急支援を担うことが可能な人材を育成していくことが求められている。

**引用文献**

Brock, S. E., Nickerson, A. B., Reeves, M. A., Jimerson, S.R., Lieberman, R. A., & Feinberg, T. A. (2009). *School crisis prevention and intervention: The PREPaRE model*. Bethesda, MD: NASP Publications.

Bryant, R. A. (2003). Early predictors of posttraumatic stress disorder. *Biological Psychiatry*, **53**(9), 789–795.

福岡県臨床心理士会（編）　窪田由紀（編著）（2020）．学校コミュニティへの緊急支援の手引き（第 3 版）　金剛出版

福岡県臨床心理士会（編）　窪田由紀・向笠章子・林　幹男・浦田英範（著）（2005）．学校コミュニティへの緊急支援の手引き　金剛出版

樋渡孝徳・窪田由紀・山田幸代・向笠章子・林　幹男（2016）．学校危機時における教師の反応と臨床心理士による緊急支援　心理臨床学研究, **34**(3), 316–328.

樋渡孝徳・窪田由紀・山田幸代・向笠章子・山下陽平・林　幹男（2019）．学校危機への緊急支援に対する緊急支援経験がある臨床心理士の認識　心理臨床学研究, **37**(2), 109–120.

樋渡孝徳・窪田由紀・山田幸代・向笠章子・山下陽平・林　幹男（2020）．臨床心理士による学校危機への緊急支援—学校臨床心理士コーディネーターへの調査から　人間科学, **2**, 10–16.

窪田由紀（2005a）．学校コミュニティの危機　福岡県臨床心理士会（編）　窪田由紀・向笠章子・林　幹男・浦田英範（著）　学校コミュニティへの緊急支援の手引き　金剛出版　pp.45–76.

窪田由紀（2005b）．緊急支援とは　福岡県臨床心理士会（編）　窪田由紀・向笠章子・林　幹男・浦田英範（著）　学校コミュニティへの緊急支援の手引き　金剛出版　pp.45–76.

窪田由紀・樋渡孝徳・向笠章子・山田幸代・山下陽平・林　幹男（2020a）．小・中・高等学校時代に学校危機に遭遇した大学生の体験の研究（4）―調査の概要と大学生の危機遭遇体験の実際　日本心理臨床学会第 39 回大会発表論文集, 108.

窪田由紀・冨永良喜・小林朋子・狐塚貴博・樋渡孝徳・山下陽平（災害，事件・事故後の子どもの心理支援研究会）（2020b）．学校における災害，事件・事故後の子どもの心理支援に関するガイドライン〈http://kinkyusien.info/wp/wp-content/uploads/2020/03/0df7445b7b457da480fe7301fe4cdc54.pdf，http://kinkyusien.info/wp/wp-content/uploads/2020/03/e597c017f2eb10da0cec4171fe0ddc4a.pdf〉（2020 年 12 月 30 日確認）

向笠章子・窪田由紀・樋渡孝徳・山田幸代・山下陽平・林　幹男（2018）．小・中・高等学校時代に学校危機に遭遇した大学生の体験の研究（3）―スクールカウンセラーの緊急支援への認識　日本心理臨床学会第37回大会発表論文集, 140.

向笠章子・窪田由紀・樋渡孝徳・山田幸代・山下陽平・林　幹男（2020）．小・中・高等学校時代に学校危機に遭遇した大学生の体験の研究（5）―スクールカウンセラーとの関係性に焦点を当てて　日本心理臨床学会第39回大会発表論文集, 109.

Roberts, N. P., Kitchiner, N. J., Kenardy, J. & Bisson, J. I. (2010). Early psychological interventions to treat acute traumatic stress symptoms. *Cochrane Database of Systematic Reviews*, **3**.

山下陽平・窪田由紀・樋渡孝徳・山田幸代・向笠章子・林　幹男（2017）．学校危機を経験した教師に関する研究（2）―混乱の収束に関する自由記述の分析　日本教育心理学会第59回総会発表論文集, 429.

山下陽平・窪田由紀・樋渡孝徳・山田幸代・向笠章子・林　幹男（2019）．学校危機への緊急支援（3）―支援者養成研修の効果　日本心理臨床学会第38回大会発表論文集, 105.

# 3

# 大学コミュニティの危機支援

## ◉はじめに

　大学コミュニティには，学生の精神的な不調や混乱，学生同士や教員とのトラブル，さらには，突発的で深刻的な事件や事故など，個人レベルから組織レベルまでさまざまな危機が生じうる。そういった危機にある学生や大学コミュニティに対し，学生相談に従事する心理臨床の専門家（以下，学生相談カウンセラー）は，どのような観点から事態に向き合い，いかなる支援を行っているのだろうか。本節では，学生相談カウンセラーの立場から，大学コミュニティの危機支援の実際について考えていきたい。

## ◉大学コミュニティにおける危機の分類

　まずは，大学において生じうる危機の内容について整理しておきたい。石井（2019）と内野（2020）は，学生相談におけるコミュニティ臨床の観点から，大学の危機を個人レベル，小集団（グループ）レベル，大学・地域レベルの三つのレベルで分類している（表Ⅲ-3-1）。

### (1) 個人レベルの危機

　学生の発達課題や心理的問題に関連する危機（たとえば，アイデンティティ拡散，精神疾患，自殺や自殺未遂など）と，学生や教職員が関わる事件・事故（たとえば，交通事故，暴力や脅迫，犯罪，カルト，ストーカーなど）がある。これらの危機は，個別面接を担当している学生に生じる場合もあれば，保護者や教職員から学生の支援要請のある場合もある。

### (2) 小集団レベルの危機

　対人関係上のトラブルや突発的な出来事によって，研究室やサークルなど複数の学生が所属するグループやコミュニティに危機が生じる場合が含まれる。たとえば，教員のアカハラや研

表Ⅲ-3-1　**大学コミュニティにおける危機の分類** (石井 , 2019；内野 , 2020 を参照)

| 区　　分 | 対　象　例 |
|---|---|
| 個人レベル | （事件・事故）交通事故，暴力や脅迫，犯罪，カルト，ストーカー，（心理的危機）精神障害，自殺・自殺未遂，自傷行為，多量服薬，抑うつ，ひきこもり，喪失体験など |
| 小集団レベル（研究室，サークル） | ハラスメント，学生の緊急入院，死亡事故・事件，自殺など |
| 大学・地域レベル | 自然災害，感染症，火災など |

究不正などが発覚し，混乱した研究室メンバーの支援を行う場合などが考えられる。また，学生寮で寮生同士の対人トラブルから寮全体が不穏な雰囲気に包まれた際に，カウンセラーが寮を訪問し（アウトリーチ），寮生全員に心理教育を行ったり，関係する寮生への情緒的サポートを行ったりすることもある。

### （3）大学レベルの危機

　自然災害や感染症などの大規模災害，または，自殺やハラスメントといった深刻な問題によって，大学全体が危機状態になる場合があげられる。従来から麻疹や百日咳など感染症が大学キャンパスで流行することはあったが，2020年からの新型コロナウイルスの感染拡大とそれに伴う大学機能の停止（大学行事や講義・サークル活動の自粛）といった事態は，まさに大学全体に対して心理的支援が必要となるコミュニティ・レベルの危機状況といえる。

## ◉「学生相談モデル」から見た危機支援の特徴

　危機支援を行う上で，一般的な危機理論や支援法を学んでおくことは必要である。加えて，学生相談に従事する心理臨床家には，大学で行う心理援助ならではの視点や関わり方を身につけておくことが望ましい。学生相談は心理臨床の一つの活動領域でありながら，大学という教育コミュニティの中で行う相談・支援活動として独自の発展を遂げてきた。齋藤（1999）は，学生相談を位置づける視点として「厚生補導（学生助育）モデル」「心理臨床モデル」「大学教育モデル」をあげている。カウンセラーは，これら三つのモデルの中で，個別の状況に応じてその軸足や立脚点を変化させながら，学生の大学や社会への適応を積極的に促し，心理的問題の見立てや援助を行う。さらには，予防教育や大学コミュニティのメンバーへのコンサルテーション，執行部への提言などを通して発達促進的な環境支援を行う。統合的な視点で大学コミュニティと関わり，多面的な支援法を活用することが学生相談の特徴であり，その基本立場は危機支援でも変わらない。このことを踏まえて，ここでは学生相談における危機支援のスタンスについて，以下の2点から考えてみたい。

### （1）「コミュニティの一員」として支援すること

　キャプラン（Caplan, 1961）に始まる危機介入の理論や実践では，危機に直面している個人やコミュニティに対し外部から見立て介入することが想定されているが，学生相談では「大学コミュニティの一員」として，組織の内部から心理支援を行うのが特徴である。つまり，学生相談カウンセラーは，支援対象者である学生の近くに位置し，他の教職員と共通の教育目標を共有しながら，危機支援を行う心理臨床家としての専門性を発揮していく。このことによって，カウンセラーは，危機にある学生やコミュニティへ迅速で直接的な心理的支援が行いやすい立場になる。また，危機が去った後の，中・長期的な関わりについても見通しやすくなる。たとえば，もと交際相手からのストーカー被害に遭っている学生に対し，すぐに保護者や警察と連携しながら防犯を行い，学内では頻回の個別面接を実施することで安全を確かめることができる。また，危機が去ったあとも，本人の希望に応じて，対人関係や異性との付き合い方に関する本人の特徴を探求できる。また，別の観点からは，大学コミュニティの一員であることは，学内における他の教職員や教育組織，および，キャリア相談，障害学生支援，留学生支援とい

った支援組織と連携・協働する上でも有利に働くことが多い。逆にいえば，学生相談機関の組織的な位置づけやカウンセラーの職業的立場によっては，この利点が生かせずに，危機時のカウンセラーの役割や機能が実質的に制限される場合もある。

### (2)「成長発達的側面」を重視すること

　従来から心理的な危機が個人やコミュニティに及ぼす影響については，否定的な側面と肯定的な側面の両面が指摘されてきた（山本，2000）。金子（2019）もこころの危機について概説する中で，心理的な危機状況は自己にとって危険な出来事であると同時に，それを乗り越える力を育む人生の転機となりえると述べている。このような指摘は，学生相談における危機支援においてきわめて重要である。学生相談カウンセラーは，このような危機の両側面を意識し，医療における診断基準にも目配せしながら，危機に潜在する発達促進的な側面を引き出していく姿勢が求められる。内野（2020）は大学の危機支援において，事態を沈静化するために「対処や処理のモード」で支援するのではなく，学生を教育し成長を支えることが危機支援の第一義であると述べている。学生相談カウンセラーは，学生が危機前の均衡状態へと戻るための支援を行うのではなく，回復プロセスにおいて何らかの発達的変化が生じるような支援を行うことが理想であろう。ただし，このような支援法は，実際の危機的な状況に直面するとなかなか難しい。危機が深刻さを増したり，事件性が出てきたりすると，当該学生だけでなく周囲の関係者にも不安や緊張が高まっていく。カウンセラーも例外ではなく，その緊迫した状況の中で何らかの判断を迫られる場合もある。そのような時に，事態に「対処」するのではなく，いかに統合的な視野をもち，柔軟な関わりを維持できるかが学生相談の専門性といえそうである。

## ◉大学コミュニティへの危機支援の実際

　次に，事例をもとに支援の実際とその留意点について述べたい。大学コミュニティにおいてもっとも深刻な危機の一つに学生の自殺の問題がある。ここでは，個別支援とコミュニティ支援における自殺の問題について架空事例を提示していこう。

### (1) 自殺リスクの高まった学生への対応

　事例1：男子学生のAは中学時から対人不信感が強く厭世的であった。大学入学後は，継続的に希死念慮を抱くようになり，自殺するための道具（練炭）を下宿に用意していた。しかし，練炭の使い方を調べ使用しようとしたことはなく，いつでも死ぬ準備のあることが「自分の支え」であると述べた。学生相談を訪れたAは，家族にも友人にも敵意を示し，「自分も周囲も最低だ，生きる意味はない」と繰り返し語った。カウンセラーは，Aには自殺のリスクがあるものの，緊急性は低く，彼のこころの理解者となることがAの命をつなぐ支援になると考え，個別面接を継続した。しだいにAの情緒は安定したが，1年を経過した頃に，Aの心理状態は急激に悪化した。父親の不倫が発覚し，両親が離婚することになったのである。Aは強い不快感を示し，面接のなかで父親を激しく罵りながら，自暴自棄な発言と自殺の実行をほのめかすようになった。カウンセラーは，Aは危機的な状況であると考え，自殺行動化のリスクを確かめながら，面接の頻度を増やしAの気持ちを受け止め続けた。一ヵ月ほどすると，しだいにAは落ち着きを取り戻し，自殺の実行は見送ると述べた。Aとのカウンセリングは卒業するま

表Ⅲ-3-2　危機のレベルと対応（太田・桜井, 2001）

| 段　　階 | 学生の状況 | 援助者の対応 |
|---|---|---|
| 第１段階（危機小） | 危機状況ではあるが現実面では適応 | 面接内でのサポート |
| 第２段階（危機中） | 何らかのきっかけで自傷他害の恐れあり | 面接内でのサポートの強化，家族との連携，医療機関との連携 |
| 第３段階（危機大） | 切迫した自傷他害の恐れあり。幻覚妄想状態 | 精神保健緊急対応，入院治療 |

で続いたが，彼は最後まで練炭を手放すことはなかった。しかし，最終回には「僕はまだ親離れできていないのかもしれない。それでも生きていくしかないですね」と述べた。それから毎年，年に１度の便りが来るが，いつも「それなりにやっています，先生も頑張ってください」と書かれている。

　　援助のポイント：Aは，自他の不信感や自殺念慮・厭世的思考が強く，自殺道具も用意していた。特に両親の離婚が決まった時に自殺念慮が高まり，カウンセラーは彼の自殺の行動化を心配していた。その一方で，これまで自殺企図歴はなく，道具は用意していたものの具体的な自殺計画がなかったことは安心材料であった。勝又（2017）は，自殺念慮や自殺関連行動の評価のポイントとして，現在および過去の自殺念慮について，①自殺念慮を引き起こしたストレッサーと絶望感，②自殺計画の具体性，③自殺関連行動の致死性の高さ，④アルコール・薬物の使用状況，⑤自殺企図後の本人の気持ちや周囲の反応の５点をあげている。学生相談でも役立つと思われるので参照してほしい。

　また，表Ⅲ-3-2に示すように，カウンセラーは学生の危機レベルに応じて危機対応を変えていく必要がある（太田・桜井, 2001）。この事例では，Aは現実面では適応していたため，カウンセラーは第１段階の対応をとり，危機時に面接回数を増やし，情緒的サポートを強化した。もしAに第２段階，第３段階の危機があると評価した場合には，家族や教員，医療機関と連携し，学生のセーフティネットを確立することが必要になっただろう。いずれにしても，生き難さを抱えたAが，心理的な危機をともに生き，困難な道のりに同伴する他者（カウンセラー）と関わりをもち続けたことは，彼の心理的な成長発達にとって何らかの影響があったと思われる。

## （2）学生の自殺が生じた後の緊急支援

　事例２：昨夜の未明に女子学生Bが下宿で自殺したとの情報が学生相談機関に入った。すでに保護者が遺体を確認しており，これからBが所属する学部の学部長とゼミ担当のC教員が保護者と接見するという。カウンセラーが学部長に連絡すると，学部長は動揺した口調で「指導教員だったC先生によると，Bは最近大学を休みがちだったため，教員もゼミの友人も心配していたところだったらしい。すでにゼミ生に動揺が走っているようだ」という。そして「C先生が大変ショックを受けていて心配だ。私もこのような経験はなく，これから何をすればいいのか」と述べた。カウンセラーはなんらかの緊急対応が必要だと考え，すぐに学部の関係者と話し合いの場を設定した。同時に，カウンセラーは学生相談室内の他のスタッフと緊急会議を開き，情報を共有した。数時間後，学部長とC教員，事務職員が学生相談室に来談した。カウンセラーは，今ある情報を確認しながら，C教員の気持ちを受け止め，今後の保護者対応と遺された学生（ゼミ生）のケアについて話し合った。亡くなったBの遺体に接した学生はいな

かったものの，Bの自殺はすでにゼミ生の間で噂になっており，情緒が不安定になっている学生もいるという。C教員は「保護者が下宿に行った際に，Bの友人であるゼミ生の一人に連絡したのだと思う。既に何人かのゼミ生が私にBの状況を尋ねてきた。でもどう伝えればいいか」と緊張した面持ちで話された。カウンセラーはゼミレベルの危機を想定し「保護者への対応と遺されたゼミ生のケアについて一緒に考えていきましょう」と提案すると，C教員は少し安心した表情を見せた。学部長も全面協力を申し出てくれた。追加情報として，Bは部活やサークルには所属していなかったが，所属ゼミでは活発に学生交流を行っていたこと，Bと特に親しかったゼミ生Dが大変ショックを受けていること，普段からゼミ生たちと親交のある事務職員Eがいることがわかった。

　翌日，ゼミ生への危機支援を行った。まず担当ゼミ教員のC先生からBの自殺を伝えてもらい，黙祷をささげた。事務職員Eとカウンセラーも立ち会った。Bの自殺はすでに多くのゼミ生が知っていたため，大きな混乱はなかったものの，呆然としている学生，涙を見せる学生，無表情な学生など，彼らの反応はさまざまであった。その後，カウンセラーが危機時における心のストレスや喪失反応に関する心理教育を実施し，個別面接の希望を募った。また，カウンセラーは生前のBと特に親しかった学生Dに呼びかけ，個別面接を行った。その日の危機支援はそれで終わったが，その後の数日間に，葬儀や弔問について聞きたいと何人かの学生が個別面談を申し込んだ。また，カウンセラーはC教員とも継続的に面接を行い，情緒的サポートを行いながらゼミ生の様子を確認していった。2ヵ月が経過した頃，教員は「初めは皆信じられないという感じだったと思う。今は誰もBのことには触れませんが，彼らなりにこのことを乗り越えようとしているみたいです。私も彼らを見守っていきたい。職員のEさんも心配してよく顔を見せてくれる」と落ち着いて述べられた。ゼミの雰囲気も安定を取り戻し，集団レベルの危機は軽減したようだった。一方，Bと親しい友人であった学生Dとはその後も個別面接を継続した。Dは，Bの悩みに気づいてあげられなかったことを後悔し，自責の念を繰り返し語った。カウンセラーの対応は，ゼミレベルの危機支援から個人レベルの喪の作業を援助することへとステージを変えていった。

　**援助のポイント**：この事例では，Bの自殺によって所属するゼミの学生と教員が大きなショックを受け，ゼミ内に強い動揺が生じていたことから，カウンセラー（学生相談機関）は，ゼミ集団を対象に危機支援を行った。この時の緊急対応の流れと学生相談機関の役割を図Ⅲ-3-1に示す。

　一般に学生の自殺が生じた場合，カウンセラーは情報確認を行いながら，危機状況のアセスメントを始める。また，学生の所属する学部の教職員（学部長や担当教員など），関連する支援部署と積極的に連携し，対応チームを編成していく。この初動段階で，学生情報や自殺の状況，保護者，第一発見者，生前に親しかった学生といった関連する情報を正確に共有することが重要になる。さらに，対応チームのメンバーである教職員も混乱し，傷ついている場合があるため，カウンセラーはメンバーへの情緒的なサポートも同時に行っていくことになる。この事例では，生前からBと親しくしていた学生Dの心理状態が懸念されていた。また，学部長がリーダシップを発揮し，保護者対応やゼミ支援に協力的であったことが，後の危機支援をスムーズにした。一方，ケースによっては，危機事態における学部内の役割や責任の所在が曖昧で

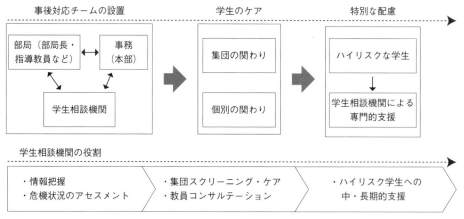

**図Ⅲ-3-1　緊急対応の流れと学生相談機関の役割**

あったり，逆に，誰か一人に責任や負担が集中しすぎたりする場合があるため，カウンセラーは組織的な人間関係を見立てながら関わっていく必要がある。

　学生へのケア（緊急支援）では，学生の反応が把握できる程度の人数を対象にするのがよいだろう。わかっている事実はきちんと伝え，葬儀への参列や弔問などについて保護者の意向を知らせる。保護者のなかには，自殺であることを周囲の学生に伝えることや弔問などに拒否感を示される場合もあり，その意向は尊重されるべきである。学生への心理教育では，スクリーニングとケアの観点から集団・個別の関わりを行い，いつでも支援が受けられることを伝えるのがよい。本事例のように，特別な配慮が必要と思われる学生には，カウンセラーから積極的に個別面接を呼びかけることも多い。また，保護者も混乱されているため，カウンセラーが保護者のサポートやケアを行うこともある。以上のような危機対応の流れを念頭に置きながら，実際のケース状況に即して，臨機応変に支援していくことになるだろう。

## ●最後に

　本章では，大学という教育コミュニティの中で行う相談活動としての危機支援について述べてきた。学生相談カウンセラーは，医療モデルに準拠した支援とは異なる，学生相談独自の危機支援のあり方について今後も検討を積み重ねていく必要がある。ただし，大学コミュニティの特徴として，大規模大学になるほど大学独自の自治機能が働きやすく，また，学内ではさまざまな支援機関が専門性の高い支援を行っているため，学外の医療機関や警察などの介入が必要な事態であっても，学内のみで対応しようとする傾向があることも否めない。学生相談カウンセラーは，このような点も考慮にいれながら，学生や大学コミュニティを取り巻く学内外のサポート・ネットワークを見立て，学生の安全と成長を育む教育環境作りをサポートしていく必要がある。筆者の経験では，大学コミュニティにおける危機的な事態を，学生個人の問題として固定化して捉えず，対人関係の問題，もしくは，個人と環境の適合度の問題と捉えた方が，学生たちは，卒業後の人生で直面するさまざまな危機場面に対し，自力で対応する力を身につけていくように思われる。危機に直面した当事者たちの卒業後の姿を見据えて支援に携わることが大学コミュニティにおける危機支援の要であろう。

## 引用文献

Caplan, G.（1961）. *An approach to community mental health*. London: Tavistock Publications.（加藤正明（監修）山本和郎（訳）（1968）. 地域精神衛生の理論と実践　医学書院）

石井治恵（2019）. 学生相談における危機介入策分類モデルの構築　高等教育ジャーナル，**26**，1-9.

金子一史（2019）. こころの危機とは何か　窪田由紀・森田美弥子・氏家達夫（監修）河野荘子・金子一史・清河幸子（編著）こころの危機への心理学アプローチ　金剛出版　pp.17-29.

勝又陽太郎（2017）. 自殺をほのめかすクライエントにどう対処するのか？　臨床心理学，**17**(1)，52-55.

太田裕一・桜井育子（2001）. 危機介入における連携（その2）―システム化のための考察　学生相談研究，**22**(2)，113-119.

齋藤憲司（1999）. 学生相談の専門性を定置する視点―理念研究の概観と4つの大学における経験から　学生相談研究，**20**(1)，1-22.

内野悌司（2020）. 大学と学生の危機　日本学生相談学会（編）新訂版学生相談ハンドブック　学苑社　pp.148-159.

山本和郎（2000）. 危機介入とコンサルテーション　ミネルヴァ書房

# 4

# 犯罪被害者支援

## ●はじめに

　犯罪被害者には，二つの時計があるといわれている。一つは 24 時間 365 日，変わらず時を刻み続ける時計，もう一つは犯罪被害に遭った「あの日」から止まったまま動かない時計だ。

　犯罪は，社会やそこに生きる私たちに大きな衝撃と苦痛を与え，はかりしれないほど多くのものを奪い去っていく。昨日も今日も明日も，当たり前に続くと思っていた日常が，何の前触れもなく，突然，一方的かつ暴力的に奪われ，目の前に広がる景色はあっという間に一変する。

　それだけでも十分過ぎるほどの体験だが，そこから先に進むはずだった未来の時間も根こそぎ奪われてしまうのが犯罪被害の過酷なところだ。時計は時を刻むのをやめ，その針を先に進めることはない。「つらいことは早く忘れて，これからの幸せを考えて」などと声をかけるのは簡単だが，この動かない時計がある限り，なかったことにしてしまえないのが犯罪被害だ。そして，犯罪被害者は，社会や周囲が 24 時間 365 日，変わらず時を刻み続けていることすら無情にも思えるような日々の中に身をおきながら，動かない時計を抱え，未来予想図を見失ったまま，それでもなお被害後を生き抜かなければならないのである。

　しかしながら，心的外傷は，身体的なそれとは違って，はっきりとした輪郭をもって目に映るものではない。目に見えない分，周囲には気づかれにくく，犯罪被害者が，被害そのものを，そして，被害後の時間を，内的にどのように体験しているのか，なかなか理解してもらえないところがある。ときには犯罪被害者自らもその実体をつかみかね，どうにもならない苦しみに人生の大部分をからめとられてしまうような経験をする。

　犯罪被害者支援がなぜ必要なのか，そこに心理職がかかわる意義は何かと問われることがあるとすれば，その答えはまさにここにある。犯罪被害者支援の主眼は，「Victim から Survivorへ」の支援であるといわれる。「心的外傷」と名付けられた心のありように想いをはせ，その正体を探しケアをしながら，被害後の人生再建に伴走する。それが私たち心理職の役割であり，同じ社会に生きる一人の生活者としての責務でもあろう。

　本章では，日本における犯罪被害者支援の沿革を踏まえながら，支援の必要性や私たち心理職がかかわる犯罪被害者とその支援の実際を述べていきたい。

## ●日本における犯罪被害者支援の歩み

### （1）「忘れられた人」からの脱却

　一般に「犯罪被害者」といわれる時，私たちは，加害者との二者の構図を容易に想像する。

だが，法的に紐解いてみると，犯罪は単に加害者―被害者といった個人間の問題ではなく，社会や国家の問題として捉えられてきたことがわかる。

　刑事裁判の実際の法廷の様子を思い浮かべてみてほしい。法廷の中にいるのは，公の立場から訴えを起こした検察官と，被告人とその弁護人，そして，裁判所の判事（裁判員裁判の場合は判事に加え裁判員）だ。犯罪被害者の定席はそこにはない。2008 年に「被害者参加制度」が開始され，殺人や傷害，危険運転致死傷，強制性交等など，一定の事件については，刑事裁判への参加が認められるようになったが，私的制裁を克服しながら整備された近代法（庭山，1999）によって，犯罪被害者は長い間，事件の当事者であるにもかかわらず，犯罪事実を解明するための参考人や証人にしか過ぎない存在として蚊帳の外に置かれてきた（甲斐，1999）。報復権だけでなく，自分が巻き込まれた被害の全容，つまり，「なぜこんなことが起きたのか。なぜ被害に遭わなければならなかったのか」といった真実を納得するまで十分に知るという，回復には欠かせない道程を踏む機会すら奪われた。そして，「忘れられた人（forgotten man）」（田口，1995）として，社会の中でも適切な支援を受けることなく，孤立し放置されてきたのである。

### （2）犯罪被害者支援の沿革

　**1）支援の萌芽（1960 年代〜 1980 年代）**　　犯罪被害者支援の道程は，まさにこの「忘れられた人」からの脱却の歩みといえる。欧米から 30 年ほど立ち遅れたといわれる日本だが，史的なスタートは，市民運動や立法論が展開され始めた 1960 年代半ばに遡る。通り魔殺人事件（1966 年）で，19 歳の少年に一人息子を殺害されたご遺族が，犯罪被害者の保護等を訴え立ち上がった。また，死者 8 名，負傷者約 380 名を出した三菱重工ビル爆破事件（1974 年）を契機に，犯罪被害者への補償を求める声が高まり，1981 年に公的支援の第一歩として「犯罪被害者等給付金支給法」が施行された。これが，その後の支援につながる萌芽となった。

　しかしながら，支援はすぐに停滞期を迎えた。国連では，1985 年に「犯罪及び権力濫用の被害者に関する司法の基本原則の宣言」が採択され，犯罪被害者への理解を深めると同時に，被害者に対する配慮や支援の必要性がうたわれた。わが国でも法学者を中心に，いわゆる「被害者問題」として，徐々に注目されるようになったが，その実情が広く知られることはなく，1980 年代は「支援が必要な犯罪被害者」の姿を社会が見出すことのできない時間が続いた。

　**2）本格始動と支援の総合的展開（1990 年代以降）**　　支援の要請が高まりを見せるのは 1990 年代に入ってからのことである。1991 年に開かれた犯罪被害給付制度の発足 10 周年記念シンポジウムで，一人の被害者が「今の日本では，被害者は大きな声で泣くことさえできず，じっと我慢するほかない」「ぜひ被害者の精神的サポートをするシステムをつくってほしい」と声をあげた。犯罪被害者の潜在化した苦しみと，支援を求める切実な思いがこめられたその言葉に背中を押されるかのように，犯罪被害者に対する本格的な支援が動き出した。

　そして，シンポジウムの翌年，日本で初めての「犯罪被害者相談室」が開設された。一本の専用電話を引いただけの小さなスタートだったが，精神医学の専門家たちが，暴力被害，殺人被害，性暴力被害それぞれの心理的特徴を明らかにし，そのケアと支援の重要性を訴えた。

　また，1992 年から行われた実態調査によって，潜在的な支援ニーズがあること，犯罪被害はその後の生活や心身に大きく影響することが明らかになり，支援体制の構築は一気に加速し

た。心理社会的な支援を中心とした組織的な民間支援活動が広がりを見せ，その後，全国被害者支援ネットワークが発足，2010 年には加盟の民間 48 団体が各地で支援を展開するに至った。

　警察や検察庁，裁判所など，捜査や司法機関でも取り組みが進み，法律そのものの整備や拡充も進められた。中でも，2004 年に成立した「犯罪被害者等基本法」は犯罪被害者支援を総合的に展開する礎となった。5 年ごとに策定される「犯罪被害者等基本計画」に，犯罪被害者が「事件の当事者」であり，「刑事司法は犯罪被害者等のためにもある」と記述されたことも，「忘れられた人」から一歩脱却した証として歓迎された。

表Ⅲ-4-1　日本における犯罪被害者支援の主な歩み

| 年 | できごと |
| --- | --- |
| 1974 | 三菱重工ビル爆破事件発生 |
| 1981 | 「犯罪被害者等給付金支給法」施行 |
| 1990 | 「日本被害者学会」設立 |
| 1991 | 「犯罪被害給付制度発足 10 周年記念シンポジウム」開催<br>　※全国規模の犯罪被害者実態調査と組織的被害者支援活動開始の契機となった。<br>福岡地方検察庁で全国に先駆け「被害者に対する通知制度」を導入 |
| 1992 | 東京医科歯科大学難治疾患研究所に日本で初めての「犯罪被害者相談室」開設<br>犯罪被害者実態調査開始（〜 1994 年） |
| 1996 | 「犯罪被害者支援フォーラム」開催<br>　※日本被害者学会と犯罪被害者救援基金，犯罪被害者相談室が共催し，警察庁が後援。以後，毎年定期的に開催されるようになった。<br>警察庁において「被害者対策要綱」を策定，全国警察に通達<br>警察庁長官官房給与厚生課に「犯罪被害者対策室」設置 |
| 1997 | 日本弁護士連合会「犯罪被害回復制度等検討協議会」（現「犯罪被害者支援委員会」）設置 |
| 1998 | 被害者支援の向上を図るための民間全国組織「全国被害者支援ネットワーク」設立 |
| 1999 | 全国被害者支援ネットワークが起草した「犯罪被害者の権利宣言」発表<br>警察において「指定被害者支援要員制度」実施<br>検察庁において「被害者等通知制度実施要領」実施<br>　※①起訴・不起訴等の処分結果，②公判裁判所，公判期日，③裁判結果等が通知されることになった。<br>各検察庁に「被害者支援員」を配置<br>政府に「犯罪被害者対策関係省庁連絡会議」設置 |
| 2000 | 犯罪被害当事者らが「全国犯罪被害者の会」（通称：あすの会）結成　（2018 年に解散）<br>犯罪被害者保護のための二法「刑事訴訟法及び検察審査会法の一部を改正する法律」及び「犯罪被害者等の権利利益の保護を図るための刑事手続きに付随する措置に関する法律」施行<br>　※裁判での優先傍聴や意見陳述，公判中の記録の閲覧・謄写が可能になったほか，証言時のプライバシー保護や安全への配慮がなされるようになった。<br>「ストーカー行為等の規制等に関する法律」施行<br>「児童虐待の防止等に関する法律」施行 |
| 2001 | 「少年法等の一部を改正する法律」施行<br>　※刑事処分年齢が 16 歳以上から 14 歳以上に引き下げられたほか，被害者等が意見を述べたり審判結果の通知を受けたりすることが可能となった。<br>「犯罪被害者等給付金の支給等に関する法律」における犯罪被害給付制度の拡充に関する規定の施行<br>　※重傷病給付金の新設，障害給付金の支給対象となる障害の範囲の拡大，民間被害者援助組織の活用等に関する内容が新たに盛り込まれた。 |
| 2004 | 「犯罪被害者等基本法」成立<br>　※総合的かつ長期的に講ずべき施策の大綱（犯罪被害者等基本計画）の策定を規定し，5 年ごとに策定が続けられている。 |
| 2008 | 「被害者参加制度」開始<br>　※法廷に着席し裁判に出席すること，被告人や証人に質問すること，論告・求刑等に意見を述べることなどが認められるようになった。 |

　なお，これら犯罪被害者支援の主な歩みを表Ⅲ-4-1 にまとめた。参考にされたい。

## ◉犯罪被害者支援における心理職のかかわりの実際

### (1) 犯罪被害がもたらす心理的危機状況

　犯罪被害という衝撃的な体験が，心身面，行動面，思考面と多岐にわたって大きな影響をもたらすことは，広く知られるところである（表Ⅲ-4-2）。日本初の「犯罪被害者相談室」が精神科医の手で開かれたことに象徴されるように，支援の中核に，PTSD（Post Traumatic Stress Disorder：心的外傷後ストレス障害）を含むストレス反応やトラウマに対する心理的ケアがあることも言うまでもない。

　しかしながら，犯罪被害とは，自他への信頼が一気に崩れ落ちる喪失体験でもある。意識せずとも安心感に守られながら生活している私たちにとって，犯罪被害は社会から裏切られる痛烈な体験となり，それまでの世界観を喪失させる。そのため，犯罪被害者に対する心理支援は，心的外傷へのケアのみならず，社会や自他と再びつながり，関係を結び直すこと，他者との共感性や社会に対する安心感を取り戻し，基本的信頼感を再構築することが目標となる。

　発達途上にある子どもが被害に巻き込まれた場合は，心身の発達が阻害されるだけでなく，安心感や信頼感，自己肯定感が獲得しづらいなど，人格形成の基盤に負の影響を与えることが知られている（島田，2020）。そのため，感情の適切な表現方法の獲得なども目指すところとなってくる（村瀬，2001）。

### (2) 犯罪被害者への心理支援の実際

　犯罪被害者支援には，大きく分けて，経済的支援，法的支援，実務的な支援の三つがある。実務的支援は，事件発生現場や病院，被害者宅などにおける危機介入，警察や裁判所など関係機関への同行，身の回りの生活支援，身体的精神的な治療など多岐にわたり（東京医科歯科大学犯罪被害者相談室，1999），被害に遭った早期から入ることが，その後の回復に大きく影響するとされる。

　心理職がかかわることが多いのは，実務的支援の中でも，危機介入，電話や面接による相談支援，プログラム化された心理療法の実施，刑事手続きへの付き添いや関係機関との連携，犯罪被害当事者グループ（自助グループ）のサポートなどである。また，間接的に被害者に還元させること（中野，2011）も広義の支援だとすれば，刑務所や少年院など矯正施設における矯正教育へのかかわりや，支援者の後方支援，犯罪被害者に関する調査研究なども，心理職がその役割を担うことがある。

　ところで，電話や面接による相談支援，心理療法プログラムによるアプローチを除けば，多くがアウトリーチ型の支援である。心理技法を使ったアプローチについては，本書第Ⅱ部に詳しいため，ここではアウトリーチ型支援に焦点づけて，その実際を紹介したい。

　相談室で来談者を待ち，面接をするのが心理支援の従来のあり方だとすれば，アウトリーチ型支援は「応用編」のようなものである。災害時や福祉領域等でもアウトリーチが行われるが，いずれにも共通するのは，支援を受ける側が「困ってはいるが，能動的に支援を求める状態にない」ということである（西脇・坪井，2018）。

　田嶌（2016）は「援助が必要な人ほど相談意欲がないことが多い」として，その人のもとに

表Ⅲ-4-2　被害体験がもたらす影響（被害後に見られる反応や変化）

| 身体面への影響 | 心理面への影響 | 行動面への影響 | 考え方への影響 |
|---|---|---|---|
| 眠れない・眠りが浅い | 事件が頭によみがえる | 外出を避ける | 自分を責めてしまう |
| 食欲がない・過食してしまう | 悪夢を見る | 仕事や学校に行けない | 自分に自信がなくなる |
| 身体が重くだるい | 考えたくないのに考え込んでしまう | 乗り物に乗れない | 自分に価値がないと思える |
| 疲れやすく疲れが抜けない | 気持ちが自分から切り離されたように感じる | 仕事や勉強に集中して取り組めない | 誰も信用できない |
| 頭やお腹が痛い | イライラして怒りっぽい | 家族との衝突が増える | 孤独感を覚える |
| 下痢をする・便秘になる | | たばこやお酒の量が増える | 悲観的なものの見方になる |

表Ⅲ-4-3　刑事手続きにおける主なアウトリーチ型支援内容

| 支援場面 | 支援内容 |
|---|---|
| 事情聴取 | 事情聴取への付き添い<br>被害者の心理状態について検察官等へ助言<br>事情聴取後のフォローアップ面接 |
| 裁判での証言 | 証人テスト*への付き添い<br>証人テスト後のフォローアップ面接<br>証言への付き添い<br>証言後のフォローアップ面接 |
| 裁判の傍聴 | 傍聴支援（傍聴への付き添い・代理傍聴）<br>傍聴後のフォローアップ面接 |

＊検察側証人として証言する際に事前に行うリハーサルのこと

　出かけていき，その場でかかわるアプローチを提案している。犯罪被害者は，これまでとは大きく異なる現実に悲嘆しつつも，「困っていることは何か」という問いに明確にこたえられない心理状態のまま生活を送ることが少なくないため，支援を求める内発的な動機付けが低い。また，心理支援を受けること自体が，自己統制できない自身を認めてしまうような感覚や，カウンセリングを受けることへのスティグマを抱えている場合もある（瀬藤・前田，2019）。そもそも安全だと感じることのできない社会に犯罪被害者が出かけていくよりも，「その人のもとに出かけていく」のは現実的で負担の少ない心理的アプローチであることは間違いない。

　犯罪被害者に対するアウトリーチ型支援の場のひとつに刑事手続きがある。自ら望んだことではないが，捜査機関での事情聴取や裁判は，被害者の生活に確実に入り込み，それまで考えてもみなかった体験を数多く強いることになる。そこで，手続きのそれぞれの必要な場面に支援者が出かけていき，心的負担の軽減をはかったり，二次被害を最小限にとどめたりすることが，その後の回復につなげるための支援となる。

　表Ⅲ-4-3は，刑事手続きにおける主な支援内容である。これらの場面で，心理職は，傾聴，アセスメント，関係者支援など，その職能を発揮して支援にあたることになる。

　**1）傾聴**　　傾聴は言うまでもなく心理臨床の基本であるが，社会への不信感も強い犯罪被害者の場合，丁寧に話を聴く姿勢は，気持ちの氷解に欠かせない。また，傾聴は，ぼんやりとしていた困りごとの輪郭を浮かび上がらせることにも作用する。裁判所の廊下や休憩中の傍聴席など，構造化されていない空間が傾聴の場となることも多いが，あらためて被害事実と向き合わざるを得ない司法の場だからこそ，沸きあがってくる怒りや憤り，悲しみ，苦しみ，気持

ちの高ぶりがある。一人で抱えて帰路につくには余りあるその思いを分かち合う時間は，犯罪被害者が現実の時の流れに戻るためのつなぎの役割も果たす。「隣にいてくれただけで心強かった」という被害者の声を聴くことがあるが，わかってくれる（あるいは，わかろうとする）人がいるということ，その人が心の専門家であるということだけでも安心感につながるところがあるのだろう（西脇，2021）。

　2）アセスメント　　適切な支援を考えるにあたって，アセスメントは欠かせない。被害者のみならず，家族や支援者を含めた関係者の様子，あるいは，その関係性等について，アセスメントを行うことは支援の重要な基盤となる（榊原，2019）。

　アセスメントツールを使えない刑事手続きの現場では，心身の状態はどうか，心的外傷はどの程度か，被害による喪失体験をどのように受け止めているかといったことについて，言葉だけでなく，様子や表情など，非言語的な情報も役立てながらアセスメントをする。また，事情聴取や証言の中で，フラッシュバックや解離症状が生じることがあるため，その場での心の動きを細やかに見ながら，状態によっては，休憩時間を設けてもらうなどの働きかけをすることもある。さらには事後，必要に応じて，ストレス反応等に関する心理教育や，支援リソースについての情報提供をすることもある。そのため，支援者は，被害後の心理やトラウマ，喪失に関する知見のほか，必要最低限の法的知識や資源情報を備えておく必要がある。

　3）関係者支援とコンサルテーション　　多職種と連携しながらかかわる現場では，他職種の支援者から，被害者へのかかわり方について助言を求められることがある。また，「被害者のつらい気持ちに，どう声をかければよいか」と率直に聞かれることもある。こういうときのコンサルテーションは，関係者の後方支援につながる側面がある。

　なお，関係者支援には，被害者家族支援も含まれる。近い存在だからこそ，被害について語り合えないという経験は，被害者家族の多くが経験するところである。そういう家族としての戸惑いや大変さをフォローすることも心理職の役割となる。

## （3）支援者として留意しておきたいこと

　心理支援をする上で留意しておきたいことに，犯罪被害者ならではの心理的体験（多重的な被害，回復への心理的抵抗，加害者の存在など）のほか，支援者側の二次受傷や，被害者との対等な関係の維持がある。それらについて，以下に述べたい。

### 1）犯罪被害者ならではの心理的体験

　**多重的な被害体験**　　犯罪被害者は，犯罪の直接の被害を受けるだけでなく，その後も，二次的三次的な被害にさらされる（宮澤，1992）。辰野（1995）は，刑事手続きやマスコミの取材報道，身近な人間関係の中で，心ない対応をされ社会的精神的に傷つくことを二次的被害とするが，実は，配慮や支援が得られる状況下でも，犯罪被害者が二次的に傷つく場面はそこかしこに転がっている。たとえば，性暴力被害者にとっての被害後の医療機関受診がそうだ。証拠採取とはいえ，医師の診察は，見知らぬ人にプライベートゾーンを不本意に触れられることにほかならず，心的負担が大きい。警察や検察庁での事情聴取もまたしかりだ。事件に関する話を何度も聴かれること自体，繰り返し被害にさらされる体験となるのは言うまでもない。また，

事件の日のできごとや，それまでの人間関係など，自らの生活に関して事細かく聴かれるうちに，「犯罪被害に遭った原因は，自分の人生に何か落ち度があったからなのか」と思え，自責の念を強くし，傷つきを深めることもある。そして，二次的に傷ついた犯罪被害者が，誰にも相談することができずに孤立し，社会生活にも支障をきたすことが三次的被害につながっていく。

　このように，犯罪被害者は多重的な被害体験を強いられる。言い換えれば，犯罪被害とは，直接被害に遭ったその時の体験のみならず，一定期間「被害に遭う」状態に留め置かれるということだろう。そのため，心理支援では，直接被害に加え，この二次的三次的被害にかかわる傷つきにも十分に思いをはせながらケアにあたる必要がある。

　**回復することへの抵抗**　当たり前のことだが，支援は犯罪被害者が回復するためのものである。だが，実際に支援にあたっていると，犯罪被害者の中に回復への強い抵抗を感じることがある。それは，たとえていうなら，傷口が癒えてせっかくかさぶたになったにもかかわらず，そのかさぶたを力づくではがし，再び血が流れ出すような感覚，あるいは，被害に遭った時点に一緒にぐっと連れ戻されるような感覚として，支援者に伝えられる。

　こういう回復への強い抵抗は，特にご遺族の立場，それもお子さんを亡くした親御さんからよく示される印象がある。ご遺族は，事件に巻き込まれて亡くなった家族を思い，「助けてあげられなかった」という自責の念に駆られ，サバイバーズ・ギルト（生き残ったことへの罪悪感）に苛まれる。あまりのショックと，有無を言わさず流れていく現実の時間を前に，十分に死を悼むことすらできないまま，自身が生きていることへのまんじりともしない気持ちを抱え込む。そして，時が過ぎ，周囲からは「だいぶ元気になったね」などといわれるようになるころ，亡くなった家族の声の記憶や思い出が遠ざかっていることをある日，強く実感し，「自分は人としてなんと無慈悲なのか」とあらためて自分を責め，回復することへの抵抗感がますます高まる──そんな様子に出会うことがある。

　深い絶望の淵にしがみつくようなその犯罪被害者の様子に，かける言葉も見当たらない思いになるが，絶望の淵から無理やり引き離すのではなく，ただひたすらそこに一緒に居続けることが唯一最大の支援になる場合もあることを覚えておきたい。

　**怒りをぶつけるべき加害者との関係喪失**　犯罪被害が自然災害による被災と大きく異なるのは，自分に被害を与えた相手，つまり，加害者が必ず存在するということである。言い換えれば，それは怒りを表出すべき対象がはっきりしているということでもある。

　ボウルビィ（Bowlby, 1980）は，大事なものを喪失したとき，喪の仕事（モーニングワーク）として，段階的な心理的克服活動が行われるとしたが，その回復過程には，怒りの表出も必要な要素に含まれる。だが，未解決事件はもとより，加害者が特定され逮捕，起訴された場合でも，その身柄を拘束されていたり，刑事手続きの中で対峙することになったりするため，加害者に対し直接問いただし，怒りをぶつけるような機会が十分にもてない。そのことによって，怒りや憤りを内包せざるを得ず，あるいは，その一部を自身で引き受けざるを得ず，喪の仕事が抑圧され滞り，「時期遅れの喪（delayed mourning）」が出現したり，悲哀から回復しない「慢性化した喪（chronic mourning）」の過程（小此木・平島，1998）が観察されたりする場合がある。

このように時間をかけた回復過程があることを前提に，中長期的に支援していく必要がある。

**2) 支援者の二次受傷**　犯罪被害のようなトラウマ体験は，その物語を聴く側にも強烈な感情を誘起させ，訓練や経験を積んだ専門家でさえ，安全な空間や共感的態度を継続的に提供するのが困難になるとされる。また，対人援助職にとって利点とされる共感性や人間性，繊細で献身的な態度が，かかわり手としての脆弱要因になることもある（大澤，2002）。構造化された心理面接とは異なり，アウトリーチが多く，構造や契約が緩い枠組みの中で展開される犯罪被害者支援においては，専門職としてのアイデンティティが揺らぎ，ときに「役に立たない自分」を責め，ときに「救済者になりたがっている」自分にたじろぐようなこともある（西脇・坪井，2018）。

これらは，心的外傷を負った人にかかわる際に生じる外傷性ストレス反応，いわゆる二次受傷と深く関係している。二次受傷は，犯罪被害者支援が始まってまもなくクローズアップされた概念で，災害時支援などでも欠かせない視点だが，支援者間でもっと理解が広まり，それぞれがそれに自覚的である必要がある。「共感的疲弊（Compassion Fatigue）」（Figley，1995）や「思いやりの代償（cost of caring）」と呼ばれる心身の疲労，PTSD症状にみられるような回避，再体験，覚醒亢進症状などについて，高い感度をもち，セルフモニタリングとセルフケアを欠かさないことが，息の長い支援につながる大事な要素となる。

**3) 対等な支援者 - 被害者関係の維持**　犯罪被害者支援を社会学的視点から研究している岡村（2015）は，対等な支援者 - 被害者関係が被害者の主体的な立ち直りを支えると指摘する。それは，当初，被害者学者らが，犯罪被害者を「無力で弱い」と位置づけ，支援ではなく「救済」しようとしてきたことの反省を踏まえた言説にほかならないが，支援関係者であれば，対等ではない関係が，被害者に二次的被害を与える加害行為に反転する可能性があることを体験的に知っている。

人には，もともと自分自身で回復しようとするレジリエンスや，援助要請（help seeking）の力が備わっている。その主体的な力を頼りにサポートすることを支援の基本姿勢としなければ，むしろ，レジリエンスを阻害したり，支援者に不要に依存させるような事態を招いたりして，結果，回復を遅らせてしまうような状況も生じる。

犯罪被害者といえども，自立して生きてきた一人の生活者である。被害に遭うことによって，これまでのようには生活できなくなったこと，自己統制がうまくいかなくなったことへの傷つきを思いやりつつ，人としての対等な関係を尊重することを忘れてはならない。

## ●おわりに

ここまで犯罪被害者支援の概要と，かかわりの実際を述べてきたが，この領域を担っている心理職は決して多くはない。だが，医療，福祉，教育，産業など，どの領域にあっても被害体験のあるクライエントと出会う可能性はあるわけで，そう考えると，犯罪被害者の心理やその支援に関する造詣を深めることは，心理職の基本といってもいいだろう。

一方，カウンセリング費用の公的負担制度があるとはいえ，その金額や利用できる対象の拡充，検察庁や裁判所など関連機関等への人員配置など，心理職が安定的に支援に携われるよう

な公的整備も要請したいところである。

　「加害者は刑期を終えればおしまいかもしれないが，犯罪被害者は被害者をやめることができない」という当事者の声を重く受け止めて，息の長い支援ができるよう，私たち心理職もこの問題に途切れない関心を寄せながら研鑽を重ねていきたい。

## 引用文献

Bowlby, J.（1980）. Attachment and loss（Ⅲ），Loss: Sadness and depression. London: The Hogarth Press.

Figley, C. R.（1995）. Compassion fatigue as secondary traumatic stress disorder: An overview. in C. R. Figley（ed.），*Compassion fatigue: Coping with secondary traumatic stress disorder in those who treat the traumatized*, New York: Brunner/Mazel, pp.1-20.

甲斐行夫（1999）．刑事手続における犯罪被害者等の保護に関する従前の法整備等の状況と立法的課題　ジュリスト，**1163**，13-17.

宮澤浩一（1992）．被害者学の現況　被害者学研究，**1**, 25-43.

村瀬嘉代子（2001）．児童虐待への臨床心理学的援助　臨床心理学，**1**(6)，711-717.

中野明人（2011）．犯罪被害者の実情と想いを知る　長崎短期大学研究起用，**23**，1-8.

西脇喜恵子（2021）．司法の現場における被害者支援と心理的ケアの実際　上宮愛・田中晶子・安田裕子（編著）　児童虐待における司法面接と子どもへのケア―基礎研究から新たな実践へ　北大路書房　pp.65-79.

西脇喜恵子・坪井裕子（2018）．犯罪被害者支援における心理臨床的かかわりの現状と課題　名古屋大学心の発達支援研究実践センター心理発達相談室紀要，**33**，13-22.

庭山英雄（1999）．犯罪被害者救済と適性手続　法と民主主義，**341**，2-4.

岡村逸郎（2015）．犯罪被害者における「対等」な支援者―被害者関係の社会的構築―2次被害の概念を用いた被害者学者の活動に関する歴史的考察　犯罪社会学研究，**40**，87-99.

小此木啓吾・平島奈津子（1998）．対象喪失とモーニング　小此木啓吾・深津千賀子・大野裕（編著）心の臨床家のための必携精神医学ハンドブック　創元社　pp.142-156.

大澤智子（2002）．二次受傷―臨床家の二次的外傷性ストレスとその影響　大阪大学教育学部年報，**7**，143-154.

榊原久直（2019）．親子を支える多機関・他職種連携臨床における心理職の役割―支援者支援の視点としてのアタッチメント理論　神戸松蔭こころのケア・センター臨床心理学研究，**14**，2-7.

瀬藤乃理子・前田正治（2019）．災害とグリーフワーク　精神療法，**45**(2)，193-199.

島田正亮（2020）．福祉分野から―児童虐待の現状と公認心理師の役割　杏林医学会雑誌，**51**(1)，35-38.

田口守一（1995）．司法手続における犯罪被害者の法的地位　現代のエスプリ，**336**，122-129.

田嶌誠一（2016）．その場で関わる心理臨床―多面的体験支援アプローチ　遠見書房

辰野文理（1995）．被害者の受ける第二次被害と第三次被害　現代のエスプリ，**336**，57-65.

東京医科歯科大学犯罪被害者相談室（編）（1999）．犯罪被害者の心理と援助―被害者援助に携わる人のために　東京医科歯科大学犯罪被害者相談室

# 5

# 自死遺族支援

## ◉はじめに

　大切な人との死別は，人生の中で経験する重大な危機である。リンデマン（Lindemann, 1944）はボストンのナイトクラブで発生した火災で亡くなった人々の遺族への介入を通して急性悲嘆反応の特徴を見出し，この研究が危機介入理論の発端の一つとなった。突然の死別は強い悲嘆を示すといい（Lindemann, 1944），自死による死別は大きな危機であり耐え難い苦痛を遺族に与えることから，長年支援の必要性が指摘されている。

　本章では，死別後に自死遺族がどのような状況にあるのか，死別後の反応や心理的支援の一部である「わかちあいの会」や「遺族のつどい」と呼ばれる活動について紹介する。

## ◉自死遺族をめぐる状況

### (1) 自殺，自死，自死遺族という用語

　自殺という言葉は遺族に苦痛を与えることがある。「殺」という文字のもつイメージから，故人や遺族に対する偏見や差別につながりやすい表現である。自殺対策における基本認識として，自殺は自らの意志で選択したのではなく「その多くが追い込まれた末の死」であるという点から，自死遺族からは「自死」という用語を使うことを望む声がある。NPO法人全国自死遺族総合支援センター（2013）は，使い分けをするためのガイドラインの中で，行為については「自殺」を用い，遺族や遺児に関する表現としては「自死」を用いることを提示している。地域や団体によって用い方はさまざまであり，「自殺」をすべて「自死」と置き換えている地域もある。小山（2014）は，遺族支援に携わる際，自殺という言葉が遺族に与える影響について理解することが重要という。

　一人の自死により影響を受ける人が5人〜10人いるとされ，これまで非常に多くの人が大切な人の自死により影響を受けている。遺族とは通常故人の親族のことを指すが，遺族支援の現場では親族のみならず友人や恋人，同僚など故人との関係性によりさまざまな影響を受けている人を対象としていることが多いため，本章でも，自死により影響を受けた人を自死遺族とする。

### (2) 自殺予防と自死遺族支援

　わが国では1998（平成10）年以降自殺者数3万人を超え，自殺対策は喫緊の問題として，2006（平成18）年に自殺対策基本法が制定・施行された。これにより，長年個人の問題と考え

られていた自殺が社会の問題として認識されるようになった。2012（平成 24）年以降自殺者数は 3 万人を下回っているが，厚生労働省自殺対策推進室・警察庁生活安全局生活安全企画課（2020）によると 2019（令和元）年の統計では未だ 2 万人以上の人々が自殺しており，諸外国と比較しても依然高い水準である。

　自殺対策というと自殺予防に重点が置かれがちだが，自殺対策基本法の成立にあたり自殺予防に取り組む団体だけでなく自死遺族支援を行う団体の働きかけもあり，自死遺族支援について明記されることとなった。自殺対策基本法では，「誰もが自殺に追い込まれることのない社会の実現を目指して」〜中略〜「自殺対策を総合的に推進して，自殺の防止を図り，あわせて自殺者の親族等の支援の充実を図り，もって国民が健康で生きがいをもって暮らすことのできる社会の実現に寄与することを目的とする」（自殺対策基本法第 1 章第 1 条より抜粋）としている。自殺予防は非常に重要なテーマであり，自死遺族はもうこれ以上自分と同じような苦しみを抱える人を増やしたくない，もっともっと生きていて欲しいという思いで自殺予防に取り組むことがある。また，亡くなった人の後を追って自分も死にたいと希死念慮を抱えることがあるため，自死遺族支援が自殺予防につながるという考え方がある。

　しかし，自殺予防という言葉は時に自死遺族を苦しめることがある。自死遺族の心理の一つとして自責感は非常に強く，自殺は防げると言われると，自殺を止めることができなかった自分をさらに責めてしまう。また，大切な人は一生懸命生きてきたにもかかわらず，悪いことをしたと言われているようで，さらに気持ちが落ち込んでしまうこともある。

　自殺対策基本法制定前，自死遺族支援は一部の地域で行われているだけであったが，制定後各都道府県で遺族支援が開始されている。原見ら（2019）は全国の自死遺族支援事業の実態調査を行い，行政直営事業や委託事業，補助事業として，電話相談や対面相談，わかちあいの会，支援者向け研修，住民向け研修会などがあると報告している。自殺総合対策推進センター（2018）は，自死遺族支援は総合的な視点をもち心理面・生活面において必要な支援を行うことを目指すとしている。

## ●自死による死別後の反応

### （1）死別後のグリーフ（悲嘆）

　大切な人を亡くしたときに起こる反応をグリーフという。これは大切な人が亡くなった後に誰にでも起こる正常な反応であり心理面・身体面・行動面などに現れ，時間とともに変化し軽減していくものである。グリーフは個別性が高く一人ひとり異なり，正解はない。

　ウォーデン（Worden, 2008）は，グリーフに影響を与える要因として，死別対象，愛着の性質，死因，過去の喪失経験や既往歴，パーソナリティ（年齢，性別，コーピングスタイル，愛着スタイル，認知スタイル，自我の強さ：自尊感情と自己効力感，想定された世界：信念と価値観），社会的変数（ソーシャルサポートへの満足感，社会的役割への関与など），連鎖的ストレスをあげている。

　グリーフは正常な反応であるが，さまざまな要因が重なることにより時に苦痛が長期化し日常生活に支障をきたすことがあり，複雑化することがある。DSM-5 では持続性複雑死別障害として今後研究が必要な病態として取り上げられており，医療やカウンセリングなど専門的な支援が必要となる。特に自死の場合には，グリーフが複雑化しやすいことが知られており，遺

族が第 1 発見者となりトラウマを抱えることもある。臨床の現場で複雑なグリーフを抱えた遺族と出会うことは少なくない。

## (2) 自死によるグリーフの特徴

　高橋（2004, 2012）は自死により遺された人々の特徴として，驚愕，ぼう然自失，離人感，記憶の加工，否認・歪曲，自責，抑うつ，不安，疑問，怒り，他罰，救済感・安堵感，合理化，原因の追及，周囲からの非難，二次的トラウマ，記念日反応を経験するという。救済感や安堵感は故人が病気を患っていたり問題行動を繰り返していたりする場合に起こり，同時にそのような感覚をもつ自分に対して酷い人間だと自分を責めることがある。また，故人に関する記念日（命日や誕生日など）に，強いグリーフ反応を示すこともある。このような問題に加え，身体症状や持病の悪化，群発自殺（ある人が自殺した後に複数の自殺が続いて起こる）が問題として起こる（高橋・福間，2004，高橋，2012）。

　また，自死遺族は「なぜ」という永遠の問いを抱える。「なぜ自殺してしまったのか」「なぜ止められなかったのか」「なぜ私を置いていったのか」「なぜこんな目に合わないといけないのか」など多くの問いが生まれる。高橋と福間（2004）は，さまざまな形の「なぜ」が完全に解消されることは無いが，正しい知識や情報など自殺に関する客観的な情報がこころの整理に必要という。

## (3) 家族内のグリーフ

　一人の人が亡くなると，同じ家族を亡くしたとしても故人との関係性によりグリーフ反応に違いがあり，家族内でもグリーフを共有しづらく互いにサポートし合うことが難しい場合がある。時には，家族同士で自死の原因をめぐり対立し関係が悪化したり，互いに傷つけ合うような発言をしたりすることもある。

　小さな子どもがいる場合には，伝えるのが辛い，言ってもわからないだろうと子どもに自死であることを伝えないこともあり，子どもにとっては自分だけ知らされていなかったことやそれを成長して思わぬところから知ることでさらに傷つくことがある。

## (4) 二次被害

　自死に対しては，社会的な偏見や差別がありそのことにより遺族は二次被害を経験する。世間からの偏見や差別を恐れ，周囲には事故死や突然死と伝え自死という事実を家族内に留めていることもある。

　死について詮索されることや，周囲が善意と思って発した言葉が遺族を傷つけることがある。また，職務上の警察官からの取り調べによっては，遺族が犯人扱いされたように感じることもある（高橋，2012）。

　岡本（2017）は二次被害についての調査を行い，精神的，身体的苦痛や生活的，経済的，社会的な面など多様な面での二次被害を報告している。その主な項目として，①親族や周囲の人々からの偏見の目や対応，非難の態度，②支援機関，団体などの支援者による偏見や差別の言動からの精神的被害，③警察による事情聴取や自死者の扱いについての苦痛や屈辱，不快感，④自死の起きた賃貸建物への多額の損害賠償金の請求についてのさまざまな問題，⑤その他の二次被害（生命保険や住宅ローン，未遂の場合の治療費など）があるという（岡本，2019）。

# ●自死遺族の「わかちあいの会」「遺族の集い」

　自死遺族は，偏見や差別，二次被害などから，周囲に自分の気持ちを打ち明けることが難しく，自分の中に抱え込んでしまうことがある。遺族が1人で抱え込まないよう，自身の経験や気持ちを安心して語り合える時間をもつ「わかち合いの会」や「遺族の集い」と呼ばれる活動がある。これらの自死遺族支援グループ（以下グループと表記）の概要を紹介する。

## (1) 開催頻度，時間

　通常1～2ヵ月に1回，2時間前後の時間で開催されている。

## (2) 内容

　死別に関する自身の経験や気持ちなどを自由に語り合う。話したい人が話し，参加したからといって無理に話す必要はない。参加者の人数によっては，死別対象，年齢，性別などでさらに小グループに分かれることもある。

## (3) 参加者

　基本的に自死遺族だけを対象にしているが，死因を特定せず自死遺族を含めた支援を行う団体もある。参加者の中には，死別後すぐに参加する人もいれば，グループの情報は知っているが少し時間が経過して参加する人，また数十年経って参加する人など，参加するタイミングはそれぞれだ。自死遺族は，周囲に自死である事実を伝えていないこともあり，人に知られたくないという思いを抱えている場合地元では参加せず遠方のグループに参加する人もいる。また，ニックネームや匿名での参加が可能な団体もある。

## (4) スタッフ，スタッフの役割

　グループの中には，当事者だけで活動するセルフ・ヘルプ・グループと，専門家や自死遺族以外の支援者がスタッフとして参加するサポート・グループの活動がある。心理職が支援者としてサポート・グループの運営に携わることがあり，運営が行政の場合は専門職が中心となることが多いが，遺族スタッフや市民ボランティアが運営の中心となり専門職は後方支援として活動している団体もある。遺族支援の現場は行政，民間団体，遺族ボランティア，市民ボランティア，専門職などさまざまな機関・団体・人の連携や協働によりそれぞれの特性を活かして支援にあたることができる。

　スタッフは，参加者が安心して過ごせるよう会場内で配慮を行い，語り合いの場でファシリテーターを務め全体の流れをマネージメントし，参加者の話を傾聴する。医療現場やカウンセリングルームなどで治療を目的としたグループもあるが，本章で紹介しているグループは治療を目的とせず，遺族が安心して過ごし自由に自分の思いを語ることを目的としている。

　専門家や遺族以外のスタッフが支援に携わる場合に大事になってくるのは，スタッフ自身のグリーフの問題である。過去に未解決のグリーフを抱えている場合や支援にあたる近い時期に死別を経験している場合には，参加者と自分のグリーフを混同してしまい話を聴くことができないことがある。グリーフサポートの支援者となる場合のトレーニングとして自分自身の喪失体験を振り返り，自分のグリーフに気づいておくということは非常に大事なこととなる。

## （5）安心して参加できるためのルール

安心して語り合えるようグループ内でルールを設けているところもある。参考にルールの例をあげる。

①自分のことを話す
②守秘義務：参加者もスタッフもここで聞いた話は外で話さない
③他者の発言に対して評価・批判しない
④安易な慰めや不要なアドバイスをしない
⑤他者の経験と自分の経験を比較しない
⑥話したくない時は無理に話さない（話を聞くだけでもよい）
⑦他者の話は最後まで聞く

ファシリテーターはルールに基づきグループ内のマネージメントを行う。ルールの設定は，参加者同士での傷つきを最小限にするために各団体の実態に合わせて工夫されている。

## （6）実際にグループに参加して起こること（遺族にとってのメリットやデメリット）

自死遺族は日常生活の場面で自死遺族であることを他者に伝えることは少なく，グループに参加することで初めて家族以外の自死遺族に出会い，気持ちを語り合うという経験をする人が多い。櫻井・小林（2020）はグループへの参加者インタビューを通して，参加の効果について以下のカテゴリーを見出している。

①自死のことを安心して語ることができる
②話を聞いてくれる人がいる
③安心して感情表出ができる
④気持ちの共有ができる
⑤孤独感が軽減される
⑥他者の体験を知ることができる
⑦相談し頼ることができる
⑧気持ちが少し楽になる
⑨自身を振り返り，変化を感じ取ることができる
⑩故人を振り返る機会となる
⑪外出するきっかけになり気分転換になる
⑫楽しみの一つになる

自死遺族は，グループに参加し安心して語り合えることで，気持ちの共有から自分だけではないと感じられ孤独感が軽減できる。また，普段日常ではなかなか故人について・自分自身について振り返ることが難しいが，グループの場では，振り返りさまざまな気づきを得ることができる。死別後気持ちが塞ぎ込み外出することが難しい遺族もいるが，定期的に開催されるグループへの参加を楽しみにして日々の暮らしを送っている人もいる。遺族にとってこのような非日常の場があることで，苦しみを抱える日々を少しずつ変化させることができると考えられ

る。

　しかし，一方で，効果に影響を与える要因として以下の結果も得られた（櫻井・小林，2020）。

　　①参加者の属性の違いによる気持ちの共有の難しさ
　　②語ることによる辛さの想起
　　③自身の発言の他者への影響
　　④限られた時間での語り

　たとえば，同じグループの場に配偶者を亡くした妻と父親を亡くした息子が同席する場合，他人であっても家族の別の立場の話を聞くことになり，そのことで気持ちの共有が難しいことがある。また，グループの人数が多い場合に一人の語る時間が少なくなるため，スタッフ数や会場の広さなど条件的に可能であれば死別対象別の小グループに分かれる方がより気持ちを共有できゆっくり語れる可能性が高い。しかし，グリーフは非常に個別性が高いため同じ対象を亡くしていても気持ちの共有が難しいこともあり，ファシリテーターは各参加者への配慮が必要となってくる。

　語ることを目的としたグループでも語ることは簡単ではなく，初めて体験を語る場合やその日の体調によっては語ることによって酷く疲れたり，参加後の一定期間に心身への影響が出たりすることもある。また他者の話を聞くことで影響を受けることもあるため，語ることや他者の話を聞くことで自分自身に起こる影響を参加者に伝えることも重要だ。

### （7）遺族が選択できるということ

　遺族がグループに安心して参加できること，その場が安全であることを運営スタッフは常に重視する。ただ，活動目的や内容は各団体の特色があり，遺族の求める支援も多様である。実際にはグループと遺族との相性などもあるため，多くのグループがあることで，遺族自身が自分に合ったグループを選ぶことができることが望ましい。また，グループへの参加には遺族のタイミングがある。グループに参加する・しない，参加しても，グループ内で発言する・しないなど，自分で選択できることが重要である。

## ●自死遺児への支援

　自殺対策基本法成立の背景の一つとして，親を自死で亡くした自死遺児たちの声がある。自死遺児の支援を長年行っているあしなが育英会は，2002 年に『自殺って言えなかった』を出版し，自死遺児の思いを社会に発信した。あしなが育英会では，奨学金支援のみならず遺児の心のケアも実施し，遺児同士のピアサポートの場を作っている。自死遺児は，他の家族も死んでしまうかもしれない，自分も将来自死を選択するかもしれない，親が生きていくことができなかったこの社会を自分はどうやって生きていったらいいのかなどと，これから先の人生についてさまざまな不安を抱えている。

　厚生労働省（2019）の令和元年版自殺対策白書によると，平成 29（2017）年の年齢階級別の死因順位では 10 〜 39 歳の死因順位の第 1 位を自殺が占めており，40 代以降も自殺は高順位に位置していることから，親やきょうだいを亡くした子どもの大半が自死による死別であること

が推察され，子どもへの支援も重視すべきところである。

　国内では東日本大震災以後日本各地に子どものグリーフサポートを行う団体が立ち上がり，自死も含め大切な人と死別した子どもたちやその家族の支援が行われている。子どもも死別に伴いグリーフを抱えて生活しているが，発達段階によって子ども特有の死の理解やグリーフ反応があるため，サポートは大人と異なり会話だけでなく遊びやアクティビティを通した支援がなされている。子どもが大切な人の死に直面した時，周囲の大人は子どもの理解や対応に困惑することもあるため，周囲の大人へ子どものグリーフに関する心理教育を行うことも重要である。子どものグリーフや支援について関心のある方は子どものグリーフサポートについての書籍や関連団体のＨＰなどもあるので調べていただけると幸いだ。

## ●コロナ禍での遺族支援

　本章を執筆中，新型コロナウィルスのパンデミックにより日常生活は大きく変化した。新しい生活様式といわれる中，遺族支援のあり方も変化することが必要となった。匿名や予約をせずに参加できていた団体の中には，コロナ対策の一環として予約制や参加者名簿の作成など行うようになった団体もある。また，対面の活動を見直し，オンラインでの支援も始まっている。これまでグループに足を運ぶことが困難だった人にとってはオンラインで参加しやすくなったこともあるだろう。一方，オンラインで参加するという手段をもち合わせていない人やオンラインという形式に不安を抱える人にとっては，従来の対面式のグループの方が参加しやすいだろう。今自分たちにはどのような支援ができるのか，対象者のニーズを把握しながら，その都度できることを模索し，変化する勇気も必要である。

## ●おわりに

　自死遺族はさまざまな問題を長期間抱えるが，自分の力や他者のサポートで自分なりに出来事への意味づけをすることにより気持ちを変化させていったり（Neimeyer, 2002），Posttraumatic Growth（心的外傷後成長）を示したりすることがあり，大切な人の自死という出来事とともに生きていくことができるようになる人もいる。

　一方，地域の中で孤立し，どこに支援を求めていいのかわからない人もいる。グループに参加することはとても勇気のいることであり，グループに参加する人は自死遺族のごく一部である。遺族と出会った時，遺族の力を信じ動き出すことができるまでじっくり待ち，共に歩んでいくことが重要であると感じている。

引用文献

American Psychiatric Association（2013）. *Diagnostic and statistical manual of mental disorders*（5th ed.）.Washington, DC: American Psychiatric Publishing.（日本精神神経学会（日本語版用語監修）高橋三郎・大野　裕（監訳）（2014）. DSM-5―精神疾患の診断・統計マニュアル　医学書院）

原見美帆・坂口幸弘・白川教人（2019）. 全国都道府県・政令指定都市における自死遺族支援事業の実態調査報告　自殺予防と危機介入，**39**(1)，118–123.

自殺総合対策推進センター（2018）. 自死遺族等を支えるために―総合的支援の手引き〈https://jssc.ncnp.go.jp/file/pdf/20181130-guidelines.pdf〉（2021 年 8 月 10 日確認）

自死遺児編集委員会・あしなが育英会（編）（2002）．自殺って言えなかった　サンマーク出版

厚生労働省（2012）．自殺対策基本法〈https://www.mhlw.go.jp/content/000527996.pdf〉（2021 年 8 月 10 日確認）

厚生労働省（2019）．年齢階級別の自殺者数の推移　令和元年版自殺対策白書，6-10.〈https://www.mhlw.go.jp/content/r1h-1-3.pdf〉（2021 年 8 月 10 日確認）

厚生労働省自殺対策推進室・警察庁生活安全局生活安全企画課（2020）．自殺者数の年次推移　令和元年中における自殺の状況〈https://www.mhlw.go.jp/content/R1kakutei-01.pdf〉（2021 年 8 月 10 日確認）

小山達也（2014）．自死遺族のメンタルヘルスニーズ　精神科，**25**(1)，52-56.

Lindemann, E. (1944). Symptomatology and Management of Acute Grief. *American Journal of Psychiatry*, **101**, 141–148.

Neimeyer, R. A. (2002). *Lessons of Loss: A guide to coping*. London: Routledge. （鈴木剛子（訳）（2006）．「大切なもの」を失ったあなたに―喪失をのりこえるガイド　春秋社）

NPO 法人全国自死遺族総合支援センター（2013）．「自死・自殺」の表現に関するガイドライン―「言い換え」ではなく丁寧な「使い分け」を〈https://www.izoku-center.or.jp/images/guideline.pdf〉（2021 年 8 月 10 日確認）

岡本洋子（2017）．自死遺族における二次被害とは何か―聞き取り調査による実態と背景　社会関係研究・熊本学園大学，**23**(1)，39–83.

岡本洋子（2019）．自死遺族の二次被害問題の背景と取り組みへの課題　社会福祉研究所報・熊本学園大学，**47**，133-151.

櫻井信人・小林　創（2020）．自死遺族支援グループに参加することによる効果，関西国際大学研究紀要，**21**，31–44.

高橋祥友・福間　詳（編）（2004）．自殺のポストベンション―遺された人々への心のケア　医学書院

高橋祥友（2012）．自死遺族のケア　精神療法，**38**(1)，64–69.

Worden, J. W. (2008). *Grief counseling and grief therapy: A handbook for the mental health practitoner* (4th ed.). New York: Springer. （山本　力（監訳）（2011）．悲嘆カウンセリング―臨床実践ハンドブック　誠信書房）

# 6

---

# 支援者支援

## ◉はじめに

　危機が生じるとき，そこにはかならず支援者がいる。警察，消防，自衛隊，市町村役所，病院など医療機関，学校など教育機関，福祉施設，司法機関など，さまざまな立場の支援者が，被災・被害に遭った人々への支援活動に従事する。支援者は，自然災害でも，事故や事件でも，混乱する現場で人の生と死にかかわり，厳しい現実に向き合い，被災者や被害者から悲痛な声を聞き続ける。支援者は「慣れているから傷つかない」「強いから大丈夫だ」と思われがちだ。しかし，彼らもまた生身の人間である。

　私たち心理職は，多種多様な領域で仕事をするが，どのような領域でも被災者・被害者と出会い，危機に遭遇した人々への心理支援を求められることになる。そこには，最前線で人々の生命や生活を救援する重責を担ってくれている支援者がおり，私たちは彼らへの支援も忘れてはならない。

## ◉支援者がおかれている現状

　危機によってトラウマ（心的外傷）を負った人々と関わることは，訓練を受けた支援者にとっても心身に大きな負担がかかる。

　災害，事故，事件などが起きたときに現場に駆け付ける職業救援者（たとえば，消防職員，自衛隊職員，海上保安官，警察官など）は，あらゆる援助技法についてトレーニングを積んでいる。それでも，訓練用のダミー人形と，実際に外傷を負った人とは違うし，現場に見立てた訓練用の施設で繰り返しシミュレーションを行っても，実際の凄惨な災害現場で人を相手にする救援活動とは決定的な違いがある。生命を救うことを一番の目的としている救援者にとって，どんなに困難な現場でも生命を救うことができれば，それは支援活動を続けていくうえで大きな励みになる。しかし，自分たちも被災して通常なら可能な支援活動ができず，助けたくても助けられない状況が続いたらどうだろう。次から次へと変わり果てた姿のご遺体を収容し，身元を探し，家族への引き渡しをせざるをえなかったら，どうだろうか。恐怖と不安でパニックになっている人々に，追いすがられ悲痛な叫びや怒りをぶつけられたら，どうなるだろうか。職業救援者もまた，過酷な現場で非常に強いストレスに曝されている。

　犯罪被害者支援の場であれば，たとえば殺人事件の遺族や，性暴力の被害者を前に，支援者といえども何も感じずにいられるだろうか。何度も繰り返し壮絶なトラウマ体験を聞き続け，平静でい続けられるだろうか。出来事の衝撃にただ圧倒されたり，その理不尽さに言葉を失っ

たり，何と言葉をかけていいか途方に暮れたり，世の中がこれまでと変わって危険に満ちたものに見えたり，支援者もあらゆる体験に突然放り込まれることもある。

　すべての支援者が生活に支障を及ぼすほどのストレスを受けるとは限らないが，どのような場面で活動するか，どのような感情体験をするかなどによっては，ストレスの度合いが変わる。

# ◉支援者のストレス

## (1) 二次的外傷性ストレス

　直接トラウマとなる体験をした当事者を，一次的な被災者・被害者とするならば，その周囲の人たちが関わることによって間接的にトラウマ体験に暴露することを「二次受傷（Secondary Traumatization）」，そのストレッサーとなるものを「二次的外傷性ストレス（Secondary Traumatic Stress）」といい，スタム（Stamm, 1995）が中心になってまとめている。

　フィグレー（Figley, 1985）は自身もベトナム戦争経験者であるが，帰還兵のトラウマがその家族にもネガティブな影響を与えていたことから，はじめて「二次的外傷性ストレス」について概念化した。同様の概念として，家族だけでなくケアをする人たちも，トラウマティックな体験をした人たちに共感し感情移入することで，「共感性疲弊（Compassion Fatigue）」あるいは「共感性ストレス（Compassion Stress）」が生じるとした（Figley, 1995）。

　マッキャンとパールマン（McCann & Pearlman, 1990）は，性的虐待の被害者を支援するトラウマワーカーが，「トラウマに関連した思考や記憶や感情に繰り返し共感的に関わること」によって，「世界や自己など根本的な信念の否定的な変化」が生じるとして，「代理受傷（Vicarious Trauma）」を受けることを提唱した。ハーマン（Herman, 1992）も，「代理受傷」もしくは「外傷性逆転移（Traumatic Countertransference）」について，患者の外傷体験を聞くことで「治療者が過去に受けた個人的外傷体験を再活性化」され，PTSD の諸症状などを体験すると述べている。

　その他，「二次的外傷性ストレス」と類似しているが区別されている概念として，「燃え尽き症候群（Burnout Syndrome）」「逆転移（Countertransference）」があげられている（Figley, 1995）。

## (2) 惨事ストレス

　1995 年の阪神淡路大震災，地下鉄サリン事件以降，日本でも少しずつ研究が進められ，2011 年の東日本大震災以降，さらに支援活動を行う人たちに生じるストレスとして指摘されるようになった概念に，「惨事ストレス（Critical Incident Stress：CIS）」がある。初めに CIS を提唱したエヴァリーとミッチェル（Everly & Mitchell, 1999）は消防職員でもあったが，CIS は直訳すると「緊急事態ストレス」となり，「人が通常もっている，直面した事態に耐えてそれにうち克つように働くメカニズムの限度を越えて，心理的苦痛をもたらし，正常の適応機能を損なうような可能性のある事態」におけるストレスと説明している。日本語では，「惨事ストレス」と意訳されて定着しており，職業救援者が受けるストレスから始まったが，次第により広い範囲に発展し，医療機関で働く医師や看護師，教育機関で働く教師や保育士や幼稚園教諭，カウンセラーなど心理職，災害などの様子を伝える報道関係者，職業ではなくともボランティアな

ども含まれる（松井，2019）。加えて，重村（2012a, 2012b）は特に遺体関連業務に携わる医師や歯科医師，地方公務員，国家公務員なども，惨事ストレスを被るとしている。これまでに，わが国でも，消防職員，自衛隊員，警察官，海上保安官などのストレス調査研究が報告されている。

### (3) 支援者のストレスを強めるリスクファクター

　救援者にとってストレスの影響を強くする因子として，松井（2019）が消防職員を例に①〜⑬にまとめている（以下，引用）。この中には，救援活動時のものもあるが，それ以外の通常業務時のストレスも影響を及ぼすことが指摘されている。

　救援対象の特徴として，「①身近な人を思い出させる死傷，とくに子どもの死」「②不条理な事由による惨事」「③損傷の激しい遺体や重傷者の救出」「④知己の被害」があげられる。活動状況では，「⑤悲惨・凄惨な現場，緊張を強いられる現場」「⑥自身の受傷・死亡重症の危険性が高い現場」「⑦同僚の受傷・死亡」「⑧ミスや自責のタネを含む活動」「⑨救援中の情報不足・未知の不安や恐怖」が指摘されている。活動後の状況としては，「⑩マスメディアが注目する場合」「⑪世間の支持が得られない場合」「⑫関係者の強い情動との接触」「⑬組織の支持が得られない場合」と報告されている（松井，2019）。松井（2019）は，これまでの消防職員への惨事ストレスケアの経験やさまざまな調査研究からまとめており，その他の説明も含め，細かい内容は文献を参照されたい。

### (4) 支援者のストレス症状

　支援者がストレスを受けるときの反応や症状については，被災者・被害者と同様に，急性ストレス障害（Acute Stress Disorder：ASD），心的外傷後ストレス障害（Posttraumatic Stress Disorder：PTSD）を含むストレス関連障害，その他うつ病などの気分障害，恐怖症などの不安障害，物質依存などがあげられる（重村，2012b）。

　DSM-5（American Psychiatric Association, 2013）に記載されているPTSD診断基準では，「侵入」「回避」「認知と気分の陰性の変化」「覚醒度と反応性の著しい変化」がある。その他，支援者に特徴的なものとして，「麻痺」「解離」「自責感」「罪責感」「孤立無援感」などがある。

　具体的には，「現場で活動していたのに，そのときのことが思い出せない（解離）」「（ぼーっとしている）自分がここにいる感覚がない（離人感）」「夢の中にいる感じ（現実感の消失）」「自分が何も役に立っていないと感じる（無力感）」「助けられなかった，申し訳ない思い（自責感）」「自分がおかしいと思う，誰にも自分の気持ちがわかってもらえないと思う（孤立無援感）」などと表現される。

　原則として，支援者のストレス反応は「異常な事態における正常な反応」として理解できる（加藤，2009；重村，2012a）。弱い人間だからストレス反応が生じるわけではない。ストレス反応が生じたとしても，ストレス障害と診断するには至らない場合がほとんどであり，支援者の多くは自然に回復したり（レジリエンス），成長したりする力（Posttraumatic growth）をもっている（重村，2012a）。しかし，だからといってそれを放置してもよいということにはならない。

## ◉ 支援者支援の方法

### (1) 組織における惨事ストレス対策

　支援活動はすぐには終わりが見えないことも多い。村瀬（2006）は，「最前線で支援に当たる人々のエネルギーが枯渇しないように後方支援体制が必要」と述べている。組織として一人ひとりの体調管理や，過酷な仕事へのモチベーションを維持するために，後方支援に心理職も活用してもらいたいところだ。

　心理職が同じ組織内にいる場合も，外部から派遣される場合も，まず組織全体を俯瞰的に見て，何が起きていて，何が課題なのかをアセスメントする。そして，組織全体でメンタルヘルスについての理解を共有し，足並みをそろえられるよう，研修会などで情報提供や啓発活動を行う。そのなかで，必要に応じてチェックリスト（例：IES-R（Impact of Event Scale-Revised）改訂出来事インパクト尺度日本語版（Asukai et al., 2002）やその組織内で使われているチェックリスト）を使用して，惨事ストレスのハイリスク者を見つけることも可能である。ただし，質問紙を説明と同意なしに行ったり，単にこちらの興味でデータだけを集めたり，ハイリスク者への医療的・心理的支援の受け皿を準備せずに行ったりすることは控えたい。ストレスフルな支援者への更なるストレスとなるだけである。

　惨事ストレスケアの一環として，活動直後に隊員同士でミーティングを行うこともある。エヴァリーとミッチェル（Everly & Mitchell, 1999）が最初に実施したデブリーフィングは，日本では集団での感情表出がなじみづらく賛否あるが，「ストレスマネジメントの教育モデル」として活用する動きもあるという（倉石，2009）。また，消防や自衛隊では各組織に合ったミーティング方法をアレンジして取り入れているところもあるようだ（松井，2019，防衛システム研究所，2012）。心理職がその組織に合ったミーティングの方法を，実習を交えて研修することも可能であろう。

　組織対応でハイリスク者が見つかった場合は，組織内でフォローしていくとともに，地域あるいは専門機関と連携して個別対応につなげる。組織が先導して惨事ストレス対策を行うことで，個人が守られていると感じられることが，難局を乗り切るうえで重要になる。

　管理職は，リーダーシップを発揮して惨事ストレスケアを講じることが求められるが，責任ある立場であるがゆえのストレスもあるため，管理職へのケアも欠かせない。

### (2) 個人における惨事ストレス対策

　組織で研修会を行う際にも，個人でできるストレスケアについて情報提供を行う。まず，これまで述べてきたような支援者に特徴的なストレスについて，理解してもらう。そして，支援者は社会的な期待を背負い，使命感や責任感や緊張感をつねに強いられるため，普段から安心して力を抜ける時間を作れるよう，日常生活でできる健康維持の方法やリラクセーションなどを提示し，個人でもできることを持ち帰ってもらう。それだけでなく，仕事現場では人を相手にしているなかで傷つくことも多いので，信頼できる人と話すことや，家族や社会とのつながりをもつことなど，人との関係性のなかでケアすることも大切である。安全安心の場をつくることは，支援者にとっても重要であることを，情報提供する。

# ●支援者支援の事例 [1]

## (1) 消防職員への支援（組織支援の例：外部専門家チーム介入）

　東日本大震災の後，ようやく通常の業務に戻り始めたとき，ある地方の消防署で職員の一人が殉職した。現場で同じ署の救急隊員が蘇生術を試み，近くの病院に搬送されたが，次の日に死亡した。既に震災で数名の犠牲者がいたところに，職員の死亡が重なり，組織内では「祟られているのでは」「また何か事故が起きるのでは」「一度お祓いをしてもらった方がいいのではないか」という話も出てきて，職員の中には辞めたいと言う声もあがり始めた。そこで，外部専門家チームに依頼がかかり，チーム3名が派遣された。チームはまず，事前に職員にストレスチェックを実施し，ハイリスク者を抽出した。また，亡くなった職員と同じ隊の隊員や直属の上司，当日蘇生術や病院搬送を担当した救急隊員などにも声をかけ，グループあるいは個人で面接を行った。職員全体に対しては「惨事ストレス対策」について心理教育を含めた研修会を実施した。全体と個人への対応を実施した後，管理職に対してプライバシーを配慮したうえで面接結果の概要をフィードバックし，今後の組織対応について助言を行った。外部専門家チームの派遣は一度だったが，継続的な支援のための地域連携，フォロー体制作りについて情報提供を行った。

## (2) 病院職員への支援（組織支援の例：所属機関）

　複数の死傷者が出た多重事故で，救急車や災害派遣医療チーム（Disaster Medical Assistance Team: DMAT）だけでなく，心理職の所属機関の病院からもドクターカーが出動した。夜明け前で現場は足元が見えないほど暗く，事件直後の凄惨なままで，警察や消防を含め多くの救援者が行き交う混乱した状況で，大勢のマスメディアも取材に来ていた。病院から出動した医師と看護師は，現場到着後にトリアージを担当したが，死亡確認を行うだけの人もいた。活動を終えて戻ってきたスタッフは，「私は大丈夫です」「とてもいい経験になりました」「ニュースに出ていましたね」と興奮気味に語っていたが，心理職が現場に行った職員たちに声をかけて，振り返りのミーティングを行った。職員からはあまり話が出なかったが，心理職から惨事ストレスについて例を出しながら説明すると，現場の情景が目に焼き付いていることや，現実感のなさなどが語られた。「自分は精神的には問題ない」という感じが強かったため，その後も定期的に心理職が職員や所属部署の管理職に声をかけ，しばらくの間フォローした。数ヵ月経った後に，「あのときは，ちょっとおかしかったかもしれない」と振り返ることができていった。

## (3) 遺族支援を行う相談員への支援（個別支援の例）

　事件や事故の遺族ケアを行っている相談員から依頼を受け，後方支援を行うことになった。被害者支援活動に意義を感じてがんばってきたが，最近は「自分のやっていることは，何も役に立っていないのではないか」「もしかしたら加害者に逆恨みされて，自分も被害に遭うかもしれない」と考えるようになり，眠れなかったり，食欲がわかなくなったりしていると話され

---

1）本章の事例は，事案の内容や個人情報を配慮したうえで，筆者が経験したいくつかの事例を組み合わせ，改編し作成している。

た。特に，裁判を控えたある遺族から「しょせん，あなたには私の気持ちはわからない」「結局誰も助けてくれない」「加害者を殺して，私も死ぬ」と次から次へと感情的に言われた際に，何も対応できなかったことが頭にこびりついてしまい，気づいたら涙が出ていることがあると語られた。心理職は，その支援者の話を聴き，精一杯対応してきたことをねぎらい，その遺族についての心理的理解を深める手伝いをするとともに，他の支援者の例をあげながら相談員自身が受けている二次的外傷性ストレスや共感性疲弊について話をした。また，医療機関受診や，継続的に後方支援を受けることを提案し，裁判が落ち着くまで支援を継続した。

## ◉支援者支援の心構え

　支援者への支援を行ううえで，いくつか心がけておきたいことがある。

### (1) 支援対象の仕事，役割，文化を知る

　他職種への支援を行うときは，第一に対象者のことを知ることが必須である。彼らの業務内容，勤務形態，年齢層や男女比率，階級，組織内の規則，暗黙のルール，社会的役割，社会での位置づけなどである。多くの場合，彼らには独自の組織文化があり，長い歴史の中で必要があって築かれてきている。ただし，組織内の決まり事が社会のルールと同一ではない場合もあり，内部の情報は容易に得られないことも多い。私たちができることは，支援対象を良い悪いというジャッジをせずに見ること，相手を脅かさないこと，相手の組織文化を尊重し，通常の臨床場面と同様に，焦らず丁寧に信頼関係を築いていくことである。そのうえで，私たちが知らないことを教えていただくという謙虚な姿勢で臨みたい。

### (2) 相手に感謝し，敬意を払う

　私たち心理職が支援者支援を行う際には，現場で活動している支援者にしかわからない苦労があることに想像をめぐらし，彼らに感謝するとともに，敬意をもって対応することを大事にしたい。私たちは「心理」の専門家の目で，「異常な事態における正常な反応」といえる状態なのか，精神科医療につなげなければならない状態なのかをアセスメントし，適切に対応する技量が求められる。心理職は心の内を見透かされるのではないかと警戒心をもたれることが多いが，相手も別の支援の専門家である。相手の自律心や自尊心を守りながら，私たち支援者支援を行う者がそれ以上相手を傷つけない，害をなさない姿勢が問われる。感謝とリスペクトの気持ちで，支援者をエンパワメントしたい。

### (3) メタな視点をもち，自分の反応に気づく

　他の支援者の話をうかがうと，驚く，ショックを受ける，腹が立つ，戸惑う，イライラする，恐怖を感じる，感動する，何も感じなくなるなど，こちらもさまざまな複雑な感情が入り乱れてあらわれる。それこそが，「二次受傷」「代理受傷」「共感性疲弊」といわれていることが自分にも起きている瞬間である。異なる文化をもつ相手に対して，相違点をあげて批判するのは表面的なことに過ぎない。むしろ，困っている支援者と共に，「今ここでできること」を考える努力が求められる。私たちは目の前の相手の感情に気づくことはもとより，メタな視点をもって，自分自身に生じる感情にも意識を向けられるかどうかが，心理職ならではの課題である。

村瀬と青木（2000）のいうところの「自分自身で考え気づいていくこと」，すなわち「セルフモニタリング」である。ただし，自分の力だけで自分に起きていることに気づき，自分をケアするのはなかなか難しい。

### (4) 支援者支援を行う者も，かならず支援を受ける

　私たち心理職も，支援活動を続けていくためにも，自らの傷つきに気づきケアすることにオープンでいたい。ハーマン（Herman, 1992）は「何びとといえども単独で外傷と対決することはできない」と強い言葉で治療者のサポート・システムの必要性を述べている。

　これまでに日本で被害者支援，支援者支援をけん引してきた，小西（1996, 1998），大澤（2001）も，経験を積むこと，スーパーヴィジョン，グループでのスーパーヴィジョンを受けること，研修会に参加し知識や情報を得ること，などが支援者にとって有益であると述べている。危機を支える一人として，安心安全な場で自らも支援を受ける機会を確保して臨みたい。

　なお，筆者は臨床家としての自身の傷つきについてセッションを通して見つめ直し，報告しているので，関心がある方は参照されたい（稲本，2019）。


## ◉おわりに

　支援者支援を考えることは，私たちの内なるスティグマとの闘いでもある。支援者だから傷つかないのではなく，支援者だから，共感する力があるからこそ傷つく。しかし，壮絶な危機的体験をしている人々を前に，支援者が自分の傷つきに気づきケアを受けることは，理論的にはわかっていても実際は葛藤する課題となり続ける。一方で，傷ついた人々への支援の仕事は，「私たちを人間としての極限状態へと引き寄せ，人生における普遍的な苦悩を超えるものを垣間見せてくれる」（Stamm, 1995），素晴らしいものでもある。

　心理職の教育にも長年尽力されてきた村瀬と青木（2000）は，心理臨床の仕事や勉強を「やればやるほどより迷いが深くなり，悩みが深くなる」ものであると述べているが，支援者支援も，私たち心理職自身のケアも，同じである。私たちが他人事ではなく我が事として苦悩や葛藤を抱え続けることが，支援者の孤立無援感に寄り添う力となりえるのだと信じたい。


**引用文献**

American Psychiatric Association (2013). *Diagnostic and statistical manual of mental disorders* (5th ed.).Washington, DC: American Psychiatric Publishing.（日本精神神経学会（日本語版用語監修）高橋三郎・大野　裕（監訳）(2014). DSM-5―精神疾患の診断・統計マニュアル　医学書院）

Asukai, N., Kato, H., Kawamura, N., Kim, Y., Yamamoto, K., Kishimoto, J., Miyake, Y., & Nishizono-Maher, A. (2002). Reliability and validity of the Japanese-language version of the Impact of Event Scale-Revised (IES-R-J): Four studies on different traumatic events. *The Journal of Nervous and Mental Disease,* **190**: 175–182.

防衛システム研究所（編）(2012). 自衛隊のPTSD対策―東日本大震災から学ぶストレスの克服　内外出版

Everly, G. S., & Mitchell, J. T. (1999). *Critical Incident Stress Management.* Ellicott City, Md.: Chevron.（飛鳥井望（監訳）藤井厚子（訳）(2004). 惨事ストレスケア―緊急事態ストレス管理の技法）

Figley, C. R. (1985). From victim to survivor: Social DSM-5 responsibility in the wake of catastrophe. In C. R. Figley (ed.), *Trauma and its wake: The study and treatment of post-traumatic stress disorder.* New York: Brunner/Mazel. Ⅰ. pp.398–416.

Figley, C. R. (1995). Compassion fatigue: Toward a new understanding of the costs of caring. In B. H. Stamm (ed.) *Secondary traumatic stress: Self-care issues for clinicians, researchers, & educators.* Lutherville, Md.: Sidran

Press.　pp.3-28.（小西聖子・金田ユリ子（訳）（2003）．第1章　共感疲労―ケアの代償についての新しい理解に向けて　スタム，B. H.（編）二次的外傷性ストレス　誠信書房　pp.3-28.）

Herman, J.（1992）．*Trauma and Recovery.* Basic Book. pp.205-240.（中井久夫（訳）（1999）．第7章　治癒的関係とは　心的外傷と回復　みすず書房　pp.205-240.）

稲本絵里（2019）．トラウマケアと支援者の傷つき―傷に憑かれる　橋本和明（編）人はみな傷ついている―トラウマケア　臨床心理学，**115**，57-61.

加藤　寛（2009）．消防士を救え！　東京法令

小西聖子（1996）．犯罪被害者の心の傷　白水社

小西聖子（1998）．犯罪被害者遺族―トラウマとサポート　東京書籍

倉石哲也（2009）．第9章　トラウマとセルフケア　第2節　緊急支援者への援助―グループ・デブリーフィングの効用と限界　杉村省吾他（編）トラウマとPTSDの心理援助　金剛出版　pp.257-266.

松井　豊（2019）．惨事ストレスとは何か　河出書房新社

McCann, I. L., & Pearlman, L. A.（1990）. Vicarious traumatization: A framework for understanding the psychological effects of working with victims. *Journal of Traumatic Stress,* **3**(1), 131-149.

村瀬嘉代子（2006）．心理臨床と被害者支援　村瀬嘉代子他（著）滝川一廣・青木省三（編）　心理臨床という営み―生きるということと病むということ　pp.113-122.

村瀬嘉代子・青木省三（2000）．心理療法の基本　金剛出版

大澤智子（2001）．第8章　二次受傷から身を守るために―支援者の傷つきを考える　藤森和美（編）被害者のトラウマとその支援　誠信書房　pp.202-229.

重村　淳（2012a）．第8章　救援者のトラウマと心理教育　前田正治・金吉春（編）PTSDの伝え方―トラウマ臨床と心理教育　誠信書房　pp.147-166.

重村　淳（2012b）．惨事ストレスと二次的外傷性ストレス　こころの科学，**165**，日本評論社　pp.90-94.

Stamm, B. H.（ed.）（1995）．*Secondary traumatic stress: Self-care issues for clinicians, researchers, & educators.* Lutherville, Md.: Sidran Press.（小西聖子・金田ユリ子（訳）（2003）．二次的外傷性ストレス　誠信書房）

東京都医学総合研究所（2017）．IES-R〈https://www.igakuken.or.jp/mental-health/IES-R2014.pdf〉（2021年11月1日確認）

# 7

# 感染症拡大危機への支援

## ◉はじめに

　感染症は古くから人の歴史とともにあり，地球上にはさまざまな感染症が現在も数多く存在している。18世紀から現在の21世紀に至るまで，およそ300年間で10回を超えるパンデミック（感染症の世界的流行）があったとされている通り，近代以降，天然痘やペスト，コレラ，スペインかぜ，新型インフルエンザなど人は定期的に感染症の拡大に晒されてきた（加藤，2013）。感染症とは，文字通り感染する病であり，人から人に感染するということがその特性である。現代では交通網の発展とともに人とモノとが広く速く移動することや，社会経済の発展とともに人口が増加し，密集することによって，感染症も瞬く間に国を超えて広がるようになった。今後も必ず新しい感染症が起きること，そしてそれが未知のものとして多くの人々の命や生活に大きな影響を与えることは明らかである。人の生活，生き方に深く関わり，支えることを仕事にしている臨床心理の専門家にとって，感染症の拡大が人々に与える影響を知ること，その中で人々の心や生活を支えるとはどのようなことかを知ることは不可欠である。

　感染症拡大防止の点からもそれはいえる。感染症対策として必要なことは，罹患者数を抑えること，すなわち予防することであるといわれる（井上，2006）。予防のために社会全体のシステムによる支援策が重要であるとともに，人と人との接触をできるだけ減らすなどの，感染症対策の定石であり基本的な個人による予防策が重要となる。そのためには，「正当にこわがる」こと（寺田，1935；加藤，2013），つまり，個人個人が感染症を正しく理解し，冷静な判断をすることが必要なのである。しかし，誰しも，未知なるものに遭遇する時，しかもそれが私たちの命や生活に大きな影響を及ぼすものである時，不安や恐怖により冷静な判断や行動が難しくなることが，これまでの歴史からも，そして実感としてもわかる。心の動きが，その人の行動の源にあることを思えば，感染症拡大という状況が人の心にどのような影響を及ぼすのかを専門家がよく理解し，そういった情報を広く社会に発信していくことによって，感染症による心への悪影響を最小限にし，人々の冷静な感染症対策が可能となり，拡大抑止にもつながるであろう。

　本章では，感染症拡大危機において，医学的な対応に加えて心理社会的な影響に対応することが不可欠であることを理解し，どのような支援が具体的に必要なのかを理解するために，まず，感染症拡大期における人の心に与える影響を概観し，心理社会的支援の基本的な考え方を紹介する。さらに，感染拡大期においても日常の心理支援を必要としている人々に対して途切れることなく支援をするための方法や課題などを考察する。

## ●感染症拡大と心の危機

　感染症の拡大がもたらす心の危機とはどのようなものか。これまでも述べている通り，感染症の拡大は常に人に多大な影響を及ぼすが，それが未知なるものである場合，危機といえるほど，その影響は甚大なものとなる。現在は科学の発展とともに，その病原体となるウイルスを確定することが可能となっているが，それが可能ではなかった時には，まったく正体のわからない目に見えない何かによって，人が死に追いやられていく恐怖に人は圧倒されていたであろう。これまでの感染症の歴史をみてみると，たとえば14世紀にヨーロッパに広く蔓延したペストの流行における人の心理と行動が文学などに記されているが，その一つとしてペストの流行を描いていることで有名な「デカメロン」では，人々が未来への希望がもてず刹那的になり，自らの欲求やその場限りの快楽に身を持ちくずす様子が描かれている。またそこには，恐怖や不安への反応として差別や偏見が生まれ，自分とは異質なものを迫害していく様子なども描かれている（加藤，2013）。14世紀と比して現代の私たちの方が感染症についての知識は得やすいとはいえ，心の動きとしては似たことが起きるとされる。たとえば，日本赤十字社が2020年の新型コロナウイルス感染症拡大期において，この未知なる感染症に私たちが出会うことによって体験する心の危機を，いち早く警告していた（日本赤十字社，2020）。そこでは，新型コロナウイルスによる人の心への影響の大きさ，そして感染症対策として心のことを含むことの重要性が指摘されている。それによると，新型コロナウイルスには三つの顔があり，第1の感染症は病気そのもの，第2の感染症は，未知なるウイルスに対して人々の心に生じる不安と恐れ，そして第3の感染症は，そういった不安や恐れによって原始的な本能を刺激されることで生じる防衛としての他者への攻撃であり，それがひいては，ウイルス感染者や医療者に対する嫌悪や偏見，差別になってしまうということである。こういった心の傾向を私たちが意識すること，さらに，それに対して一人ひとりが対策をする重要性，つまり正しい情報を得ることや自分の心の変化に意識的であること，他者への思いやりをもつことなどが重要とされる。

　トラウマ研究の立場からも，同様の指摘がなされている。トラウマ研究を専門としているヴァンデアコーク博士が，新型コロナウイルス感染症の感染拡大に人々の生命と生活が脅かされている中，オンラインでメッセージを公開した（van der Kolk, 2020）。そこでは，この新型コロナウイルス感染症によって，人々は大きなストレスによる心的トラウマが起きうる前提条件ともいえるような危機的状況に置かれており，それを乗り切るためにできる対処を個々人が心がけることの重要性が指摘された。たとえば，予想や予測のつかなさ，移動の自由の制約，人とつながっているという感覚の欠如，感覚麻痺などがその危機としてあげられ，それらに対し，体を動かすこと，瞑想をすること，人と連絡を取り合い，一緒に何かをする予定を立てること，ニュースにさらされ過ぎないこと，一人の時間も大切にすることなどがその対処としてあげられている。多くの人がこのメッセージを見ることによって，今の自分が体験している心の状況について理解を促されただけでなく，自分の感じていることは世界の人々と共通なのだと感じ，共感を深く得る体験をしたまさに癒しのメッセージとなっていた。

　他にも，こうした感染症拡大の状況において，生活様式の変化や経済状況の悪化の影響によるストレスが増加し，子どもや女性への虐待や家庭内暴力の悪化や増加，貧困の悪化，精神状態の不安定さが増すこと，自死の増加，特に女性の失業による生活の圧迫などが懸念され，各国でのそのような状況が警告され，報告されている（GPeVAC, 2020；Guterres, 2020；内閣府

男女共同参画局，2020；世界銀行，2020)。感染症拡大前に危機的な状況にあった人々はさらに追い詰められる状況になり，そういった人々への心理的な支援をすることがさらなる危機への対応として，地域社会や臨床心理の専門家に求められることであろう。

　さらに，感染症の特性によっては，予後についても未知なことが多く，たとえば，新型コロナウイルス感染症については，急性の症状から回復した後も，その後遺症の存在が指摘され（WHO, 2021)、身体の多器官への長期的影響（Nalbandian et al., 2021）や，精神面への影響がある（Taquet et al., 2021）ことが示唆された。未知なる感染症はその回復過程や治療方法も当然解明されていないことから，罹患した人々は，身体的な苦痛に加えて心理的な不安を抱えることとなる。そうしたことからも，その回復過程を支える長期的な視野に立った心理社会的な支援もまた重要な課題と考える。

## ◉感染症拡大危機への心理社会的対応——IASC 心理社会的支援ガイドラインに基づく支援

### (1) IASC による心理社会的支援ガイドラインとは

　上に述べたような心理的な危機に対する支援の考え方として，国際的な基準を紹介する。各種国連機関や国際市民団体によって構成される機関間常設委員会（Inter-Agency Standing Committee：IASC）は，これまでも，災害時のメンタルヘルスと心理社会的支援の国際的基準についてガイドラインを発行してきた（IASC, 2007）。2020 年の新型コロナウイルス感染症の流行期においても，パンデミックに特化したガイドラインが発行され（IASC, 2020），感染症の危機対応において，メンタルヘルスや心理社会的な事柄について理解し取り組むことは，伝染を抑止し，その集団の健康および困難な出来事への対処能力に長期間影響を与えるようなリスクを防ぐ鍵となるということが示された。基本的には，IASC のこれまでの緊急時における心理社会的支援の考え方（IASC, 2007）と同じく，回復力や連携，多層的支援の重要性を提唱し，さらに，感染症拡大期の心理反応の概説，具体的支援活動のポイント，さらに特別な支援や配慮が必要な人々への対応が詳説されている。

### (2) 感染症拡大期における心理社会的反応

　ガイドラインによると，感染症拡大期に特有のストレスとして，感染による病気や死への恐怖，仕事を失うなどの経済的な影響への恐怖，感染による社会的な孤立や偏見や差別への恐怖，大切な人を喪う恐れや喪ったことによる喪失感，感染対策（隔離など）による生活上の無力感や倦怠感，孤立感，抑うつ感，学校などの閉鎖による保護者の就労困難などがあげられている。他に，最前線で働く医療者についても特に関連した反応として，偏見や差別，また仕事内容の増加や危険の増加，自らの感染と家族や身近な人に感染させてしまうのではという恐怖など，かなりのストレス状況による反応が生じることが指摘されている。また，人によっては困難に対応する方法を見出すことで誇りをもち，愛他的，協働的な行動によって，肯定的な体験をすることもあると指摘される。より長期的な展望で見た場合には，こういった今の感染症への対応が，先の感染症の予防対応にもなるとしている。これまでの IASC のガイドラインと同じく，支援者自身のセルフケアもまた重要であるとされる。

### (3)　支援活動において重要なポイント

　まず一つには，感染リスクや重症化の可能性が高い場合や，情報，ケア，支援などに自らアクセスしにくいような特定のグループのニーズを理解し，配慮することが必要である（次項詳述）。次に，一般の人々についても通常の支援システムや支援サービスにおいて広くメンタルヘルスや心理社会的支援を取り入れるべきであり，正確な情報発信をいち早く行うことが特に重要であるとされている。感染拡大期の恐怖や反応は，現実にある危険から生じるだけでなく，その感染症が未知なるものであるがゆえの知識の欠如や流言，誤報によって生じ，個人の判断や行動に悪影響を与えるため，まずは正確な情報発信が，支援活動の重要な一つとして位置づけられている。その情報とは，感染予防のための科学的根拠に基づいた情報であり，さらにそこには心理社会的な健康を促進するようなメッセージとして，呼吸法やリラクセーション，体験しているような恐怖や不安が誰にでも起こりうるものであることを伝えるノーマライゼーションなどが含まれることが推奨される（WHO, 2020a）。

### (4)　特に支援や配慮が必要な人々のニーズと対応

　特に配慮が必要な人々として，高齢者，障害者，子ども，最前線で働く支援者などがあげられているが，たとえば高齢者については，認知機能の低下や認知症のリスクが高い場合には，より不安や恐怖を感じる可能性があり，そういった人々に対しても情報をわかりやすく伝えることや，重症化するリスクが高い場合には特にさまざまな影響を受けやすいことを考慮し，不安とストレスを低減するような特別なサポートが必要となる。子どもたちも同じく，感染症拡大による多大な影響を受け，健康な発達に必要な資源がさまざまに妨げられるリスクが高まるとされる。そのため，ストレスに対する子どもの反応について理解し，子どもの気持ちに関心を示し，積極的に耳を傾けることや，子どもの表現を促進するような安心安全な環境を整えることや遊びの機会を子どもがもてるようにすること，できるだけ毎日の日課や生活スケジュールを安定したものにすること，子どもにわかるように感染症について，そして予防対策について彼らができることの情報を提供することが重要とされている（WHO, 2020b）。日本国内でも2020年の新型コロナウイルス感染症拡大期において，こういった指針に基づいた具体的な活動が，いち早く行われ，さまざまな人々のニーズに合わせた支援が臨床心理や医療，教育の領域で提供された（福島県立医科大学医学部災害こころの医学講座，2020；日本心理臨床学会，2020）。指針に基づいた具体的な活動は，感染症拡大地域の文化や文脈，および感染症の特性などによって，それぞれ変更を加えるべきものであるため，この方法が唯一の方法ということではなく，具体例を参考にしながら，その時々の感染症拡大に応じて対応を検討していくことが望ましい。

## ●感染症拡大期における日常の心理支援への影響と対応

### (1)　感染症対策をしながらの心理的な支援

　感染症拡大はすべての人に影響を与えるため，それぞれの分野において，臨床心理的な支援活動をこれまでと同様に行うことに加え，さらなる支援ニーズが増加することは想像に難くない。そのため，感染拡大期の危機において，心理的なサポートを途切れることなく継続的に提供することは，クライエントにとって危機を乗り切るために必要なつながりを提供するという

意味で重要であるとされ，感染リスクを最小限にとどめた形での支援方法を個別のニーズに応じて模索する必要があるとされる（サポチル，2020）。臨床活動という，人と人とが直接の対面をして，同じ場を共有するという構造が大事にされてきた援助方法においては，感染リスクを抑えつつ，できるだけこれまでと同じ環境を作るためには，新しい工夫が必要となる。ここで解説する方法や課題以外にも，感染症の特性の違いや，感染状況が刻々と変化すること，また，個々のクライエントのニーズや状況の個別性などを考えると，必要な支援や可能となる支援の方法はかなり異なるため，個々の状況に応じた方法を柔軟に考え続けることが重要である。

### (2) 遠隔によるメンタルヘルス・臨床心理的サービス

　直接的な対面をしない形のもっとも感染リスクの少ない安全な支援方法として，遠隔で可能な心理面接や支援活動があげられる。遠隔によるメンタルヘルス援助サービスは，アメリカ心理学会（American Psychological Association：APA）では，「これまでの対面の方法の代わりとして，あるいはそれに加えて提供される，行動的・メンタルヘルス的なケアのサービスのテクノロジーを用いた手法によるサービス」（APA, 2014）と定義され，具体的には電話やテレビ電話，メールその他の遠隔的な手法によるとされる。そこで考えるべき課題などは以下の通りである。

　　①メリット：利便性，感染症対策や災害時に対応可能，つながりの確保
　　②デメリット：プライバシーが保ちにくい，技術的な課題，非言語情報が得にくい，複雑な問題に対応しにくい
　　③倫理：緊急時の地域資源との連携，遠隔支援に関するアセスメント，オンラインサービスのセキュリティ，インフォームドコンセント
　　④クライエントの守秘と安心安全の確保：適用についてのアセスメント，インフォームドコンセント，プライベートな空間の確保，不安や期待の表現が十分できること，日常とセラピーとの境界が守られること，子どもの場合には親の協力があること
　　⑤支援者（セラピスト）の安心安全の確保：技術に慣れる，プライバシーの保持，理論・スタンス・力量を超えていないか，クライエントへの関心が保てる状況にあるか，地域資源連携先の確保，言語過多になることなどのコミュニケーション疲労への意識と対応

　特に重要となる課題は，構造的に安心安全な枠組みをどのように提供できるのか，ということであろう。対面で提供できる安心安全な物理的空間を遠隔の場合には作りにくいため，セラピストが画面の背景や座る位置をいつも同じにすることや，定期的な頻度を保つこと，集中できるプライベートな空間を保つこと，緊急時に連絡が取れる家族などの連絡先を控えておくことなどの工夫によって，できるだけ内的にクライエントが安心安全を感じられる面接構造を遠隔での面接においても作ることが重要だとされる（Weinberg & Rolnick, 2020）。

　たとえば筆者の勤務する臨床現場（医療，教育分野での臨床心理サービス）においても，感染症拡大期に希望された方には，オンライン面接の案内およびインフォームドコンセントを送付する形でオンライン面接の準備を整えたが，オンラインでの支援サービスを希望される方は実際にはそう多くはなかったと感じる。その方々の事情としては，話をしたいとは感じるが，自宅でプライベートな空間を保つことの難しさ，オンラインに慣れていないため安心して話を

することが難しいということ，また子どものプレイセラピーについては，特に低年齢の子どもへの支援をオンラインで受けることが難しいという理由が聞かれた。また，対象が大人であっても子どもであっても，オンラインでは，日常の自分の場所とセラピストとの心理面接とが境界のないつながりとして感じられるため，逆に距離が取れず，関係性やコミュニケーションの疲労が生じる場合があり，関係性への不安が高いクライエントの場合には，行動化のリスクが高まる可能性もあるため，注意が必要である。このように，クライエントにとっての安心安全について留意することに心を注ぐことはあっても，ともすれば，支援者であるセラピスト自身の安心安全には気がまわらないことも多いかもしれない。しかし，上のリストにあるように，通常の対面面接にはない負担がセラピストにも生じるため，効果的な支援を行うためには，この点も十分吟味が必要である。

　このような点を検討し，遠隔支援の可能性を否定することなく，対面が不可能な時期にセラピストによる支えを提供するものとして最大限活用する準備が必要であろう。平時に慣れていない方法を新しくそこで導入することへの抵抗感やストレスを感じる方がいるのも当然であると思うため，それらのことは平時から検討しておくことが重要であり，また，そういった備えをすることは，感染症拡大の危機の備えにとどまらない，遠隔支援の可能性や他の災害などの支援として広く活用できる可能性にもつながるであろう。

### (3) 新しい生活様式における心理支援

　遠隔支援の制約を考えると，できるだけ早く，感染症対策を十分に講じた形での対面の日常臨床を取り戻す工夫を模索することもまた，遠隔支援の提供と同時に重要である。特に，場の共有や，非言語的な表現が支援の要となる子どもとの心理面接については遠隔支援ではそのメリットよりも制約の方が多く，支援の効果が得にくくなるため，対面での面接方法の模索が必須である。まず，感染の方法がいかなるものかによって，その予防対策が異なるため，対面での支援サービスの提供を可能にするためには，当該の感染症の特性がある程度解明されている必要がある。2020 年以降日本国内において流行している新型コロナウイルス感染症においては，飛沫感染と接触感染が主な感染ルートであることがわかっており，また症状の有無などによらず感染力がある可能性も指摘されているという特性を踏まえて，たとえば，マスクの着用や換気，ものの消毒，体調管理や感染者との接触機会の有無の確認などが対策としてあげられることが多い。

　また，遠隔支援から対面支援への移行の時期や方法については，さまざまな点におけるアセスメントを行った上で，総合的に判断することが求められる。たとえば，遠隔ではなく対面での面接を行う必要性や緊急性，感染リスクや重症化リスク，感染防止策が十分に取れる環境であるかどうかなどを総合的に判断した上で（Galietti et al., 2020），新しい方法による支援サービスへの理解をクライエントに求め，インフォームドコンセントを丁寧にしていくことが推奨されている（APA, 2020）。その内容としては，対面における面接での感染リスクと，それを減じる策への同意と予防対策に協力することへの同意が含まれる。子どもを対象としたプレイセラピーにおいては，大人の言語面接とは異なる特有の難しさとして，たとえば遊ぶ時のお互いの距離や接触にまつわる課題や，おもちゃなどの備品や部屋の使用方法，消毒についてなどが特に検討されるべきであろう（APT, 2020）。

# ●おわりに

　「待つ」ということは，現代の私たちにとって苦手な，もしくは必要なくなってしまったものといわれる（鷲田，2006）。感染症拡大のとき，まさに私たちは「待つ」ということを求められる。いつどのように明けるのかわからない危機の時期に，どのように待てば私たちは心を保つことができるのだろうか，そのことをここまで考察してきた。ペストの流行している街を舞台にした文学作品『ペスト』（Camus, 1947）には，感染症拡大期の人々の絶望とそれに対する救いの探求が描かれているが，感染症は際限なく続く敗北として描写され，そこでは，人々の正しい冷静な知識と，日々自分と人のためになすべきことをただ地道に行う誠実さ，そしてさまざまなものが奪われる中で真の自由を探求することが，絶望の中の希望として描かれている。多くの災害において回復力が重要とされ，さらにはポストトラウマティックグロウス（Post traumatic growth, PTG）という現象が指摘される通り，トラウマティックな出来事，つまり心的外傷をもたらしかねない非常に辛く苦しい危機的な出来事をきっかけに，人間としての心の成長があるともいわれる（Calhoun & Tedeschi, 2006）。『ペスト』に描かれているような，正しい知識だけを手にして，利己的ではないあり方でいること，つまり自分以外の人々や立場にいるすべての生きとし生けるものに対する愛他的な想像力をもって誠実になすべきことをなすこと，こういったことが真の自由と希望を生み出すのであれば，人の回復を助ける心理支援もやはりそのあり方と無縁ではないだろう。そういった姿勢で，絶望と希望の揺れ動きに共に耐えつつ「待つ」ということが，感染症拡大の危機に限らず臨床心理の仕事の本質でもあるように感じる。本章であげた支援の具体的な考え方や方法は，そういった内的なありようの上に成り立つものであろう。

**引用文献**

American Psychological Association（APA）（2014）. What are telehealth and telepsychology? 〈https://www.apa.org/pi/disability/resources/publications/telepsychology?tab=2〉（2021 年 8 月 10 日確認）

American Psychological Association（APA）（2020）. Sample informed consent form for resuming in-person services. 〈https://www.apaservices.org/practice/clinic/covid-19-informed-consent〉（2021 年 8 月 10 日確認）

Association for Play Therapy（APT）（2020）. Tips for a clean play room. 〈https://www.a4pt.org/page/COVIDPlayroomCare〉（2021 年 8 月 10 日確認）

Calhoun, L. G., & Tedeschi, R. G.（ed.）（2006）. Handbook of posttraumatic growth: Research and practice. East Sussex: Routledge.（宅香奈子・清水研（監訳）（2014）. 心的外傷後成長ハンドブック―耐え難い体験が人の心にもたらすもの　医学書院）

Camus, A.（1947）. *La peste*. Paris: Gallimard.（宮崎嶺雄（訳）（1969）. ペスト　新潮社）

Galietti, C., Wright, V., Higuchi, S. A., and Bufka, L.（2020）. Covid-19 When is it OK to resume in-person services? （American Psychological Association）〈https://www.apaservices.org/practice/news/in-person-services-covid-19〉（2021 年 8 月 10 日確認）

GPeVAC（2020）. Global status report on preventing violence against children. Geneva: World Health Organization 〈https://www.unicef.or.jp/jcu-cms/media-contents/2020/06/GSRPVAC-Main-Report.pdf〉（2021 年 8 月 10 日確認）

Guterres, A.（2020）. Make the prevention and redress of violence against women a key part of national response plan for COVID-19（アントニオグテーレス国連事務総長の声明「女性に対する暴力の防止と救済をCOVID-19 に向けた国家規模の応急対応のための計画の重要項目とすること」〈https://www.un.org/en/un-coronavirus-communications-team/make-prevention-and-redress-violence-against-women-key-part〉（2021 年 8 月 10 日確認）

井上　栄（2006）. 感染症―広がり方と防ぎ方　中央公論新社

Inter-Agency Standing Committee（IASC）（2007）. 災害・紛争等緊急時における精神保健・心理社会的支援に関するIASC ガイドライン〈https://saigai-kokoro.ncnp.go.jp/document/pdf/mental_info_iasc.pdf〉（2021 年 8 月 10

日確認）

Inter-Agency Standing Committee（IASC）（2020）. IASC brief note on covid 19 MHPSS（前田正治（監訳）（2020）ブリーフィング・ノート（暫定版）「新型コロナウイルス感染症（COVID-19）の流行時の心のケア Version 1.5」）〈https://www.ajcp.info/heart311/wp-content/uploads/2020/03/IASC_BN-on-COVID-MHPSS1.5_Japanese_0323.pdf〉（2021 年 8 月 10 日確認）

加藤茂孝（2013）. 人類と感染症の歴史—未知なる恐怖を超えて　丸善出版

内閣府男女共同参画局（2020）. コロナ下の女性への影響と課題に関する緊急提言〈https://www.gender.go.jp/kaigi/kento/covid-19/siryo/pdf/teigen_s.pdf〉（2021 年 8 月 10 日確認）

Nalbandian, A., Sehgal, K., Gupta, A., Madhavan, M. V., McGroder, C., Stevens, J. S., Cook, J. R., Nordvig, A. S., Shalev, D., Sehrawat, T. S., Ahluwalia, N., Bikdeli, B., Dietz, D., Der-Nigoghossian, C., Liyanage-Don, N., Rosner, G. F., Bernstein, E. J., Mohan, S., Beckley, A. A., […]Wan, E. Y. (2021). Post-acute COVID-19 syndrome., *Nature Medicine*, **27**, 601–605.

日本赤十字社（2020）. 新型コロナウイルスの 3 つの顔を知ろう！―負のスパイラルを断ち切るために〈http://www.jrc.or.jp/activity/saigai/news/200326_006124.html〉（2021 年 8 月 10 日確認）

サポチル（2020）. 新型コロナウイルス感染症（COVID-19）下における子どもと家族の心理臨床ガイドライン（第 2 版）〈https://sacp.jp/wp-content/uploads/2020/07/05c2cb0045472b165abd66c150453491.pdf〉（2021 年 8 月 10 日確認）

世界銀行（2020）. プレスリリース「新型コロナウイルス感染症により 2021 年までに極度の貧困層が最大 1 億 5000 万人増加」〈https://www.worldbank.org/ja/news/press-release/2020/10/07/covid-19-to-add-as-many-as-150-million-extreme-poor-by-2021〉（2021 年 8 月 10 日確認）

Taquet, M., Geddes, J. R., Husain, M., Luciano, S., & Harrison, P. J. (2021). 6 month neurological and psychiatric outcomes in 236379 suvivors of COVID-19: A retrospective cohort study using electronic health records. *Lancet Psychiatry*, **8**, 416–427.

寺田寅彦（1935）. 小爆発二件, 小宮豊隆（編）（1948）. 寺田寅彦随筆集第 5 巻　岩波書店

van der Kolk, B. (2020). *Nurturing our mental health during the COVID-19 pandemic*（湯野貴子・ 小川祐美子・本田涼子（訳）（2020）新型コロナウイルス感染症の世界的危機―このパンデミックを乗り切るため, メンタルヘルス向上のために私たちができること）動画（日本語字幕あり）〈https://www.youtube.com/watch?v=ufJ3aY8tdBE〉　講演訳〈https://www.ajcp.info/heart311/wp-content/uploads/2020/04/20200424_1.pdf〉スライド〈https://www.ajcp.info/heart311/wp-content/uploads/2020/04/20200424_2.pdf〉（2021 年 8 月 10 日確認）

鷲田清一（2006）.「待つ」ということ　KADOKAWA

Weinberg, H., & Rolnick, A. (2020). *Theory and practice of online therapy: Internet-delivered interventions for individuals, groups, families, and organizations.* New York: Routledge.

WHO（2020a）. Coping with stress during the 2019-nCOV outbreak（handout）.

WHO（2020b）. Helping children cope with stress during the 2019-nCov outbreak（handout）

WHO（2021）. Clinical long-term effects of COVID-19.〈https://www.who.int/docs/default-source/coronaviruse/risk-comms-updates/update54_clinical_long_term_effects.pdf?sfvrsn=3e63eee5_8〉（2021 年 11 月 1 日確認）

**正確な情報発信の参考資料として**

以下のホームページには, 乳幼児, 子ども, 保護者や支援者, 学校関係者, 医療従事者やその家族, 感染者や感染者の家族のための主要な情報がまとめられている（2020 年 12 月現在）

福島県立医科大学医学部災害こころの医学講座（2020）.〈https://www.d-kokoro.com〉（2021 年 8 月 10 日確認）

日本心理臨床学会ホームページ（2020）.〈https://www.ajcp.info/heart311/〉（2021 年 8 月 10 日確認）

# Ⅳ　危機への心理的支援の担い手

危機への心理的支援はどのような機関・団体が担っているのだろうか？
　第Ⅳ部では，危機への心理的支援を担う警察，児童相談所などの公的機関，
赤十字，ユニセフなどの国際的な人道支援団体，犯罪被害者支援センター，い
のちの電話，民間シェルターなどの民間団体・NPO の活動を紹介する。

# 1

## 公的機関 (1)
### ——警察における犯罪被害者等への心理的支援

## ◉はじめに

　日々，全国各地では数々の犯罪が発生している。2020（令和2）年の1年間では，殺人929件，強盗1,397件，強制性交等1,332件が認知され（警察庁，2021），暗数を含めればさらに多くの犯罪が発生していると推測される。警察では，犯罪捜査を行うだけではなく，犯罪の被害に遭った本人やその家族，遺族に対する支援も行っている。しかし，警察に犯罪被害者等への心理的支援を行う専門職員がいることや，その活動についてはあまり知られていないといってよいだろう。

　本章では，さまざまな危機の中でも犯罪被害に焦点を当て，警察における心理的支援がどのように担われているのかについて解説する。

　なお，本章における「犯罪被害者等」とは，犯罪被害者等基本法第2条に則り「犯罪等により害を被った者及びその家族又は遺族」を指すこととする。また，本章は，筆者が警察庁および神奈川県警察本部の犯罪被害者支援部門で初めての心理職として勤務し，政策や臨床実践，研究に携わってきた経験をもとに執筆しているが，あくまでも私的見解であることをお断りしておく。

## ◉警察における犯罪被害者等に対する心理的支援制度

　犯罪の被害に遭った人に対して，職務上最初に対応するのは，多くの場合警察である。各都道府県警察では，犯罪被害者支援部門や少年部門に専門職員が配置されており，警察における心理的支援の一部を担っている。

　本節では，警察の犯罪被害者等に対する心理的支援施策が展開した経緯とその枠組みについて解説をする。さらに，支援で必須となる他機関との連携について理解を深める。

### (1) 心理的支援施策の展開の経緯
　犯罪被害者等への支援は，施策の成立以前は，各個人がその状況に応じて援助を行っていたといってよいだろう。一つの転機が訪れたのは，1974年に発生した三菱重工ビル爆破テロ事件である。この事件などをきっかけに，犯罪被害者等の経済的支援の必要性が広く認識され，1980（昭和55）年には犯罪被害者等給付金支給法が制定された。

　1991年には，この法律の制定を記念したシンポジウムが開催され，聴衆であったご遺族から犯罪被害者等の精神的支援の必要性が訴えられた。さらに1995年には，阪神淡路大震災と地

下鉄サリン事件が相次いで発生し，トラウマ（trauma：心的外傷）や PTSD（posttraumatic stress disorder：心的外傷後ストレス障害）といった概念が知られるようになり，犯罪被害者等が受ける精神的被害の大きさが徐々に認識されるようになった。

　このような流れの中で，1996（平成 8）年，警察庁では被害者対策の基本方針を取りまとめた被害者対策要綱を策定し，本格的な被害者対策への取組を始めると共に，犯罪被害者対策室（現「犯罪被害者支援室」）を設置した。そして，各都道府県警察にも被害者対策をとりまとめる部門として犯罪被害者対策室等（現「犯罪被害者支援室」等）が設置された。また，被害者カウンセリングについては，まずはいくつかの警察本部において専門職員の配置がなされ，各都道府県警察にも展開された。加えて被害少年（犯罪等の被害を受けた 20 歳未満の者）への支援についても，従来からある少年部門による少年相談の充実などが図られたのである。

　2004（平成 16）年には犯罪被害者等基本法が成立し，基本法第 8 条に基づき，2016（平成 28）年には，国等が行うべき犯罪被害者支援施策を網羅した第 3 次犯罪被害者等基本計画が閣議決定された。この決定を受け，警察庁犯罪被害者支援基本計画が策定され，後述するカウンセリング等心理療法の費用の負担軽減などの取組が盛り込まれた（警察庁，2020d；櫻井，2020；上田，2016）。

## （2）心理的支援の枠組み

　警察では犯罪被害者等に対する多岐にわたる支援を行っている。それらの中でも，相談やカウンセリングといった専門的方法で心理的支援を行う場合の枠組みについて述べる（警察庁，2020c）。各都道府県警察で同じ体制がとられているわけではなく，それぞれの実情に応じた運用がなされているため，概要を解説する。

　**1）専門職員による相談・カウンセリング**　　各都道府県警察には，犯罪被害者支援部門，少年部門に犯罪被害者等に対するカウンセリングなどを行う専門職員が配置されている。

　**犯罪被害者支援部門**　　犯罪被害者支援部門の専門職員は，公認心理師や臨床心理士の資格をもつなどして，殺人，性犯罪，死亡ひき逃げ事件などの犯罪被害者等に対する支援を行っている。国外で発生した事件の支援に携わることもある。支援が開始されるきっかけは，犯罪被害者等に当初対応する警察官がカウンセリング制度を紹介し，希望があると犯罪被害者支援部門に専門職員による支援の要請が入る場合や，犯罪被害者等からの架電による場合などがある。

　支援内容は，①相談・カウンセリング，②付添い支援（警察での各種手続き，検察庁での供述調書作成，裁判所での傍聴・証人出廷・意見陳述・被害者参加時など），③情報提供などである。相談・カウンセリングを行う際には，犯罪被害者等の居住地近くで実施するなどアウトリーチによる手法を用いることも特徴である。各機関がアクセスするよりも早い被害後急性期からの介入が可能であり，被害概要を把握した上で支援を開始できるところにメリットがある。専門職員による支援は，捜査活動と並行して進められることから，捜査員はもちろんのこと，地方自治体，民間犯罪被害者支援団体，弁護士会，心理職の職能団体などとも連携を図っている（上田，2016）。

　**少年部門**　　少年部門の支援の中心となる対象者は少年（20 歳未満の者）である。トラウマ

による影響は発達段階によっても異なる。各都道府県警察では，少年の心理について専門的な知識をもつ少年補導職員などが中心となって活動する「少年サポートセンター」を設け，相談を受けている（警察庁，2020d）。少年部門では，性犯罪，暴行，虐待といった被害以外にも，いじめによる被害への支援，家庭内暴力などの危機場面への対応を行う。地域に根差した日々の活動を生かして，学校や児童相談所などの他機関とも積極的に連携している。

　さらに，犯罪被害者支援部門および少年部門の専門職員は，警察内部での研修会などを通じて，職員に対する犯罪被害者等の心情についての理解促進を図っている。

　**2）精神科医や民間のカウンセラーとの連携**　　警察部外の精神科医や公認心理師・臨床心理士などの民間のカウンセラーに対して，警察が犯罪被害者等へのカウンセリング業務の委嘱をしている。

　**3）犯罪被害者等のカウンセリング費用の公費負担制度**　　2）の制度においては，精神科医等が大都市圏において診療等を行っていることが多く，犯罪被害者等が利用しにくいなどの課題があった。そこで，犯罪被害者等にとってより利用しやすい制度として全国展開が図られた制度である。

　そもそも 2013 年，第 2 次犯罪被害者等基本計画に基づき設置された検討会が，犯罪被害者等の心理療法等に係る公費負担制度を整備する必要性があるとして，研究会の設置を提言した。提言に基づいた研究会が開催され，2015 年には報告書が取りまとめられ，犯罪被害者等のカウンセリング費用の公費負担制度を全国展開していくことが望ましいとの提言がなされた（警察庁，2020b）。そこで警察庁では経費の予算措置を行い，現在では全都道府県警察で当制度が運用されている（警察庁，2020a）。

　この制度の特徴として，犯罪被害者等が受診する精神科医等を自ら選べることや，心理職が行うカウンセリングも制度の対象としていることなどがあげられる（警察庁，2018）。

### （3）各種団体等との連携による支援

　犯罪被害者等は，初めて刑事手続きに関わることへのとまどい，経済的損失，精神的苦痛など，さまざまな困難を抱える。これらの困難に対して一つの機関だけで解決することはできず，民間の支援団体などが存在し，警察の専門職員も連携した支援を展開している。

　**1）民間犯罪被害者支援団体**　　先述した 1991 年のシンポジウムでのご遺族の発言をきっかけとし，1992 年に東京医科歯科大学内に犯罪被害相談室が開設された。その後，賛同者が集まり 1998 年に全国被害者支援ネットワークが設立され，現在ではすべての都道府県にネットワークの加盟団体である民間犯罪被害者支援団体（以下「民間団体」）がある（公益社団法人全国被害者支援ネットワーク，2020）。これらの民間団体では，相談・カウンセリング，犯罪被害者等への裁判所への付添い支援などを行っている。民間団体は公的機関に比して時に柔軟な対応が可能であり，警察では，民間団体と連携して犯罪被害者等のさまざまなニーズに応えている。

　民間団体の多くは都道府県公安委員会から犯罪被害者等早期援助団体（以下「早期援助団体」）の指定を受けている。警察が犯罪被害者等の同意を得て，早期援助団体に対して犯罪被害

者等に関する情報をあらかじめ提供できる仕組みとなっている。すなわち早期援助団体には，公的認証が与えられることで信用が高まり犯罪被害者等が安心して支援を受けられる，警察から被害概要などの情報提供を受けることができるため能動的に活動できる，というメリットがある（警察庁，2015）。

　　2）ワンストップ支援センター　　性被害に遭うと，警察，医療機関，相談窓口などさまざまな機関を訪れなければならない上，二次被害（犯罪被害者等が周囲から心ない言葉や態度で対応されるなど被害後に生じる問題で苦しむこと）を受ける可能性がある。そこで，性犯罪・性暴力被害者の負担を軽減すること，性被害の潜在化防止を図ることが課題となる。
　　ワンストップ支援センターとは，「性犯罪・性暴力被害者に，被害直後からの総合的な支援（産婦人科医療，相談・カウンセリング等の心理的支援，捜査関連の支援，法的支援等）を可能な限り一か所で提供することにより，被害者の心身の負担を軽減し，その健康の回復を図るとともに，警察への届出の促進・被害の潜在化防止を目的とするもの」であり（内閣府，2012），第3次犯罪被害者等基本計画の下で，すべての都道府県に設置された。性暴力救援センター・大阪SACHICOは，わが国で初めての病院拠点型のワンストップ支援センターである。第4次犯罪被害者等基本計画の下では，ワンストップ支援センターにおける夜間休日コールセンターの設置など，体制強化が進められている。

### (4)　ストーカー・配偶者からの暴力事案等による被害者への支援
　　警察では，ストーカー・配偶者からの暴力等（DV）による被害者への支援も行っている。これらの事案においては，捜査や加害者の検挙，加害者への警告や禁止命令等といった措置をとる一方で，被害者等を避難させるなどの保護措置をとる必要がある。このため，警察では，婦人相談所や配偶者暴力相談支援センター等の関係機関・団体と連携を図っている（警察庁，2020d）。
　　都道府県が設置する婦人相談所・女性センター・福祉事務所などや，市町村が設置する施設が配偶者暴力相談支援センターの機能を果たしている。配偶者暴力相談支援センターでは，相談・カウンセリング等の心理的支援や一時保護（婦人相談所が自ら行うか，婦人相談所が委託して行われる）などが実施されている（内閣府，2020）。

## ◉急性期における犯罪被害者等への心理的支援

　　警察における犯罪被害者支援の特徴の一つは急性期から対応することである。一般的に急性期とは，被害後1ヵ月までの時期を指す（National Center for PTSD, 2020）。
　　本節では，急性期支援の担い手である警察の専門職員の活動概要について述べた後で，犯罪被害者等の急性期の心理と支援のあり方について解説する。

### (1)　急性期支援の実際
　　急性期における警察の専門職員による支援の実際をイメージしていただくために，架空事例を示す。ここに取り上げたのは性被害であるが，臨床実践において性犯罪・性暴力による被害者への支援は多数を占めている。

　**事例**：性被害に遭った会社員のＡは，被害当日に届け出たＸ警察署で，指定被害者支援要員（あらかじめ指定され，犯罪被害者支援活動を行う警察職員）のＢ警察官から警察のカウンセリング制度を紹介され，希望をした。そこでＢは，犯罪被害者支援部門にカウンセラー（専門職員）の派遣依頼を行い，Ｃカウンセラーは数日後にＸ警察署でＡと会う約束をした。直後に犯人は逮捕された。

　当日，ＣはＸ警察署を訪れ，Ｂに事件概要を尋ねた。また，Ｂから，重大な事件であったにもかかわらずＡは被害当日でも落ち着いて対応していたこと，捜査の必要性からＡに数回は来署してもらう予定があることを聞いておいた。その後，ＣはＸ警察署の相談室でＡの心理面接を行った。Ａは冷静な様子であり，Ｃがストレス反応や生活の状況について尋ねると，犯人と出くわした瞬間を思い出すと恐怖心が湧くので考えないようにしていること，不思議と夢は見ないこと，仕事中にビクビクしたりフラッシュバックを起こしたりするために仕事を辞めたいと思っていることを訥々と語った。Ｃは，症状に関連する心理教育を行い，辛いときには仕事を休みつつ，退社するか否かを今は決めずにしばらく様子をみるよう助言した。そして，Ｃは，苦痛を感じつつもＡの生活が大きく崩れていないこと，家族と同居しておりサポートが得られる状況にあることを確認し，すぐに精神科医療につなぐ必要性はないと判断した。一方で，重大な事件でありながらＡの様子は淡々とし，回避症状があることからも，今後の経過を慎重にみていく必要があると考えた。そこでＣは，Ａが心理的な支えを得つつ刑事手続きに関与できるよう継続的な心理面接を提案した。

　さらにＡは，今後の刑事手続きがどう進んでいくのかわからず気がかりとのことであった。そこでＣは，早期援助団体の支援制度である弁護士による法律相談を利用できるよう調整した。

　**解説**：警察の専門職員は，捜査と並行した支援を行うことを心がけており，警察官との連携を図る。出来事の概要と，被害者がどの程度捜査協力をする必要があるのかについて把握するため，警察官から情報収集を行っておく。このことは，何度も被害体験を説明することによる被害者の二次被害の防止にも役立つ。心理面接では，ストレス反応，その体験を被害者がどのように捉えているのか，何を不安に思っているのかを把握し，援助の方針を立てる。心理教育を行い，被害者が自分の気持ちを理解していく一助とする。そして，被害者が安全で安心感のもてる環境にあるか否か，精神科医療の必要性の有無について判断した上で，心理的支援が必要と認められる場合には継続面接を提案して目的を伝える。さらに被害者の現実的なニーズに応えるため，支援制度を把握しておき，他機関などと連携を行う。被害によって生じた心理的，現実的な課題双方に，なるべく早い段階で対処することがポイントとなる。

　被害後急性期に犯罪被害者等に支援を開始できるのは，警察の専門職員であるからこそだといえる。専門職員は，混乱の最中にある犯罪被害者等の支えとなり，精神的支援をはじめ犯罪被害者等が必要とするさまざまな支援をコーディネートする役割を担っている。

　急性期支援を行うためには，関連する知識をもっておくことが必要になる。そこで第2, 3項では，急性期の心理と支援のあり方について解説をする。

## (2) 急性期の心理

　1) **ストレス反応**　　犯罪被害に遭った最中あるいは直後には，大抵の人に生理的・心理的

ストレス反応が見られ，その現れ方には軽微なものから重度なものまでばらつきがある。出来事の数時間から数日以内に，侵入的記憶や集中困難，過度の警戒心，生理的反応性の亢進といった自律神経系の覚醒などのトラウマ反応を経験する。ほとんどの反応は，最初の1ヵ月ほどで自然に寛解するが，場合によっては，反応が持続することもある（American Psychiatric Association, 2017）。犯罪被害者等の特徴として，回避症状が強く直接的に自身の体験や気持ちに言及しない場合があること，加害者への恐怖と自責感が強いこと，刑事手続きへの関与が出来事を想起させ苦痛につながりやすいことがあげられる。

　2）**精神疾患**　　代表的なものにASD（Acute stress disorder：急性ストレス障害）がある。ASDをアセスメントすることは，急性期に苦痛を抱えている人を見出し，支援につなげるためにも意義のあることである。ASDは1994年にDSM-Ⅳ（Diagnostic and statistical manual of mental disorders 4th edition：精神疾患の診断・統計マニュアル第Ⅳ版）に掲載された。DSM-5のASDの診断では，症状の持続はトラウマ後3日，最長でも1ヵ月とされ，侵入症状，陰性気分，解離症状，回避症状，過覚醒症状の5領域14症状のうち少なくとも9症状の基準を満たす必要があるとされている（American Psychiatric Association, 2013）。すなわち，DSM-5のASD基準ではこれまでの解離性症状の要件が削除され，ASDは特定の症状群を必要としない急性ストレス反応として概念化されるようになっている（Australian Centre for Posttraumatic Mental Health, 2013）。

　ASDの有病率は，対人暴力の伴わないトラウマ出来事においては診断されても20％程度であるが，対人間のトラウマ出来事では20～50％に上ることが示されており（American Psychiatric Association, 2013），トラウマ出来事の種類によって，反応の強度に違いが出るとされる。DSM-Ⅳの基準による研究成果から，ASD有病率は，自動車事故で13～21％，暴行で24％，レイプで59％と推定される（National Center for PTSD, 2020）。

　ASDのリスク要因は，トラウマ出来事の種類のほか，もともとの精神疾患，過去のトラウマ，トラウマ重症度，回避的な対処様式，神経症性の特質，女性であることなどがあげられている（National Center for PTSD, 2020）。

　なお，ASDがPTSDの予測因子になるかどうかについては結論が出ていない。ブライアント（Bryant, 2011）は，ASDを経験した人はPTSDを発症するリスクが高いがすべてではないこと，PTSDを発症した人の大多数は，以前はASDの完全な基準を満たしていなかったことを示している。すなわち，ASDではないからといって予後が良好であるとは限らず，支援においては注意が必要であると考えられる。

## （3）急性期の心理的支援のあり方

　犯罪被害者等を支援する際には，不用意な言動などによる二次被害を与えないようにすることは必須である。中島ら（2009）は，犯罪被害者遺族の精神疾患のリスク要因の一つとして，二次被害を感じた程度が強いことを明らかにしている。

　支援の開始時期において，犯罪被害者等は回避症状などにより自分の気持ちや支援の必要性を言語化できなかったり，支援を受けることからドロップアウトしたりすることがある。よって，待つだけの姿勢ではなく，支援につなげるための積極的な姿勢や，犯罪被害者等が何を不安に思っているのかを押さえる対応が必要になる。また，犯罪被害者等は心理面への影響のみ

　ならず，被害によって収入が減ったことによる経済的損失や刑事手続きに関与することによる法律面での不安などを抱える場合がある。よって，早期の段階で犯罪被害者等のニーズを確認し，現実的な問題に対処することが必要になる。そのためには，心理職にある者も，関係機関の役割と制度，法的手続きについての知識をもつことが肝要である。

　心理的支援においては，被害により人への信頼感が断たれた犯罪被害者等との関係づくりを行い，安心できる場を提供することが大切である。また，心理教育を行うことが有効である。自分の症状が被害に遭った人であれば誰にでも起こりうることを知ることにより，落ち着く場合がある。アセスメントにおいては，実際のトラウマ出来事（外的現実）と犯罪被害者等がトラウマ出来事をどのように体験しているか（内的現実）の双方を捉えることが重要である。出来事の重大性と比較して苦痛が少ない場合，逆に出来事に比して苦痛が大きい場合など，その違いをみることが事例を理解する際には有益である。

　これまで心理職にとって，急性期支援はほとんど経験することがなかったといえる。しかし，犯罪被害者支援において心理職が果たす役割が増えていくことを考えると，今後はこれらの時期から支援に携わる心理職も増えるであろう。急性期の状況を知り，時に自ら助けの声を上げられない犯罪被害者等を支援することは，「人が人のための仕事をする」という心理職の基本からしても意義深いことである。

**引用文献**

American Psychiatric Association（2013）. *Diagnostic and statistical manual of mental disorders*（5th ed.）. Washington, DC: American Psychiatric Publishing.（日本精神神経学会（日本語版用語監修）高橋三郎・大野裕（監訳）（2014）. DSM-5—精神疾患の診断・統計マニュアル　医学書院）

American Psychiatric Association（2017）. Clinical practice guideline for the treatment of posttraumatic stress disorder.〈https://www.apa.org/ptsd-guideline/ptsd.pdf〉（2021 年 8 月 10 日確認）

Australian Centre for Posttraumatic Mental Health（2013）. Australian guidelines for the treatment of acute stress disorder and posttraumatic stress disorder. Melbourne, Victoria: ACPMH.〈https://www.phoenixaustralia.org/wp-content/uploads/2015/03/Phoenix-ASD-PTSD-Guidelines.pdf〉（2021 年 8 月 10 日確認）

Bryant, R. A.（2011）. Acute stress disorder as a predictor of posttraumatic stress disorder: A systematic review. *Journal of Clinical Psychiatry*, **72**（2）, 233-239.

警察庁（2015）. 平成 27 年版犯罪被害者白書〈https://www.npa.go.jp/hanzaihigai/whitepaper/w-2015/html/zenbun/part1/s1_1_1c01.html〉（2021 年 8 月 10 日確認）

警察庁（2018）. 平成 30 年版犯罪被害者白書〈https://www.npa.go.jp/hanzaihigai/whitepaper/w-2018/pdf/zenbun/index.html〉（2021 年 8 月 10 日確認）

警察庁（2020a）. 令和 2 年版犯罪被害者白書〈https://www.npa.go.jp/hanzaihigai/whitepaper/w-2020/pdf/zenbun/index.html〉（2021 年 8 月 10 日確認）

警察庁（2020b）. 犯罪被害者の精神的被害の回復に資する施策に関する研究会（平成 25 〜 27 年度）〈https://www.npa.go.jp/higaisya/shiryou/study1.html〉（2021 年 8 月 10 日確認）

警察庁（2020c）. 警察による犯罪被害者支援—カウンセリングのご案内〈https://www.npa.go.jp/higaisya/shien/pdf/kaunseringureaf.pdf〉（2021 年 8 月 10 日確認）

警察庁（2020d）. 警察による犯罪被害者支援（令和 2 年度版）〈https://www.npa.go.jp/higaisya/shien/pdf/keisatuniyoruhanzaihigaisyashien_R2.pdf〉（2021 年 8 月 20 日確認）

警察庁（2021）. 令和 3 年版警察白書〈https://www.npa.go.jp/hakusyo/r03/index.html〉（2021 年 8 月 20 日確認）

公益社団法人全国被害者支援ネットワーク（2020）. 目指す社会と使命〈https://www.nnvs.org/network/sengen/〉（2021 年 8 月 10 日確認）

内閣府（2012）. 性犯罪・性暴力被害者のためのワンストップ支援センター開設・運営の手引—地域における性犯罪・性暴力被害者支援の一層の充実のために〈https://www.npa.go.jp/hanzaihigai/kohyo/shien_tebiki/pdf/zenbun.pdf〉（2021 年 8 月 20 日確認）

内閣府（2020）. 配偶者からの暴力被害者支援情報〈http://www.gender.go.jp/policy/no_violence/e-vaw/soudankikan/01.html〉（2021 年 8 月 10 日確認）

中島聡美・白井明美・真木佐知子・石井良子・永岑光恵・辰野文理・小西聖子（2009）．犯罪被害者遺族の精神健康とその回復に関連する因子の検討　精神神経学雑誌，**111**，423–429.

National Center for PTSD（n.d.）. Acute stress Disorder.〈https://www.ptsd.va.gov/professional/treat/essentials/acute_stress_disorder.asp#two〉（2021 年 8 月 10 日確認）

櫻井　鼓（2020）．犯罪被害者支援と援助者の二次的外傷性ストレス―犯罪被害者等の現状と実践的アプローチ　門本泉（編著）司法・犯罪心理学　ミネルヴァ書房　pp.195–209.

上田　鼓（2016）．警察における臨床実践　小西聖子・上田　鼓（編）性暴力被害者への支援―臨床実践の現場から　誠信書房　pp.25–65.

# 2

# 公的機関（2）
## ──児童相談所など

## ●はじめに

　子どもの危機への心理的支援を担う公的機関としては，児童相談所などがある。児童相談所は，設立当初の戦後の戦争孤児対策に始まり，障害児の早期発見・早期療育，不登校児への支援，非行相談，子ども虐待対応など，それぞれの時代を象徴する子どもの心理危機支援の中核を担ってきた。そこで本章では，児童相談所などが担う心理危機支援を取り上げ，児童相談所の児童心理司の役割や児童福祉施設における心理的支援の特徴を紹介するとともに，児童福祉領域における危機への心理的支援のあり方について考察する。

## ●児童相談所における危機への心理的支援

　事例1：小学校は虐待が疑われる児童がいたため，児童相談所に通告した。通告を受けた児童相談所は緊急受理会議を開催し，直ちに学校訪問し，子どもを一時保護した。児童福祉司は，保護者を児童相談所に呼び出し，虐待告知をした上で，子どもの安全に焦点を当てた話し合いを行った。児童心理司は一時保護所で子どもと会い，被虐待の影響などに配慮しながら，子どもから見た家庭の状況や親子関係について聴取した。また，子どもの特徴を理解するためにテストバッテリーを組み，複数の心理検査を実施した。保護者や学校からの情報，さらには一時保護所での行動観察の結果を総合的に踏まえて，児童心理司は子どもの臨床心理学的な見立てを行い，児童福祉司と今後の援助指針について協議した。

### (1) 児童相談所が担う心理危機支援

　児童相談所は，子どもに関するあらゆる相談に応じる児童福祉の専門機関であるため，相談の種類は多岐にわたり，大きくは養護相談，障害相談，非行相談，育成相談などに分けられる。現在，児童相談所の業務の中心は，子ども虐待を含む養護相談だが，障害相談の割合も高い。保護者が子どもの障害を認識し，受容に至るまでにはさまざまな危機的状況があり，療育手帳判定などを行う児童相談所は大きな役割を担っている。また，14歳未満の触法少年などは，児童相談所に送致されるため，非行相談も重要な役割の一つである。児童相談所の目的は，子どものニーズや置かれた環境などの状況に応じて，子どもの福祉を図るとともにその権利を守ることにあり，虐待はもとより，育児不安，しつけ，性格行動，発達障害，いじめ，不登校，家庭内暴力，非行など，子どもと家族のさまざまな危機に対して支援が行われている。

　こうした危機への一次予防としては，子育ての不安などを抱えている保護者への支援が重要

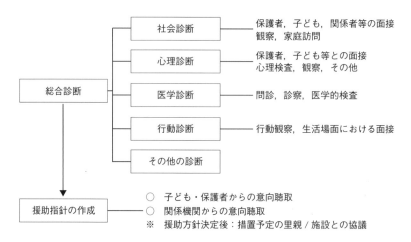

**図Ⅳ-2-1　児童相談所のチームアプローチによる総合診断と援助指針の作成**
(厚生労働省，2018)

であり，市区町村，保健所，福祉事務所，医療機関，保育所，幼稚園，学校などの関係機関との協働によるネットワーク支援が展開されている。また，二次予防としては，早期発見，早期対応が大切であり，要保護児童対策地域協議会などの地域で子どもを守るためのネットワークを活用して，子どもの見守りと保護者支援，関係機関へのコンサルテーションが行われている。さらには，虐待の再発防止を目的とする三次予防では，児童相談所が中核的役割を担っており，虐待などが深刻化したケースに対する子どもの保護などの強権的な介入が行われている。児童相談所では，在宅支援か親子分離などの援助方針が決定され，必要に応じて，市区町村，児童福祉施設・里親，福祉機関，医療機関，保健機関などとの協働による子どもの心理的ケアや家族再統合支援などが提供されている。

### （2）児童相談所におけるチームアプローチ

　児童相談所の最大の特徴は，多職種で構成されるチームアプローチにあり，合議制による総合診断によって援助指針が定められ，援助が実行される（図Ⅳ-2-1）。具体的には，児童福祉司と児童心理司がチームとなり，社会診断と心理診断が行われる。また，必要に応じて一時保護所における行動診断や医師による医学診断なども行われ，子どもとその環境を総合的に理解した上で支援が展開されている。

　こうした中で，児童相談所の心理職である児童心理司は，心理検査や面接，観察などを通して，子どもおよび家族の見立てを行う。その際，子どもの能力や適性の程度，行動上の問題の心理学的意味，心理学的葛藤や適応機制の具体的内容，家族の人間関係等について解明できるよう試みる。このように児童相談所では，多職種連携を基盤としたチームアプローチにより，ケースを多角的に見立てることで総合診断を行い，援助指針を定めていく。

## ●児童相談所の児童心理司の役割

　**事例2**：里親は，児童養護施設からAくんを受け入れることになった。慣らし交流の段階では特に問題はなかったが，実際に里親が養育を始めると，度重なるAくんの行動上の問題に直

面した。里親はどのように対応してよいのかわからず，養育の限界を感じたため，児童相談所にSOSを出した。連絡を受けた児童相談所は，直ちに児童福祉司と児童心理司で里親家庭を訪問した。児童心理司は，臨床心理学的な見立てに基づき，被虐待の影響に伴うAくんの試し行動への対応について里親と一緒に考えた。その後，Aくんの状況がすぐに改善したわけではなかったが，里親は，今起きていることを理解することができ，今後の見通しをもつことができたため，過度に巻き込まれることなく，冷静に対処できるようになった。その結果，里親は何とか養育を継続することが可能となり，Aくんの行動も次第に落ち着いていった。

## (1) 児童心理司とは

児童相談所における危機への心理的支援の担い手は，児童心理司である。『児童相談所運営指針』（厚生労働省，2018）によると，その職務内容は，「①子ども，保護者等の相談に応じ，診断面接，心理検査，観察等によって子ども，保護者等に対し心理診断を行うこと，②子ども，保護者，関係者等に心理療法，カウンセリング，助言指導等の指導を行うこと」とされる。

佐々木（2018）は，1986年から2016年までの30年間の文献レビューを行い，児童相談所における心理的支援の特徴を検討している。この研究によると，児童相談所では，子ども虐待が社会問題化する前からも，不登校を中心に発達障害・非行など，多様な主訴に対して，個人を対象としたものからグループ指導，さらには地域支援まで幅広い支援が行われていた。また，2000年の児童虐待防止法施行以降は，虐待相談が中心となり，支援の対象は子どもだけではなく，保護者や関係者まで広がり，支援方法もより積極的なものへと変化した。こうした文献レビューを踏まえて，児童心理司の実践の特徴として，①支援・介入への法的・社会的な要請から生まれる実践，②クライエントの動機づけが薄い中で行う支援，③コミュニティへのアウトリーチ，④一時保護・措置を組織として判断するうえでのアセスメント，⑤一時保護・措置により生活環境が大きく変化することから派生する支援，⑥児童福祉司との協働による支援があげられている。

以前，児童相談所の心理職が「心理判定員」と呼ばれていたように，児童心理司の業務におけるアセスメントの比重は大きいと思われる。しかし，近年では，子ども虐待ケースに対して，児童福祉司との協働による危機介入やアウトリーチなどのソーシャルワーク的な働きかけが行われており，時代の変化とともに児童心理司に求められる役割も変容してきている。

## (2) 児童心理司による心理的支援

児童相談所では，児童福祉司と児童心理司がペアを組んで，子ども・家族・関係者に対してさまざまな支援が行われている。子ども虐待対応では，子どもの安全が最優先になるが，子どもの健全な発達を保障するという視点も欠かせない。子どものアセスメントと心理的ケアに加えて，子どもが適切に養育されるように，保護者や家族を取り巻く周囲の環境に対して積極的にアプローチしていくことが求められている。

子どもの虹情報研修センター（2020）の全国調査によると，児童相談所の児童心理司の重要な役割として，①アセスメント業務，②心理的支援業務，③地域支援業務，④子ども虐待対応業務，⑤連携・スーパービジョン，⑥研修・事務的業務という六つの軸が想定されている（表IV-2-1）。これらの多様な役割は，一人の児童心理司がすべてを担う必要があるというわけではなく，それぞれの個性を生かして，組織としての心理的支援機能を果たすことが重要だと思わ

表Ⅳ-2-1　児童心理司の役割の六つの軸（子どもの虹情報研修センター，2020 に基づいて筆者作成）

| Ⅰ　アセスメント業務 | Ⅱ　心理的支援業務 | Ⅲ　地域支援業務 |
|---|---|---|
| ・療育手帳，特別児童扶養手当等の福祉サービスの根拠のための心理判定<br>・一時保護児童への心理判定<br>・障害相談，育成相談における心理判定および助言，在宅指導<br>・非行相談における心理判定および助言，在宅指導<br>・虐待相談における心理判定および助言，在宅指導<br>・保護者および家族構造のアセスメント<br>・里親不調・施設不適応ケースのアセスメント | ・被虐待児，里親不調，施設不適応児への心理的ケア<br>・一時保護児童への心理的ケア<br>・保護者への心理教育<br>・親子関係再構築支援（家族再統合プログラムの実施含む）<br>・子どもへのカウンセリング・心理療法 | ・家庭訪問による子ども・保護者支援（児童福祉司との同行含む）<br>・施設訪問による子ども・施設職員支援（児童福祉司との同行含む）<br>・里親宅訪問による子ども・里親支援（児童福祉司との同行含む）<br>・地域のコーディネートなどのソーシャルワーク的な支援 |

| Ⅳ　子ども虐待対応業務 | Ⅴ　連携・スーパービジョン | Ⅵ　研修・事務的業務 |
|---|---|---|
| ・一時保護等の必要性を判断するための子どもへの虐待事実の聴き取り<br>・虐待ケースにおける介入時の保護者対応（児童福祉司との同行含む） | ・業務とされている所内各種会議への出席（援助方針会議等）<br>・施設，学校，要保護児童対策協議会ケース会議等への出席<br>・児童心理司同士のスーパービジョン<br>・児童福祉司，一時保護所職員との情報共有やコンサルテーション | ・心理所見や会議などに必要な書類作成<br>・統計業務（厚生労働省統計，事業概要統計，心理独自統計など）<br>・育成，研修業務（育成計画，研修の企画実施，マニュアルの点検更新） |

れる。

　また，近年では里親委託が推進される中で，児童相談所と里親の協働が重要になってきている。虐待などのトラウマを抱える子どもは，里親家庭で安全が保障されたとしても，すぐには対人関係に関する不安や恐怖を払拭できない。些細な発言や仕草に過敏に反応し，過去の加害者との対人関係を投影して「見捨てられた」「否定された」と思い込む傾向があり，里親などに対して攻撃的になったり，過度に依存的になったりすることも少なくない。こうした反応は，めまぐるしく変化し，一貫性に欠けるため，適切な知識がなければ，知らぬ間に過去の対人関係の再演に巻き込まれてしまい，里親が加害者的立場を再現させられてしまったり，子どもの思わぬ反応に傷ついたりして，里親不調に陥ってしまうことになりかねない。そのため，危機に直面した里親が適切なほどよい養育者として生き残ることができるように，児童心理司が臨床心理学の専門性を生かして子どもや里親に対して心理的支援を行うことが期待されている。

## ●児童福祉領域における危機への心理的支援

　**事例3**：児童心理治療施設で生活するBちゃんは警戒心が強く，個別面接をしても，家族や将来のことについて，あまり話したがらなかった。しかし，ある日，Bちゃんが信頼している職員に優しくハンドクリームを塗ってもらっているときに，ふと本音がこぼれて，今まで話せなかった過去の家族との出来事やこれからの希望について語り始めた。この出来事を契機に，Bちゃんの表情は豊かになり，職員や入所児童との関係性に小さな意味のある変化が生まれ，施設生活も安定していった。

## （1）児童福祉施設における心理的支援の特徴

　児童福祉領域における児童相談所以外の心理危機支援の担い手としては，児童養護施設，児童心理治療施設，児童自立支援施設などの児童福祉施設に勤務する心理療法担当職員があげられる。児童養護施設などの現場では，生活体験の積み重ねが大切だと捉えられている。児童心理治療施設では，施設全体を治療の場とみなし，施設内で行っているすべての活動が治療的なものであるという「総合環境療法」の立場が取られている。また，児童自立支援施設では，「共生共育」を基本理念として，子どもと共に生活する場の中で行われる生きた言葉・態度などの相互交流によって共に育ち合う姿勢が大切にされている。

　このように児童福祉施設の心理的支援では，週1時間の心理療法だけではなく，残りの6日と23時間の生活が治療的に機能することを目標に，子どもの生活場面に積極的に関わっていくのが特徴だといえる。

## （2）児童福祉領域における生活に根差した支援

　児童福祉領域における心理的支援では，被虐待などの逆境体験をもつ子どもに対して心理療法を行うことをもっとも期待されていると思われる。しかし，村瀬（2001）が「発達段階の初期にすでにトラウマを受け，基本的信頼感が十分育っていない，しかも生きていく生活習慣の基本すらも崩れたり，習得できていない子どもに対しては，象徴を駆使したり，言語表現に多くを頼って，内面理解に急になるよりも，まずそれ以前の具体的な生活体験を味わい，生を享受できるような日常生活の充実を基盤とした，統合的なアプローチが求められる」と述べているように，被虐待などの影響が深刻なケースほど，いきなり心理療法によって内的世界を扱おうとするのではなく，生活全体を見直し，まずは外的世界のあり方を変えていくことから始めていく実践が必要となる。基本的な生活が安定し，生きやすさが増していくことで，はじめて自分が抱える内的課題と向き合うことが可能になる。そのため，児童福祉領域における心理的支援では，面接場面における非日常性ばかりを重視するのではなく，生活に視座を置いた臨機応変な対応を行うことが求められているといえるだろう。

　児童福祉領域における心理的支援は，虐待などによる傷を「治す」という治療モデルというよりは，むしろ「発達を促す」という成長モデルの視点をもって子どもと関わることが大切だと思われる。子どもの生活そのものが成長促進的な「場」になるように環境を整えるという発想が必要であり，子ども個人への心理療法だけではなく，保護者，学校，里親，施設職員などに対する心理的支援を同時並行的に展開していくことが求められる。そうした支援を効果的に行うことで，保護者や支援者が子どもの行動の背景にある心理的な意味を理解し，適度な距離をとることができるようになり，対人関係のあり方に好循環が生じると考えられる。

　以上のように，児童福祉領域における危機への心理的支援では，心理療法の原則が他の時間も通して連動していくように，子どもの言動をはじめとするさまざまな現象について，臨床心理学的な枠組みからの理解を多機関多職種の間で共有することで，生活の「場」そのものの心理的支援機能を促進していくことが重要となる。すなわち，児童福祉領域における危機への心理的支援とは，子どもの生活の中に臨床心理学的な視点を持ち込み，周囲の関わりが治療的なものになっていくように支援するところに，その本質が集約されているといえるだろう。

**引用文献**

子どもの虹情報研修センター（2020）．児童相談所における児童心理司の役割に関する研究（第2報）〈https://www.crc-japan.net/wp-content/uploads/2021/03/r01-jidousoudanjo.pdf〉（2021年11月1日確認）

厚生労働省（2018）．児童相談所運営指針

村瀬嘉代子（2001）．児童虐待への臨床心理学的援助―個別にして多面的アプローチ　臨床心理学，**1**（6），711–717.

佐々木大樹（2018）．児童相談所心理職の実践と課題―文献レビューによる検討　コミュニティ心理学，**21**（2），136–152.

# 3

---

# 民間団体・NPO

## ◉はじめに

　危機への心理支援はさまざまな立場で行われる。犯罪被害の例をみてみると，司法領域では，公的機関である警察や検察にも被害者支援担当部署が設置されるようになっている。このような公的支援が広がっており，地方公共団体では，被害者支援に関する総合的対応窓口の設置が進んでいる。また，地域によっては，犯罪被害者等に関する条例の制定等が行われはじめている。このように，国および地方公共団体や，公的機関における犯罪被害者等のための施策は大きく進んできている。しかし，犯罪被害者とその家族，および遺族等にとって，公的な支援だけでは，まだまだ行き届かない面もある。被害者へのさらなる支援を考えるとき，公的機関での支援を補完する役割をもつのが，民間の支援団体やNPO（特定非営利活動法人）などの団体による支援である。

　そこで，本章では，犯罪被害をはじめとするさまざまな被害者や，心理的な危機を抱えた方々に対する支援の担い手として，民間団体やNPO法人などについて取り上げることとする。

## ◉犯罪被害者支援にかかわる民間団体・NPOなどについて

### （1）犯罪被害者支援団体

**1）公益社団法人全国被害者支援ネットワーク**　　はじめに，公益社団法人全国被害者支援ネットワーク（以下，被害者支援ネットワークと略す）について紹介する。被害者支援ネットワークのホームページによると，活動の始まりは1992年にさかのぼるとのことである。当時の東京医科歯科大学難治疾患研究所犯罪精神医学教室内に創設された「犯罪被害相談室」が我が国の犯罪被害者支援に関する相談室の嚆矢と考えられる。その後，各地に犯罪被害者に対する支援センターが設立されるようになった。1998年5月に，全国の民間組織8団体によって，「全国被害者支援ネットワーク」が設立されている。これが現在の被害者支援ネットワークの元である。2009年7月には47都道府県すべてに加盟団体（各地の被害者支援センター）が設置された。その後，被害者支援ネットワークは公益社団法人となり，2020年12月現在で加盟しているのは，48団体（北海道が2団体，他は各都府県1団体）である。

　これらの各都道府県にある被害者支援センターは，それぞれ成り立ちや運営主体が異なっている。大学関係者や研究者，支援者が元になっているところもあれば，警察OBが主になっているところ，弁護士等が中心になって設立されたところなどもあり，各団体の設立経緯はさまざまである。また犯罪被害当事者が，役員等に入り，組織の運営に関わっている団体もある。

　支援内容も，それぞれの地域によって異なっているが，基本的には「電話相談」「面接相談」「直接支援」が行われている。「電話相談」は，被害にあわれた方が支援を求める糸口になる重要なものである。傷ついた心を抱えている方が多いため，まずは丁寧に話をうかがうことが大事である。さらに，今後のケアの必要性についてのアセスメントも重要になる。「電話相談」はどの支援センターでも行われているが，曜日や時間などに限りのあるところも多いので，実際には各都道府県にある支援センターのホームページ等を確認するとよいだろう。「電話相談」から「面接相談」や「直接支援」につながる場合もある。「面接相談」は，専門の研修を受けた犯罪被害相談員によって行われる。被害にあわれた方が何を必要としているのかを明確にしたうえで，被害者の方の意向を尊重しながら，これからの支援の方針を確認し，「直接的支援」につなげていく。「直接的支援」とは，多くの場合，面接相談を経て，支援センターの支援員が被害者の方々に直接寄り添って支える活動をさす。具体的には，警察や裁判所，病院や弁護士事務所などへの付き添い等を行うことなどである。他に裁判の代理傍聴や，役所等での各種手続きの手伝いなどを行うこともある。このほか，支援センターによっては，自宅への訪問や日常生活におけるさまざまなサポートを行うところもある。必要に応じて，弁護士による法律相談や，臨床心理士・公認心理師等の専門家によるカウンセリングなどが行われる場合もある。

　この心理的支援の一例として，西脇・坪井（2018）は，公益社団法人被害者支援都民センターのプログラムを紹介している。それによると，「持続エクスポージャー法（Prolonged Exposure Therapy ／ PE療法）」，遺族を対象とした「外傷性悲嘆治療プログラム（Traumatic Greif Treatment Program：TGTP）」，「子どもとその養育者を対象とした子どものためのトラウマ・フォーカスト認知行動療法（Trauma-Focused Cognitive Behavior Therapy：TF-CBT）」などが行われているとのことである。もちろん，このようなトラウマに焦点づけたプログラムによらない心理面接も行われており，「中長期にわたって癒えない思いに寄り添う継続的な心理面接は大きな助けになる場合がある」とも述べられている。

　中谷（2005）は，民間犯罪被害者支援団体において心理的支援を行った経験について述べている。それによると，被害者や家族は一時的に自己コントロール感を崩しやすくなっていることから，必要な時に心理教育的支援を提供できることが重要であると指摘している。精神的支援に限らず，司法制度理解や，経済的支援の情報も，被害者遺族の安心感や自己コントロール感の回復につながるとしている。

　支援センターによっては，このほかに一時的な宿泊場所を提供するというサービスを行うところもあれば，カウンセリング費用の一部負担（一定回数の無料化等）を行っているところもある。また，サポートを受けた被害者同士が話をする機会として，被害者支援センターにおける自助グループのサポートをしているところもある。

　民間団体による支援の利点としては，被害にあわれた方への切れ目のない支援を行うことができるということがあげられる。事件発生から裁判終了後の生活についても途切れなく継続的に支援を行うことが必要となる。警察，検察などの公的機関や弁護士，病院などは，事件後の経過や状況，段階ごとに被害者と関わり支援を行う。その時々の支援を横軸とすると，被害者支援センターなどのような民間支援団体は，各機関と連携しながら被害者の方を継続的に支援する縦軸の役割を担うことができると考えられる。

　このような被害者支援センターでは，どのような人が支援の担い手になっているのだろうか。被害者支援ネットワークのホームページによると，支援の担い手には「犯罪被害相談員」

と「犯罪被害者直接支援員」がいる。被害者支援ネットワークに現在加盟している 48 団体の
うち，47 団体が各都道府県の公安委員会から「犯罪被害者等早期援助団体」の指定を受けてお
り，警察からの情報提供のもと，支援活動を行っているとのことである。ここで「被害者等に
関する相談に応ずる」業務に従事する者を「犯罪被害相談員」という。資格要件は，25 歳以上
の，①人格，行動に社会的信望がある者，②職務遂行に必要な熱意と時間的余裕がある者，③
生活が安定している者，④健康で活動力を有する者とし，なおかつ相談業務におおむね 3 年以
上従事していることなどがあげられている。「犯罪被害者直接支援員」は，各支援センターの募
集に応じた一般市民が一定の養成講座・養成研修を受けた上で行っているところが多い。

　被害者支援ネットワークのホームページによると，養成講座では，「①犯罪被害者が受ける心
身や日常生活への影響，被害者支援の歴史と現状，刑事・民事手続きの流れ，行政や法曹，医
療など他機関等における支援の状況などの基礎的な知識，②傾聴や面接の仕方，電話相談のロ
ールプレーイング，被害者の方々への接し方，寄り添い方といった実技を学んでいる」とのこ
とである。また，支援センターはそれぞれの成り立ちが異なることは前述したが，運営母体や
規模もさまざまであることから，支援内容にも地域差がある。そこで被害者支援ネットワーク
が，全国の支援センターをつなぐ役割を担っている。犯罪被害相談員や犯罪被害者直接支援員
の育成において，指導的な役割を果たすのが，「NNVS（National Network for Victim Support
＝全国被害者支援ネットワーク）コーディネーター」である。犯罪被害相談員として豊富な経
験をもち，かつ講師としても実績を積んだ者の中から，厳しい資格考課を経て認定されるそう
である。

　被害者支援ネットワークでは，ボランティア養成講座から始まり，犯罪被害者直接支援員，
犯罪被害相談員の質の向上のために，レベルに応じた研修会（中級・上級）を行っているそう
である。養成講座以外にも，将来，法曹界を担う人材や援助職（医師，教師，看護師，心理職
等）をめざす人材に対して，被害者支援に関する知識を涵養する目的で，被害者支援に関する
講義（犯罪被害者支援を考える・学ぶ講座）を実施しているとのことで，人材育成に力を入れ
ていることが示されている。

　ほとんどの支援センターの支援員は，非常に重要な役割を担っているにもかかわらず，一部
の専門家を除いて，基本的にはボランティアベースで行っている。これは，民間団体ならでは
の活動資金問題にも関係していると考えられる。資金調達の一つとして，寄付金付き自動販売
機の設置や，古本を売ったお金が寄付になるという仕組みなど，さまざまな工夫がされている。

　民間団体である被害者支援ネットワークならではの取り組みとして，全国の犯罪被害者支援
に関する条例制定の実態を調査・把握し，条例制定に向けた取組を実施したこと等があげられ
る。政府の第 4 次犯罪被害者等基本計画（5 か年計画）は，2021 年度から始まる予定であるが，
それに向けて加盟団体からの意見・要望等をとりまとめ，第 4 次基本計画に反映されるよう働
きかけを行うなど，犯罪被害者支援施策全体に関するさまざまな取り組みを行っていることが
示されている。

　**2）犯罪被害当事者団体**　　次に犯罪被害当事者が作っている団体について取り上げる。犯
罪被害当事者が作っている団体は各地にさまざまなものがある。それらのネットワークは愛称
「ハートバンド」といわれる。ホームページによると，この「ハートバンド」は，北海道から沖
縄まで，全国の犯罪被害者団体が集うネットワークであり，主な活動は年に一度の全国大会開

催である。正式結成は 2005 年の大会準備中だったそうである。2020 年現在，19 団体が所属している。各団体で行っている内容は異なっているため，ここでは，筆者を含めた複数の臨床心理士・公認心理師がこれまで関わってきている，ある犯罪被害当事者グループの実際について紹介する。

　筆者らの関わっている犯罪被害当事者グループは，殺人事件のご遺族が自ら声を上げ代表者となり，主に殺人事件被害者遺族を中心とした「自助グループ」として，2000 年 9 月に発足したものである。当時，大学の一室を借りてスタートし，大学院生数人が交代でサポートスタッフとして参加していた。殺人事件によって家族を失ったご遺族が，毎月 1 回の集まり（定例会）の中で，それぞれの思いや気持ち，体験を語る会が始まった。お互いの話は「話しっぱなし」「聞き捨て」とし，「被害の比べ合いをしない」「会以外で話題にしない（守秘）」等のいくつかの基本ルールのもと，分かち合いの会が始まった。原則，この会での発言は自由であり，泣いたり，怒ったり，笑ったり，心のままにしてよい場とされている。筆者らサポートスタッフの役割は，その自由な場を保証することである。

　その後，自助グループから NPO 法人に形を変えながらも，グループは今も存続している。発足当時からの継続メンバーだけでなく，新しく被害者となってしまったメンバーも加わっている。一方で，当事者グループから卒業した方や，定例会には参加はしていないが，グループとの緩やかなつながりを保っているという方もある。

　当事者グループの内容は，亡くなった方の追悼や，グリーフワーク等，もともと発足のきっかけであった自助（ピアサポート）を中心としている。ただし，時代の流れとも相まって，少しずつ社会的な活動も増えてきている。たとえば，犯罪被害者支援に関連することがらについて，弁護士会やマスコミなどの関係機関からゲストを招いて勉強会や意見交換会を行ったり，年 1 回ほどは社会に向けた被害者からの発信をするためのイベントを企画・開催したりするといった，さまざまな活動をしている。さらに，「亡くなった人を忘れないでほしい」「事件を風化させたくない」という願いを込めて，被害者のパネル展示を各地で行うといった社会的活動も増えてきている。近年は，犯罪被害者等基本法および基本計画を受けて，地域の自治体単位で犯罪被害者支援の条例が検討され始めている。そのようなときに，当事者の声として，条例についての要望を伝えることもある。このように活動内容も多岐にわたって広がってきているが，基本は当事者同士のピアサポートであることに変わりはない。新たな事件による犯罪被害者が参加されるときには，事前に少人数のピアサポートを行うなど，原点であるシェアリング（グリーフワーク）が中心となっている。

　当事者グループは，公的機関ではないので，行政の管轄にとらわれず，他の都道府県や他地域のメンバーが参加できるという良さがある。被害者の方は，事件発生直後から，犯人逮捕，裁判の開始前（近年は公判前整理手続きに要する期間が長引く傾向にある），公判中，そして裁判が終わった後も，長い経過をたどる。裁判が終わったからといって事件が終わった訳ではなく，その後もさまざまな苦しみに直面することもある。当事者グループでは，事件後の支援も，起訴まであるいは裁判が終わるまで，といった期限が決まっているわけではないため，中長期にわたる支援（ピアサポート）が可能になる。グループに参加されている被害者のうち，長い人では事件から 20 年以上が経過している方もいる。無期懲役の判決では，加害者がいずれ出所してくるかもしれないし，死刑判決が出ていても繰り返される再審請求に心をかき乱されることもある。たとえ死刑が執行されたとしても，被害者の心が癒やされるわけではない。

事件直後の支援は犯罪被害者等基本法の成立もあって，公的機関を中心に，各地の被害者サポートセンター等の支援も含め，さまざまな方策が行われてきている。しかし，裁判終了後の被害者支援のあり方については，まだ確立されているものがあるわけではない。さらに，未解決事件の場合，時効撤廃によりずっと事件と向き合ったまま，誰に怒りや悲しみをぶつければよいのかといった苦しみを抱えている方もいる。このような中長期にわたる「切れ目のない支援」を，当事者自らが担わなければならないのか，という疑問もわいてくるが，このような長きにわたる支援が必要なことを今一度，認識しておく必要があるだろう。

　若林（2000）は自助グループについて，当事者の中で「同じこと」「同じ思い」を感じ，輪が生まれ，「ちがい」を認め合うことで，他者への共感や思いやりが生まれると述べている。しかし，犯罪被害のように，心に深い傷を負っている場合，少しの「ちがい」を内包することができず，グループとして機能不全に陥ることもある。犯罪被害当事者による自助グループの維持は容易ではないといえる。太田ら（2018）は，社会的な活動を行っている犯罪被害者遺族に半構造化面接および質問紙調査を行い，被害者のレジリエンスを検討している。その結果，社会的活動を行っている遺族であっても，「トラウマ反応」や「喪失に伴うネガティブな感情」が存在する可能性を示唆している。一見，元気で社会的な活動をしている遺族であっても，心の傷を抱えていないわけではない，ということに配慮が必要なのである。

　このようにみてみると，被害当事者のグループは，ピアサポートによる気持ちの受け止めや，社会的活動による主体性の回復等を含め，被害からの回復に大きな意味をもつといえる。一方で，参加者の多くが被害者である場合，それぞれが何らかの傷つきを抱えた人の集まりでもある。そのため，臨床心理士や公認心理師等の心理の専門家などが，心の傷つきに十分配慮しながらサポートに入ることが必要だろう。犯罪被害にあうということ，自らの意志と関係なく事件に巻き込まれることは，人としての主体性が脅かされることでもある。したがって，被害者の主体性の回復をめざし，被害者の意志を尊重し自ら選択していくことをサポートすることに留意して支援にあたることが重要であろう。

## (2) 性犯罪・性暴力被害者支援に関するワンストップ

　性犯罪や性暴力の被害にあったとき，あまりにもショックで動けなくなったり，自分の身に何が起きたのか理解できなくなったり，茫然としてしまうことが多いだろう。すぐに警察に訴えたり，産婦人科病院に行ったりできる人は多くないのではないだろうか。家族が被害にあった場合にも，すぐに警察に行くのはためらわれることもあるだろう。ましてや，警察や身近な人に被害にあったことを伝えても，なかなか理解してもらえなかったり，同じことを何度も聞かれたりすることによる心理的なダメージは大きいといえる。できるだけ早く医療的・心理的な支援を受けることが，心身の回復にとって非常に大切であると考えられているが，性犯罪・性暴力の被害にあった女性たちの多くは，恐怖や屈辱や混乱の中で「誰にも言えない」「知られたくない」等と一人で悩むことだろう。被害から時が経過すればするほど心的外傷は深くなり，回復は遅れると考えられている。そのため，万が一，性犯罪・性暴力被害にあった際に，一か所で心身の診察と法的対応，心のケアもできるサービスの必要性が訴えられるようになった。我が国における「性犯罪・性暴力被害者のためのワンストップ支援センター」（以下，「ワンストップ支援センター」という）は，大阪府松原市内にある性暴力救援センター・大阪（Sexual Assault Crisis Healing Intervention Center Osaka。通称 SACHICO。以下

「SACHICO」という）および愛知県一宮市内にあるハートフルステーション・あいちの2か所が始まりである。ワンストップ支援センターは，性犯罪・性暴力被害者に，被害直後からの総合的な支援（産婦人科医療，相談・カウンセリング等の心理的支援，捜査関連の支援，法的支援等）を可能な限り一か所で提供することにより，被害者の心身の負担を軽減し，その健康の回復を図るとともに，警察への届出の促進・被害の潜在化防止を目的とするものである。被害直後からの上記各種支援のすべてを物理的に一か所で提供することは，各種支援を行う各機関がそれぞれの専門分野における支援を充実させ，かつ効率的に行うことと必ずしも両立するとは限らない。したがって，「総合的な支援を可能な限り一か所で提供する」とは，被害者を，当該支援を行っている関係機関・団体等に確実につなぐことを含むものである。

　具体的には，どのような支援が行われているのだろうか。そこで，2010年に日本で初めて，性犯罪・性暴力被害者への病院拠点型ワンストップセンターとして設立された特定非営利活動法人「性暴力救援センター・大阪SACHICO」の例を紹介する。SACHICOのホームページによると，「性暴力被害者への医療は，女性への救急医療」と考え，24時間体制のホットラインおよび支援員常駐による心のケアと，産婦人科医による診療が提供されている。性暴力に関する当事者の視点に立ち，急性期から医療支援，法的支援，相談支援等の活動を続けていることが示されている。同意のない，対等でない，強要された性的行為はすべて性暴力であると定義されている。被害を受けた当事者と相談しつつ，精神科医師による診療，カウンセリング，弁護士相談，警察への通報，児童相談所への通告など，SACHICOと連携している関連機関（女性の安全と医療支援ネットというネットワークシステム等）の支援を受けることができ，被害者にとってのいわゆるワンストップセンターとして機能しているとのことである。性被害から72時間内の産婦人科の医師による緊急診察では，被害による外傷の確認，膣内証拠物の確保，性感染症対策などが行われる。緊急避妊薬（ピル）が処方される場合もある。警察に通報するか否かは，本人の意思に任されているものの，通報する場合は，すぐに警察と連絡が取れる体制になっている。必要な診断書や報告書の作成，証拠物の保存等も行われるとのことである。

　このようにワンストップ支援センターは，性犯罪・性暴力被害者にとって大切な場所である。特に被害にあってもすぐに警察には言いに行きにくいが，望まない妊娠の心配がある場合には，被害後72時間以内の診察がポイントとなってくる。そのため，病院拠点型のワンストップ支援センターは特に重要であると考えられる。しかし実際には病院拠点型のワンストップ支援センターはまだ数が少ないといわれている。

　性暴力救援センター全国連絡会が2013年に立ち上げられており，2020年現在，全国で43団体が加盟している。その多くは連携型といわれるものである。つまり，性犯罪・性暴力被害者への相談窓口を設けていて，必要に応じて連携病院に同行するサポートを行うという形である。連携病院の確保が難しいという課題があると考えられるが，警察と病院，支援センター（NPO）などが協力し合い，官民の連携・協力により，性犯罪・性暴力被害者への支援がスムーズに行われるようになると，救われる被害者も増えるだろう。

## ◉ DV 等に関する民間シェルターについて

　これまで，犯罪被害者関連の民間団体，NPO等について述べてきたが，家庭内で起きる暴力等の被害について，公的機関以外での支援である民間シェルターについて紹介する。家庭

内の身近な関係性の中で，家庭内暴力（Domestic Violence：DV あるいは Intimate Partner Violence：IPV）や子どもの虐待が問題となっている。

　2001（平成 13）年に「配偶者からの暴力の防止及び被害者の保護等に関する法律」（DV 防止法と略す）が制定され，これまでに数回の改正が行われている。DV 被害者に対して相談や支援の中心を担う機関として，各都道府県に設置されている配偶者暴力相談支援センターがあげられる。全国 238 か所ある配偶者暴力相談支援センターにおける 2018（平成 30）年度の相談件数（内閣府，2019）は，114,481 件であった。緊急時における安全の確保を行った件数は 600件，そのうち民間団体等の施設で保護した件数が 255 件（42.5％）ともっとも多く，次いで自らの施設での保護が 128 件（21.3％），ホテル 70 件（11.7％）の順であった。このように，配偶者暴力相談支援センターからの委託で，民間団体のシェルターが DV 被害者の支援先として重要な役割を占めていることが示されている。

　内閣府（2019）による「DV 等の被害者のための民間シェルター等に対する支援のあり方に関する検討会」の報告書から，民間シェルターの現状と支援の課題について述べることとする。この報告書の中で，民間シェルターについて，世界全体でも「SDGs（持続可能な開発目標）」（2015（平成 27）年国連サミットで採択）の第 5 目標としてジェンダー平等と女性のエンパワメントが位置づけられており，「誰一人取り残さない社会」の実現のためにも，民間シェルターの果たす役割は大きい，と述べられている。

　この報告書によると，日本で最初の民間シェルターは，1985（昭和 60）年，横浜に設立されたキリスト教関係の団体であるとされている。2018（平成 30）年 11 月時点では，都道府県や政令指定都市が把握している民間シェルターを運営する団体数は 107 にまで増加しているとのことである。そのうち NPO 法人が 49 団体，社会福祉法人は 22 団体で，そのほかは法人格をもたない団体とのことである。民間シェルターは，行政の取り組みに先駆けて DV 被害者支援における課題を提起し，解決に向けて活動してきた「先駆性」，行政と比較してフレキシブルな支援ができる「柔軟性」，地域の実情に応じ，地域の社会資源を活用しながら，その特性を生かした活動を行う「地域性」，専門的な知見に基づくニーズに対応した支援活動を行う「専門性」等の特徴を有していると述べられている。また，民間シェルターの被害者支援の方針は「非暴力」「エンパワメント」「当事者主義」「フェミニズム」であり，こうした支援姿勢に則り，啓発，相談，シェルター，同行支援，情報提供，自立支援，回復支援等のほか，外国籍女性や若年女性に対する支援，子ども向けプログラムや母子に対する心理教育，ステップハウス，支援者養成の研修会等，シェルターでの一時保護にとどまらず，独自の方針に沿った特徴ある支援を行っていることが示されている。また，民間シェルターは，一時保護の場面において公的機関が対応できない場合が多い男児同伴，子どもが多い場合，疾患，ペットの同伴等にも，必要に応じて柔軟に対応している実態があるということが示され，被害および被害者の多様化に伴い，被害者支援に不可欠な存在になっていることも述べられている。

　このように重要な役割を果たしている民間シェルターであるが，財政面の問題，専門職の不足など人的基盤の弱さ等の課題を抱えているところが多いといわれている。DV 防止法では，民間シェルターについて直接的には明記されておらず，配偶者暴力相談支援センターで行う一時保護の委託先（3 条 4 項），配偶者暴力相談支援センターの連携先（3 条 5 項），財政支援等の対象（26 条）として位置づけられている。これにより，一時保護の委託を受けた民間シェルターについては，都道府県が一時保護委託費を支給し，その半額を国が負担している。しかし，

地方公共団体によっては支援体制に偏りがあり，特に市町村の相談窓口等に被害者が駆け込んだ場合等は，予算措置がされていないことから，民間シェルターに無償で被害者の入所の受入れを依頼してくる例も多いことが指摘されている。財政面の不足を何らかの方法で補い，支援者の待遇を改善することは，ひいては，DV 被害者が受ける支援の充実にもつながることとなると述べられている。

　専門職の不足に関して，民間シェルターでは，安全で安心な場所の確保のほか，被害者自身の力を回復させるためのカウンセリングは必須であり，DV や性虐待等の被害特性に理解のある心理職等によるプログラムなどを受けられる体制の整備が望まれると述べられている。

　このように，民間シェルターの抱える課題に対して，財政的な支援の工夫と行政との連携は重要であるといえる。また DV は子どもの虐待とも関係しているため，児童福祉領域の支援施策の活用なども含め，民間団体としての独自性を保ちつつも，さらなる行政との連携が必要になるといえるだろう。

## ●自殺予防に関する団体──いのちの電話

　2020 年，新型コロナウィルス感染症（COVID-19）が世界中に拡大し，私たちの生活も一変してしまった。世の中全体に先の見えない不安が大きくなり，虐待や DV，自死などの件数が増えているという報道もある。また有名人の相次ぐ自死の報道によって，多くの人々の心が落ち着かなくなっているといえるだろう。そのような自死を報じるニュースの際に，「いのちの電話」の連絡先が流れることも増えてきている。そこで「いのちの電話」について紹介する。

　「日本いのちの電話連盟」のホームページによると，この「いのちの電話」の活動は，1953 年に英国のロンドンで開始された自殺予防のための電話相談に端を発しているとのことである。日本ではドイツ人宣教師ルツ・ヘットカンプ女史を中心として準備され，1971 年 10 月に日本で初めてボランティア相談員による電話相談が東京で開始されたとのことである。1977 年，いのちの電話は全国にわずか五つのセンターだったが，この市民運動を全国に展開するために，その中心的役割を担う組織が必要となり，「日本いのちの電話連盟」が結成されたということである。2020 年現在，連盟に加盟しているセンターは 50 となり，約 6,000 名の相談員が活動しているとのことである。統計によると 2019 年の相談件数は，620,367 件だったとのことである。

　いのちの電話で行われていることは，「電話相談」「フリーダイヤル事業」「インターネット相談」等である。いずれも「さまざまな問題をかかえて孤独と不安に苦しみ，悩み，生きる力を失いかけている人々に，電話を通して対話することにより，生きる意欲を自ら見い出せるように心の支えになることを願う」という相談事業である。「いのちの電話連盟」では，これらの活動をサポートするために，相談の維持向上を検討する会議や研修会の実施，広報啓発活動，全国のセンターとの連絡調整に必要な業務等を行っているとのことである。相談員は，基本的には，研修を受けたボランティアで，シフトを組んで相談にあたっている。

　このように自殺予防に関して重要な役割を担っている「いのちの電話」であるが，対応する相談員の不足が課題となっている。ボランティア相談員が中心であり，質の高い相談員を養成するには時間がかかるということもある。また，電話回線の本数の問題から，ニーズが高いときに電話がつながりにくいという課題もある。そのため，ナビダイヤルが導入され，フリーダイヤルの利用や通話時間についての制限等を行って，なるべく多くの人に公平に利用してもら

えるよう工夫がされている。また緊急性の高い方には有料の電話番号も公開されている。「いのちの電話」は，自死を考えている人にとって，最後の砦となりうる重要なものである。不安定な世情を反映したニーズの高さゆえに，対応するのが難しいという現実があるようである。

## ◉まとめ

　本章では，心理的な危機への支援の担い手として，いくつかの民間団体，NPO などについて述べてきた。いずれも，公的機関による支援を補完する役割だけでなく，行政機関では手の届かない部分について積極的な支援を担っており，各団体の特徴を活かした支援を行っているといえる。一方で，どの団体も，財政面と支援を行う人材面での課題を抱えていることが共通していることも示された。このあたりは行政からの支援も必要であるが，民間ならではのさまざまな取り組みの工夫が必要であろう。

　心理の専門職としては，民間団体の中で支援を行う場合もあれば，民間団体と連携する立場で支援を行うこともあるだろう。それぞれの団体の特徴を理解しながら，より良い支援にあたれるように心しておきたい。

### 引用文献

犯罪被害者団体ネットワーク（2020）．ハートバンドとは〈http://www.heart-band.sakura.ne.jp/greeting/index.html〉（2021 年 8 月 11 日確認）

一般社団法人いのちの電話連盟（2020）．日本いのちの電話連盟とは〈https://www.inochinodenwa.org/about.php〉（2021 年 8 月 11 日確認）

公益社団法人全国被害者支援ネットワーク（2020）．事業概要〈https://www.nnvs.org/network/about/〉（2021 年 8 月 11 日確認）

内閣府男女共同参画局（2019）．「DV 等の被害者のための民間シェルター等に対する支援の在り方に関する検討会」による報告書（概要）〈https://www.gender.go.jp/kaigi/kento/shelter/siryo/pdf/print_all.pdf〉（2021 年 8 月 11 日確認）

内閣府男女共同参画局（2019）．男女共同参画白書，令和元年度版第 6 章第 1 節「配偶者等からの暴力の実態」，〈https://www.gender.go.jp/about_danjo/whitepaper/r01/zentai/html/honpen/b1_s06_01.html〉（2021 年 8 月 11 日確認）

内閣府男女共同参画局（2020）．男女共同参画局HP　性犯罪・性暴力被害者のためのワンストップ支援センター一覧〈https://www.gender.go.jp/policy/no_violence/seibouryoku/consult.html〉（2021 年 8 月 11 日確認）

内閣府犯罪被害者等施策推進室（2012）．性犯罪・性暴力被害者のためのワンストップ支援センター開設・運営の手引―地域における性犯罪・性暴力被害者支援の一層の充実のために〈http://www.npa.go.jp/hanzaihigai/kohyo/shien_tebiki/pdf/zenbun.pdf〉（2021 年 8 月 11 日確認）

中谷敬明（2005）．民間犯罪被害者支援団体活動における臨床心理士の役割について―面接相談で求められていることは何か，現代行動科学会誌，**21**，1-7.

西脇喜恵子・坪井裕子（2018）．犯罪被害者支援における心理臨床的かかわりの現状と課題　心理臨床―名古屋大学心の発達支援研究実践センター心理発達相談室紀要，**33**，13-22.

太田美里・岡本祐子・橋本忠行（2018）．社会的活動を行う犯罪被害者遺族のレジリエンスの検討　心理臨床学研究，**36**(3)，274-286.

性暴力救援センター・大阪SACHICO（2020）．性暴力救援センター・大阪SACHICO〈https://sachicoosaka.wixsite.com/sachico〉（2021 年 8 月 11 日確認）

若林一美（2000）．セルフヘルプ・グループの果たす今日的意味について―「小さな風」（子どもを亡くした親の会）の実践を中心に　グリーフケアの行動科学，**15**，86-94.

# 4

# 人道支援団体

## ●人道支援

　人道支援とは，主要な国際機関等により「緊急事態またはその直後における，人命救助，苦痛の軽減，人間の尊厳の維持及び保護のための支援」と定義されており，我が国の外交の柱の一つである「人間の安全保障」の確保のための具体的な取組の一つである（外務省 HP）。すなわち，人道支援は，緊急事態への対応だけではなく，紛争や災害によって人道的危機に曝されている人々の生命，尊厳，そして安全を確保するために，援助物資やサービス等を提供する行為の総称である。

　人道支援，および人道危機における精神保健・心理社会的支援に関わる主要な国際的なガイドラインはいくつか存在するが（表Ⅳ-4-1），それらに共通する基本原則として，以下の四つが示される（外務省，2020）。

表Ⅳ-4-1　人道支援，精神保健・心理社会的支援に関わる国際ガイドライン

---

国内避難に関する指導原則（Guiding Principles on Internal Displacement）
　（英語本文）https://www.ohchr.org/en/issues/IDpersons/pages/standards.aspx
　（仮訳 PDF）：https://www.mofa.go.jp/mofaj/files/000536758.pdf

---

グッド・ヒューマニタリアン・ドナーシップ（Good Humanitarian Donership：：DHD）基本原則（2003）
　（英文 PDF）https://www.mofa.go.jp/mofaj/gaiko/jindo/pdfs/pgphd.pdf

---

ジュネーヴ諸条約及び追加議定書
　（外務省 HP）https://www.mofa.go.jp/mofaj/gaiko/k_jindo/giteisho.html

---

スフィアハンドブック　人道憲章と人道支援における最低基準
　（日本語版第 4 版（2018））https://jqan.info/wpJQ/wp-content/uploads/2020/04/spherehandbook2018_jpn_web_April2020.pdf

---

WHO mhGAP 人道介入ガイド（mhGAP-HIG）(2015)
　https://www.who.int/publications/i/item/9789241548922

---

WHO mhGAP　介入ガイド第 2 版（mhGAP-IG Version2.0）(2015)
　https://www.who.int/publications/i/item/9789241549790

---

EMPOWER Project
　（公式ウェブサイト）https://empowerproject.jp/

---

災害・紛争等緊急時における精神保健・心理社会的支援に関する IASC ガイドライン（2007）
　（日本語版 PDF）https://www.who.int/mental_health/emergencies/mh_IASC_guideliness_japanese.pdf

---

WHO 版心理的応急処置（サイコロジカル・ファーストエイド：PFA）フィールドガイド
　（日本語版 PDF）https://saigai-kokoro.ncnp.go.jp/pdf/who_pfa_guide.pdf

---

①人道原則：どのような状況にあっても，一人ひとりの人間の生命，尊厳，安全を尊重すること。

②公平原則：国籍，人種，宗教，社会的地位または政治上の意見によるいかなる差別をも行わず，苦痛の度合いに応じて個人を救うことに努め，もっとも急を要する困難に直面した人々を優先すること。

③中立原則：いかなる場合にも政治的，人種的，宗教的，思想的な対立において一方の当事者に加担しないこと。

④独立原則：政治的，経済的，軍事的などいかなる立場にも左右されず，自主性を保ちながら人道支援を実施すること。

　人道支援は，上記の原則に基づき，説明の質とアカウンタビリティを保ち，ニーズをもつ人に対して，苦痛を軽減することを目的として行われる。本章では，以下，人道支援の原則に則り活動する団体を「人道支援団体」と呼ぶ。

## ◉国際的な人道支援組織・団体における協働と調整

　人道支援の現場で活動する組織としては，国際赤十字・赤新月社をはじめとしたさまざまなNGOグループが存在する。これらの人道支援組織は，これまでに行った支援における課題を共有しながら，災害援助における行動の質の向上，説明責任を果たすための共通の枠組み作りを行ってきた。その一つである「スフィア・ハンドブック」(2018) では，人道憲章と権利保護の原則を基盤に，災害援助における行動の質を向上し，説明責任を果たすために必要な人道憲章の枠組みづくりと，生命を守るための主要4分野における技術的基準が示されている。

　さらに，緊急時・災害時の精神保健心理社会的支援ガイドライン (Inter-Agency Standing Committee, 2007) では，人道危機に直面した地域のあらゆる支援ニーズに応じて，支援者や支援組織間が相互補完的に連携・調整を行うことで，理想的な支援が提供できることを強調している。

　こうした人道支援を実現するために，国際的な調整を行っている組織が，国際人道問題調整事務所（OCHA）である。

### (1) 国際人道問題調整事務所（OCHA）

**1) 活動概要**　国連人道問題調整事務所（Office for the Coordination of Humanitarian Affairs：OCHA）は，各国の政府や他の国連機関，赤十字，国際NGO等の支援団体と協力して，人道危機に対する解決策を講じることを目的としている。緊急時には，さまざまな国際機関が各々の支援分野ごとに支援活動が展開されるが，OCHAは，関係する支援団体を取りまとめ，全体調整を担っている。

**2) 活動内容**　以下の活動を通じて，支援団体が協働して行う一貫性のある危機対応の実現を目指している。

　・アラート（警報）と情報の共有：発災時には，迅速に関係する支援団体にアラート（警

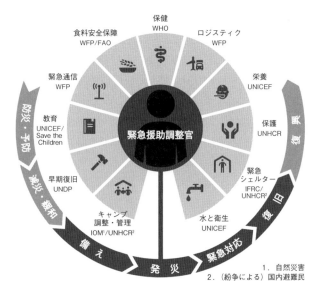

**図Ⅳ-4-1　クラスター・システムによる連携と調整**（OCHA）

報）を送り，OCHA が把握したニーズと支援に関する情報を共有する。支援団体が協働して，人道支援を準備・計画・管理・実施・モニターするための一連の行動（＝人道プログラム・サイクル）を通じて，関係者が最優先のニーズを把握し，人道対応の計画を策定し，必要な予算を特定できるよう，サポートを行う。

・支援ネットワークの形成と調整：クラスター・システム（図Ⅳ-4-1），すなわち各々の分野（クラスター）における支援団体の活動を，支援団体間の明確な役割分担を行うことによって，危機への対応能力や連携を強化することを目指している。なお，調整は主に，国連機関や NGO などの支援団体から成る機関間常設委員会（Inter-Agency Standing Committee：IASC）を通じて行われる。

・活動資金の提供：支援団体が活動資源を確保できるよう，資金提供によって，手助けをする。

・問題解決と政策変更の提案：人道危機の観点から政策課題を特定しつつ，人道原則や国際法等に則り，援助機関の垣根を越えた政策を策定し，その周知を行う。具体的には，緊急援助調整官は，OCHA の情報をもとに世界中の危機の状況を把握し，国連を通じて解決策を提起し，各国に政策変更を促す。

　以上のように，人道危機に対する支援においては，多数の支援分野に渡る支援組織間の調整を行うためのシステムが必要であるという考え方が主流になっている。

## ●我が国における人道支援団体

　我が国における人道支援団体としては，国の組織，NGO，およびそれに類する組織が該当する。国際人道支援団体のうち，日本で活動を行っている主な団体としては，日本赤十字社，国境なき医師団，ユニセフ，JPF などがあげられる。以下，各団体や組織の特徴に触れながら，活動内容と活動実績について，紹介する。

## (1) 日本赤十字社

**1) 組織概要**　　赤十字は，世界各国と地域に広がる赤十字社・赤新月社のネットワークを活かして活動する。日本赤十字社（以下，日赤）は，赤十字の一組織として，国内外における災害救護をはじめとし，苦しむ人を救うために幅広い分野で活動している国内の民間団体である。前身は，1877（明治10）年に設立された博愛社であるが，1886（明治19）年に日本政府がジュネーブ条約に加入したことに伴って，翌1887年に名称を日本赤十字社と改称しており，現在は，1952年日本赤十字社法（昭和27年8月14日法律第305号）に基づく認可法人である。

**2) 救護活動の法的根拠**　　日赤の救護活動は，赤十字の人道的任務として自主的判断に基づいて行われる場合と，災害対策基本法や武力攻撃事態等における国民の保護のための措置に関する法律（「国民保護法」）における指定公共機関として，国や地方公共団体に協力して，その補完的役割を果たす業務に協力する場合がある。また，厚生労働省との協定を受けて，災害救助法が適用された場合において，医療，助産，死体の処理の業務を行う。

**3) 日赤の活動体制**　　災害時には，被災地内に医療救護班を派遣し，被災地内での医療支援活動を行うとともに，職員，ボランティアと協力し，組織のもつあらゆる人的，および物的資源のもつ機能を最大限に活用して，災害救護活動を展開する（図Ⅳ-4-2）。

救護活動は，被災地域の各都道府県支部が主体となり，被災支部の援助要請を受けて，日赤本社，各都道府県支部が支援を行う仕組みである。また，全国を六つの地域ブロック（北海道・東北，関東・甲越，中部，近畿，中国・四国，九州・沖縄）に分け，災害等が大規模，あるいは広域に及ぶ場合は，ブロック内支部間，近接支部間での相互支援体制が組まれる。

**4) 活動内容**　　日本赤十字社救護規則に基づく救護業務には，①医療救護，②救援物資の備蓄・配分，③血液製剤の供給，④義援金の受付と配分，⑤赤十字のこころのケア，⑥その他災害救護に必要な業務，が含まれる。

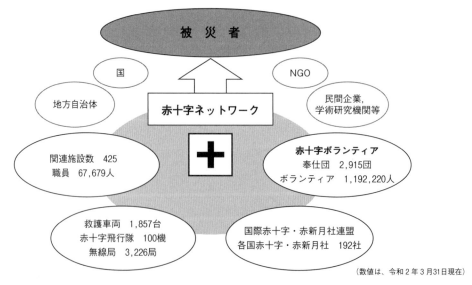

（数値は、令和2年3月31日現在）

**図Ⅳ-4-2　日本赤十字社の救護活動の体制図**（日本赤十字社HP）

　①医療救護　　災害時に救護班を派遣し，人命の救助および被災地の医療機関の機能が回復するまでの支援を行う。活動内容は，医療，助産，死体の処理（一時保存を除く），こころのケア活動である。医療救護は，常備救護班（医師1名，看護師3名，主事2名）が基本的な編成となるが，必要に応じて，薬剤師，助産師，こころのケア要員が加わることになる。災害時のこころのケア活動については，後述する。

　②救援物資の備蓄と配分　　全国統一の仕様により整備した救援物資（毛布，緊急セット，安眠セットなど）や，各都道府県支部で独自に整備した物資を被災者のニーズに応じて，すみやかに配分する。

　③血液製剤の供給　　血液センターの全国的なネットワークを活かして，災害時の円滑な血液製剤の供給に備えている。

　④義援金の受付と配分　　原則的に義援金の募集は，災害救助法が適用された災害が対象であるが，被災者が多数発生するなど被災地域の生命や財産に大きな被害をもたらした場合には，被災地の都道府県支部を中心に，独自に義援金の受付が行われることがある。なお，義援金の配分は，第三者機関である義援金配分委員会（被災地自治体，日赤，報道機関等で構成）を通じて行われ，全額が被災地に届けられる仕組みになっている。

　⑤日赤のこころのケア　　日赤の基本的な活動原則は，PFA（Psychological First Aid）（World Health Organization, 2011）を主体とする被災者，被災地コミュニティに対する支援である。被災地の個人とその家族に対し，傾聴などを通じてストレスの軽減を図り，さらなるケアが必要な場合には，地元の保健師等と連携し，DPAT，精神保健福祉センターなど精神保健の専門家につないでいる。また，支援者支援にも重きを置いている。日赤こころのケアの活動体制には，救護班帯同型，単独型がある。こころのケア要員は，教育された救護班員やボランティアから構成される。救護班帯同型は，発災直後の急性期に医療救護班の一員として共に活動し，アセスメントや情報収集を中心に行う。単独型は保健師，DPAT等支援団体と協働して支援を行う。さらに，東日本大震災以降には，多組織連携と赤十字内の情報共有のために調整班が組織されるようになった。調整班は，赤十字内外，被災地内外のさまざまな災害支援活動や保健医療調整本部等との連携を図り，日赤こころのケア活動を調整するチームである。

　⑥その他災害救護に必要な業務　　情報収集，非常食の炊き出し，救援物資の輸送と配分，など被災者のニーズに応じた活動を行う。これらの活動の担い手は，日赤ボランティアである。日赤ボランティアには，「地域赤十字奉仕団」「青年赤十字奉仕団」，専門的技術や特技を活かした活動を行う「特殊赤十字奉仕団（看護奉仕団，指圧救護奉仕団など）」がある。被災地へ派遣する場合は，研修・訓練を積んだ「防災ボランティア」が中心となる。

　5）日赤こころのケアの活動実績　　有馬山噴火災害（2000年），新潟中越地震災害（2004年），東日本大震災（2011年），伊豆大島土砂災害（2013年），御嶽山噴火災害（2014年），平成27年9月関東・東北豪雨（2015年），熊本地震災害（2016年）など。

## （2）国境なき医師団

**1）組織概要**　　国境なき医師団（Médecins Sans Frontières：MSF）は，1971年に設立された独立・中立・公平な立場で医療・人道援助活動を行う民間・非営利の国際団体である。MSFは，命の危機に瀕する人々に無償で医療を提供することで人々を救い，苦しみを軽減するという志のもとに，活動地での援助活動経験をもつ者を中心とするボランティア（アソシエーション）から成る。世界には25のアソシエーションがあり，日本のアソシエーションはその一つであり，日本事務局は，1992年に発足した。MSFの活動は，国際的に高く評価されており，1999年にノーベル平和賞を受賞している。

**2）活動内容**　　MSFは，緊急性の高い医療ニーズに応えることを目的としている。紛争，難民・国内避難民，自然災害の被害者，感染症の流行，貧困などさまざまな理由で保健医療サービスを受けられない人々などへの対応を行う。

　MSFは，迅速な救命・救急活動と被災者ニーズの把握のために，緊急援助が必要と判断した時点から可能な限り早く現地に入り，活動を展開する。現地の保健医療体制やインフラが復旧するまでは継続して援助を行う。活動を担う海外派遣スタッフは，医療職では，薬剤師，助産師など，非医療の職種では，アドミニストレーター（財務・人事担当）とロジスティシャン（調達，設備の保守管理），そして非医療・医療共通の職種として，チームマネジメントや安全管理を担う「プロジェクトコーディネーター」から構成される。

　一方，MSF日本事務局は，海外派遣スタッフの採用をはじめ，以下の活動を行う。

　　①証言活動：活動地での人道危機を国際社会に訴える。
　　②資金調達：活動の独立性と柔軟性を確保するために必要な資金を調達する。
　　③運営業務：海外の事務局との連携などを行う。

　その他，水・食糧・生活用品など緊急援助物資の確保や配給，病院の再建や運営支援，病気にかかるリスクを減らすための健康教育などにも取り組んでおり，活動領域には，心理ケアも含まれている。

**3）MSFの心理ケア**　　MSFの心理ケアでは，カウンセリングや薬物治療，心理社会的支援などを通し，心の健康問題への対応と予防を行う。心の健康に問題の生じた人々が，感情をコントロールし，自分の力を生かし，支援ネットワークにつながることができるよう，個人や家族，社会集団などに応じてサポートを行う。

　また，平時の活動として，人材育成の一環として，小学校5年生，6年生を対象としたオリジナル授業「スクールキャラバン」を実施している。「スクールキャラバン」では，MSFの活動内容，人道援助活動で直面するジレンマなどを紹介し，世界の人道問題に対し何ができるかを，子どもたち自身が考える機会を提供している。

**4）活動実績**　　ハイチ大地震（2010年），フィリピンの巨大台風（2013年），ネパール大地震（2015年），モザンビークの巨大サイクロン（2019年）など，世界各地に緊急派遣援助を行っている。国内では，東日本大震災（2011年），熊本地震（2016年）など。

## (3) ユニセフ

**1）組織概要**　　国連児童基金（UNICEF：ユニセフ）は，1946年に，第二次世界大戦で被災した子どもたちに対し，緊急支援を行うために設立された国際機関である。1989年の国連総会において採択された「子どもの権利条約」を指針として掲げており，すべての子どもたちの権利が守られる世界を実現するために，世界190以上の国と地域で，保健，栄養，水・衛生，教育，HIV/エイズ，保護，緊急支援，アドボカシー（政策提言）などの活動を行っている。

日本国内にユニセフは，国連機関事務所であるユニセフ東京事務所と日本ユニセフ協会の二つがある。二つのユニセフは，すべての子どもの権利を守るというユニセフの使命を実現するために，それぞれの役割分担と協働体制の中で活動している。

**ユニセフ東京事務所**　　日本政府とのパートナーシップを主に管轄する，ユニセフの駐日事務所である。ユニセフと日本政府は，持続可能な開発目標（SDGs）の達成や人道危機などの課題に共に取り組んでいる。ニューヨーク本部直轄の国連機関事務所として，日本政府との政策対話を通じ，政府開発援助（ODA）による資金協力の働きかけおよび調整を行う。また，国会議員，国際協力機構（JICA），非政府組織（NGO）等，さまざまなパートナーを通じて，子どもの権利やユニセフの活動への理解と協力を促進している。

**日本ユニセフ協会**　　ユニセフ本部との協力協定に基づくユニセフ支援の公式機関（NPO法人）である。世界34の先進国と地域に存在する「ユニセフ国内委員会」のうちの一つとして，ユニセフを代表する日本の組織であり，別名としてユニセフ日本委員会を用いている。

**2）活動内容**　　活動資金としてのユニセフ募金を集めるほか，ユニセフの世界での活動や世界の子どもたちについての広報，そして，「子どもの権利」の実現を目的としたアドボカシー（政策提言）活動を行っている。緊急・復興支援における取組みとして，東日本大震災では，発災直後から2016年末までの間，以下に示す六つの分野における支援が展開された。

**3）東日本大震災における活動実績**

**緊急支援物資，保健・栄養，教育**　　各分野でのサービスの復旧と再建を目的として，必要な物資支援の配布や情報提供，子どもの保護に関わる包括的なシステムの強化を行った。

**心理社会的ケア（心のケア）**　　地域における場づくりとして，避難所で子どもたちが安心して遊べる場としての「子どもにやさしい空間」「ままカフェ」，イベント等を開催した。また，自治体の心理ケア専門家や子育て支援関係者に対する研修の実施，保護者，保育士の心理相談，個別ケースの親子のプレイセラピーなどを通じて，行政や地域の体制づくり・機能強化を目的にした支援を行った。

**子どもにやさしい復興計画**　　市町村における復興計画に子ども自身の意見を反映させるための仕組みとして，「子ども復興会議開催支援」「こどもと築く復興まちづくり」，そして子どもの居場所づくりなどのプロジェクトを実施している。

### （4）ジャパン・プラットフォーム

　**1）組織概要**　　ジャパン・プラットフォーム（JAPAN PLATFORM：JPF）は，1990 年代のコソボ紛争におけるコソボ難民支援において，多くの NGO が資金的基盤の脆弱さのために，単独で十分な支援ができなかったことに端を発する。JPF は，コソボ難民支援時の教訓を経て，2000 年に日本の緊急人道支援の仕組みとして発足した。平時より，NGO，経済界，政府の三者が対等なパートナーシップのもとに協働し，三者および多様な人々が，強みや資源を生かして連携できる「プラットフォーム（土台）」として機能する。プラットフォームでは，国内外の自然災害による被災者，紛争による難民・国内避難民発生時に，政府からの支援金，および企業・個人からの寄付が，初動活動資金として NGO に提供される。提供された活動資金によって，NGO は，緊急事態や災害，あるいは事態が発生した後，直ちに現地に出動して，援助活動を開始することができるという仕組みである（図Ⅳ-4-3）。

　JPF は，単独ですばやく包括的に支援する財政基盤等が十分にない我が国の加盟 NGO を，さまざまな形でサポートし，迅速で包括的な支援活動が行えるように調整する中間支援団体である。また，活動資金提供だけではなく，緊急支援フェーズが終了した後には，地元 NPO などの人材育成と人材を支える基盤強化を中心に「地域力強化」を目指す活動へ移行する。さらに，危機的事態の発生後だけではなく，危機の発生の前の防災・減災への取り組みも行っている。

　日本の加盟 NGO（表Ⅳ-4-2）は，各得意分野をもつ 40 以上に上るが，これらの加盟団体は，同時に JQAN[1]（支援の質とアカウンタビリティ向上ネットワーク）やスフィア普及にも関わっていることが多い。

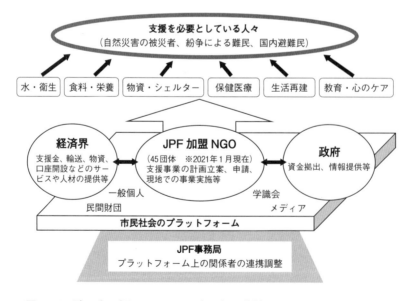

**図Ⅳ-4-3　ジャパンプラットフォーム（JPF）の体制**（ジャパン・プラットフォーム，2021）

---

1）JQAN（Quality and Accountability Network Japan）：質が高く，受益者に対しアカウンタビリティを果たす緊急人道支援の実践に向け，2015 年 7 月に設立された日本における特定非営利活動法人ネットワーク。人道・開発支援における質や説明責任に関する原則，基準類の情報収集と発信，提言・啓発活動などを行う。

表IV-4-2　ジャパンプラットフォーム（JPF）加盟NGO（ジャパン・プラットフォーム，2021）をもとに作成）

| AAR 特定非営利活動法人 難民を助ける会（AAR Japan） | HFHJ 特定非営利活動法人 ハビタット・フォー・ヒューマニティ・ジャパン | JEN 特定非営利活動法人 ジェン | NICCO 公益社団法人 日本国際民間協力会 | SCJ 公益社団法人 セーブ・ザ・チルドレン・ジャパン |
|---|---|---|---|---|
| ADRA 特定非営利活動法人 ADRA Japan | HOPE 特定非営利活動法人 ホープ・インターナショナル開発機構 | JH 特定非営利活動法人 ジャパンハート | OAJ 特定非営利活動法人 ONE ASIA | 2HJ セカンドハーベスト・ジャパン |
| 特定非営利活動法人 BHNテレコム支援協議会 | HuMA 特定非営利活動法人 災害人道医療支援会 | JIMTEF 公益財団法人 国際医療技術財団 | OBJ 特定非営利活動法人 オペレーション・ブレッシング・ジャパン | SEEDS 特定非営利活動法人 SEEDS Asia |
| CCP 特定非営利活動法人 パレスチナ子どものキャンペーン | ICAN 特定非営利活動法人 アイキャン | JISP 一般社団法人 日本インターナショナル・サポート・プログラム | PARCIC 特定非営利活動法人 パルシック | SN 特定非営利活動法人 シャプラニール＝市民による海外協力の会 |
| CIJ 公益財団法人 ケア・インターナショナル ジャパン | IVY 特定非営利活動法人 IVY（アイビー） | JOICFP 公益財団法人ジョイセフ | PBV 一般社団法人 ピースボート災害支援センター | SPJ 特定非営利活動法人 SDGs・プロミス・ジャパン |
| CWS 特定非営利活動法人 CWS Japan | JADE 特定非営利活動法人 JADE-緊急開発支援機構 | JRA 特定非営利活動法人 日本レスキュー協会 | PLAN 公益財団法人 プラン・インターナショナル・ジャパン | SVA 公益社団法人 シャンティ国際ボランティア会 |
| FIDR 公益財団法人 国際開発救援財団 | JAFS 公益社団法人 アジア協会アジア友の会 | JRCS 日本赤十字社 | PWJ 特定非営利活動法人 ピースウィンズ・ジャパン | TMN 特定非営利活動法人 遠野まごころネット |
| FMYY 特定非営利活動法人 エフエムわいわい | JAR 特定非営利活動法人 難民支援協会 | KnK 特定非営利活動法人 国境なき子どもたち | RABENET 一般社団法人 復興支援士業ネットワーク | Vnet 特定非営利活動法人 Ｖネット |
| GNJP 特定非営利活動法人 グッドネーバーズ・ジャパン | JCSA 一般社団法人 日本カーシェアリング協会 | MdM 特定非営利活動法人 メドゥサン・デュ・モンドジャポン | REALs 特定非営利活動法人 Reach Alternatives | WVJ 特定非営利活動法人 ワールド・ビジョン・ジャパン |

**2）活動実績**　パレスチナ・ガザ人道支援，イラク・シリア人道危機対応支援，インドネシア・スラウェシ島地震・津波被災者支援，新型コロナウイルス対策緊急支援，ベイルート大規模爆発被災者支援，イエメン人道危機対応支援など。

**3）国内活動実績**　東日本大震災，熊本地震被災者支援（九州地方広域災害被災者支援），西日本豪雨被災者支援（平成30年7月豪雨），台風15号被災者支援，令和元年台風被災者支援（台風15号，台風19号），新型コロナウイルス対策緊急支援，2020年7月豪雨災害支援（令和2年7月豪雨）など。

# ◉まとめ

　さまざまな支援団体が活動する中で，支援情報の一元化と全体調整が求められている。活動の基盤としての人道支援に対する共通理解・行動指針をもつことで，組織間の協働・連携が可能となるため，平時から「互いの組織について知る」関係づくりを進めていくことが望まれる。

**引用文献**

外務省（2020）．人道支援〈https://www.mofa.go.jp/mofaj/gaiko/jindo/index.html〉（2021年8月11日確認）

HAP International（2010）. The 2010 HAP Standard in Accountability and Quality Management（HAP インターナショナル（訳）（2011）. 人道支援の説明責任（アカウンタビリティ）と品質管理（クオリティ）に関するHAP 基準 2010）

Inter-Agency Standing Committee（IASC）（2007）. 災害・紛争等緊急時における精神保健・心理社会的支援に関する IASC ガイドライン〈https://www.who.int/mental_health/emergencies/mh_IASC_guideliness_japanese.pdf〉（2021 年 8 月 11 日確認）

Japan OCHA（Office for the Coordination of Humanitarian Affairs）HP〈https://www.unocha.org/japan〉（2021 年 8 月 11 日確認）

ジャパン・プラットフォーム（2021）. JPF について〈https://www.japanplatform.org/about/〉（2021 年 8 月 11 日確認）

公益社団法人日本ユニセフ協会HP〈https://www.unicef.or.jp/〉（2021 年 8 月 11 日確認）

国境なき医師団HP〈https://www.msf.or.jp/〉（2021 年 8 月 11 日確認）

日本赤十字社HP〈http://www.jrc.or.jp/〉（2021 年 2 月 22 日確認）

Sphere Association（2019）. スフィアハンドブック―人道憲章と人道支援における最低基準（日本語版第 4 版）〈https://jqan.info/wpJQ/wp-content/uploads/2020/04/spherehandbook2018_jpn_web_April2020.pdf〉（2021 年 8 月 10 日確認）

ユニセフ東京事務所HP〈https://www.unicef.org/tokyo/about-unicef/tokyo〉（2021 年 8 月 11 日確認）

World Health Organization. War Trauma Foundation and World Vision International（2011）. *Psychological first aid: Guide for field workers*. Geneva: WHO（国立精神・神経医療研究センター, ケア・宮城, 公益財団法人プラン・ジャパン（訳）（2012）. 心理的応急処置（サイコロジカル・ファーストエイド：PFA）フィールドガイド〈https://saigai-kokoro.ncnp.go.jp/pdf/who_pfa_guide.pdf〉（2021 年 8 月 10 日確認））

# 事項索引

# 人名索引

【著者一覧】（五十音順，＊編者）

秋田寛子（あきた　のりこ）
NPO法人こどものグリーフサポートふくおか監事
担当：第Ⅲ部第5章

池田美樹（いけだ　みき）
桜美林大学リベラルアーツ学群准教授
担当：第Ⅳ部第4章

板倉憲政（いたくら　のりまさ）
岐阜大学教育学部准教授
担当：第Ⅲ部第1章

稲本絵里（いなもと　えり）
日本医科大学多摩永山病院心理職
担当：第Ⅲ部第6章

上田勝久（うえだ　かつひさ）
兵庫教育大学大学院学校教育研究科講師
担当：第Ⅰ部第2章

窪田由紀（くぼた　ゆき）＊
九州産業大学人間科学部教授
担当：まえがき，第Ⅰ部第1章

狐塚貴博（こずか　たかひろ）
名古屋大学大学院教育発達科学研究科准教授
担当：第Ⅲ部第1章

櫻井　鼓（さくらい　つつみ）
追手門学院大学心理学部准教授
担当：第Ⅳ部第1章

佐藤由佳利（さとう　ゆかり）
北海道教育大学大学院教育学研究科教授
担当：第Ⅰ部第3章

杉岡正典（すぎおか　まさのり）
名古屋大学心の発達支援研究実践センター准教授
担当：第Ⅲ部第3章

千賀則史（せんが　のりふみ）
同朋大学社会福祉学部准教授
担当：第Ⅳ部第2章

坪井裕子（つぼい　ひろこ）
名古屋市立大学大学院人間文化研究科教授
担当：第Ⅳ部第3章

成澤知美（なりさわ　ともみ）
武蔵野大学人間科学部助教
担当：第Ⅱ部第1章

西脇喜恵子（にしわき　きえこ）
東京有明医療大学学生総合支援室専任カウンセラー
担当：第Ⅲ部第4章

樋渡孝徳（ひわたし　たかのり）
九州産業大学非常勤講師
担当：第Ⅱ部第2章

森川夏乃（もりかわ　なつの）
愛知県立大学教育福祉学部講師
担当：第Ⅲ部第1章

湯野貴子（ゆの　たかこ）
桜美林大学大学院・静岡大学大学院非常勤講師
担当：第Ⅲ部第7章

山下陽平（やました　ようへい）
名古屋市スクールカウンセラー
担当：第Ⅲ部第2章

［監修者］
森田美弥子（もりた　みやこ）
中部大学人文学部教授・名古屋大学名誉教授

松本真理子（まつもと　まりこ）
名古屋大学心の発達支援研究実践センター教授

金井篤子（かない　あつこ）
名古屋大学大学院教育発達科学研究科教授

心の専門家養成講座　第 11 巻
危機への心理的支援

2022 年 1 月 31 日　初版第 1 刷発行　（定価はカヴァーに表示してあります）

監修者　森田美弥子
　　　　松本真理子
　　　　金井篤子
編　者　窪田由紀
発行者　中西　良
発行所　株式会社ナカニシヤ出版
〒606-8161　京都市左京区一乗寺木ノ本町 15 番地
　　　　　　Telephone　075-723-0111
　　　　　　Facsimile　075-723-0095
　　　　Website　http://www.nakanishiya.co.jp/
　　　　E-mail　iihon-ippai@nakanishiya.co.jp
　　　　　　郵便振替　01030-0-13128

装丁＝白沢　正／印刷・製本＝西濃印刷
Copyright © 2022 by Yuki, K.
Printed in Japan.
ISBN978-4-7795-1632-0　C3011

# 心の専門家養成講座

監修　森田美弥子・松本真理子・金井篤子

B5 判並製。表示は本体価格です。